UMA TEMPORADA NO INFERNO COM OS

ROLLING STONES

Robert Greenfield

UMA TEMPORADA NO INFERNO COM OS ROLLING STONES

Exile on Main St.

Tradução:
Diego Alfaro

ZAHAR
Rio de Janeiro

Para Brian Cookman, que me acolheu em Londres, quando tanto precisei de um amigo

Título original:
Exile on Main Street
(A Season in Hell with The Rolling Stones)

Tradução autorizada da primeira edição inglesa, publicada em 2006 por Da Capo Press, um membro de Perseus Books Group, de Cambridge, EUA

Jorge Zahar Editor Ltda.
rua México 31 sobreloja
20031-144 Rio de Janeiro, RJ
tel.: (21) 2108-0808 / fax: (21) 2108-0800
e-mail: jze@zahar.com.br
site: www.zahar.com.br

Fotografias de Michael Cooper/Raj Press Collection

Projeto gráfico e composição: Mari Taboada
Capa: Sérgio Campante
Imagem de capa: © Condé Nast Archive/Corbis

CIP-Brasil. Catalogação-na-fonte
Sindicato Nacional dos Editores de Livros, RJ.

Greenfield, Robert
G83t Uma temporada no inferno com os Rolling Stones: Exile on Main St./ Robert Greenfield; tradução de Diego Alfaro. — Rio de Janeiro: Jorge Zahar Ed., 2008.
il.

Tradução de: Exile on Main St. : a season in hell with the Rolling Stones
Inclui bibliografia
ISBN 978-85-378-0109-3

1. Rolling Stones (Conjunto musical). 2. Jagger, Mick. Exile on Main St. I.Título.

CDD: 782.42166
08-4587 CDU: 7.071.2

SUMÁRIO

"Jadis, si je me souviens bien, ma vie était un festin où s'ouvraient tous les coeurs, où tous les vins coulaient."*

ARTHUR RIMBAUD,
Une saison en enfer

"Acho que era só um bando de músicos chapados amontoados em um porão, tentando fazer um disco."

MICK TAYLOR,
integrante dos Rolling Stones na época

"Foi uma concha da qual surgiu todo tipo de comportamentos incríveis. As pessoas se tornavam elas mesmas. Não dava para mentir lá dentro. A onda era muito forte. Iriam descobrir você num instante."

TOMMY WEBER,
um dos convidados em Villa Nellcote

---

* "Outrora, se bem me lembro, minha vida era um banquete em que todos os corações se abriam, em que todos os vinhos corriam." (N.T.)

Keith Richards com flores
em um café no porto.
Villefranche, julho de 1971.

PRÓLOGO

A época

Com base em qualquer critério que venhamos a escolher, o período que começou em 18 de setembro de 1970 — dia da morte de Jimi Hendrix em Londres por abuso de drogas, seguida, menos de três semanas depois, pela morte de Janis Joplin por overdose de heroína em uma espelunca de beira de estrada em Hollywood, seguida, nove meses mais tarde, pela morte de Jim Morrison em Paris, também por uso excessivo de heroína — é considerado o pior de todos na história do rock. No curto espaço de dez meses, que constituíram um *annis horribilis* arquetípico, três dos maiores talentos do rock 'n' roll acabaram com as próprias vidas antes de completarem 28 anos. Hoje, o fato de o próprio rock não ter morrido parece um milagre, por menor que seja.

A Guerra do Vietnã ainda se arrastava, a gangue de trambiqueiros e larápios de Nixon apenas começava sua marcha nociva pela Casa Branca, e a Guarda Nacional havia aberto fogo contra estudantes universitários que protestavam contra a guerra em Kent State (foram quatro mortos em Ohio), mas não era só isso. Dava para sentir algo no ar. Era a natureza da época, e ninguém sabia onde se esconder ou como escapar daquilo.

A juventude norte-americana, os filhos da explosão demográfica, a prole da maior geração que o mundo já conhecera, estava em franca revolta contra seus pais. O país estava partido ao meio em termos políticos e culturais, e não havia como negar que os Rolling Stones estavam no olho do furacão. Isso não quer dizer que entendessem melhor que qualquer um o que estava se passando ao redor deles. Acima de tudo, ser jovem era estar profundamente confuso. Em todos os aspectos.

Marianne Faithfull, cujo visual de cantora de coro a transformara no retrato da geração do início dos anos 1960, antes de se tornar o amor da vida de Michael Philip Jagger, agora podia ser vista completamente chapada, sentada em um muro da St. Anne's Court, no Soho. Mesmo assim, até ela conseguia sentir o que se passava à sua volta. "Notícias terríveis continuavam a surgir das brumas", escreveria ela 20 anos depois em sua autobiografia, *Faithfull*, que ainda é o melhor livro já escrito sobre os Stones. "Era como ouvir relatos de um campo de batalha distante. Hendrix. Jim Morrison. Janis Joplin. Sharon Tate. Charles Manson. Kent State. Aquilo parecia estar em sintonia com um mundo que se desintegrava. Entrávamos em uma era de desilusão, autodestruição e tragédia. ... Os dias de uso de drogas para expandir a mente tinham acabado. O mundo estava diferente. Uma grande mudança de tom havia acontecido. Era uma sinfonia de Mahler rodopiando loucamente, fora de controle."

Alguma coisa que já fora muito viva estava morrendo, e ninguém parecia saber o que viria substituí-la. Como sempre, a culpa era dos Stones. Dois anos antes, Brian Jones, que gostava de se referir a si mesmo como "o líder indiscutível dos Rolling Stones", tornara-se o primeiro grande astro do rock a morrer — afogado, em circunstâncias misteriosas, em sua própria piscina. Em dezembro do mesmo ano, às quatro da manhã, em um show grátis montado no Altamont Motor Speedway, no norte da Califórnia, os Stones fizeram um show em que o isolamento entre a banda e o público era feita por um cordão humano formado por Hell's Angels, que assassinaram um rapaz negro de 17 anos chamado Meredith Hunter. A mídia se apressou em rotular o evento como o término oficial da contracultura, que, segundo seus próprios cálculos, havia começado apenas três meses e meio antes, em Woodstock. A realidade das coisas parecia estar sofrendo uma espécie de abalo sísmico. E muito poucas pessoas sabiam como lidar com aquilo.

Para o seleto grupo que ocupava o topo da pirâmide do rock, o meio preferencial para lidar com essa moléstia era a heroína. Em 1966, o Cream fora a primeira grande banda de rock inglesa a atingir o ápice do estrelato da contracultura nos Estados Unidos. Dois anos mais tarde, fizeram um show de despedida no Royal Albert Hall, em Londres. Embora não tocassem mais juntos, o guitarrista da banda, Eric Clapton, o baixista Jack Bruce e o baterista Ginger Baker se picavam sem parar. Pouco depois, metade da Air Force, a banda seguinte de Ginger Baker, havia morrido de overdose. Mas ninguém parecia captar a mensagem. Os programas de desintoxicação, da maneira como os conhecemos hoje, ainda não existiam. A única forma real de intervenção era a morte.

Não é que as pessoas quisessem morrer. Não era bem isso. O que também não queria dizer que esperassem chegar a uma idade madura. "Quem disse que a gente tem que virar 'setentão'?", perguntou certa vez Keith Richards, fitando o sol em Villa Nellcote. "Que eu saiba, só há uma fonte de informações que diga isso, e mesmo assim não diz que todo mundo tem que chegar lá. Não dá para todo mundo chegar aos 70."

Em um mundo que não havia sido feito por ninguém com menos de 30 anos, onde tudo parecia tão irremediavelmente ferrado, tornar-se insensível à dor de ter que acordar todas as manhãs para começar mais um dia fatídico parecia fazer todo sentido. Aceite as palavras de quem estava lá. Não era uma época tão fantástica assim para se viver.

O lugar

Bem-vindo à Villa Nellcote. Você sabe como chegar lá, não é? Vindo de Nice, pegue a Grand Corniche, a estrada alta e sinuosa construída por Napoleão para acompanhar a velha rota romana ao longo da costa tortuosa da Riviera Francesa, ou então a Moyenne Corniche, mais abaixo, a via também sinuosa de onde a princesa Grace de Mônaco mergulhou para a morte em 1982. Ou então, o que é mais conveniente, você pode pegar a Basse Corniche, sempre repleta de carros, que corre no nível do mar, às margens das águas azuis e cintilantes do Mediterrâneo.

Na saída para St. Jean Cap Ferrat, faça uma curva fechada à direita em direção ao mar e, a seguir, outra curva fechada à direita rumo ao que já foi o Chemin de Grasseuil, mas que teve o nome trocado para Avenue Louise Bourdes em 1930, em homenagem à família de marinheiros mercantes que batizou a Villa Nellcote, e você está lá. Mas não vai conseguir ver a casa da estrada. Ela fica cercada por inúmeras árvores — palmeiras, ciprestes e pinheiros, além de espécies tropicais exóticas do mundo todo, como bananeiras e baobás, cujo crescimento desenfreado encheu de medo o Pequeno Príncipe no romance de mesmo nome de Antoine de St. Exupéry.

Como já cantou Bruce Springsteen, basta virar à direita ao ver a luz, seguir até o cair da noite, e então, rapazes, vocês estão por conta própria. Embora Springsteen tenha proclamado publicamente que *Exile on Main St.* foi um dos álbuns que mudaram sua vida, as indicações dele não serão mais úteis que as anteriores. A verdade é que você não vai conseguir chegar lá só com essas instruções. Não mais. Villa Nellcote é um destino que agora só existe no estranho contínuo espaço-tempo e na memória. Ainda assim, é uma jornada que vale a pena ser feita.

Mesmo depois de estacionar o carro na entrada de brita em frente aos portões monumentais, guardados de ambos os lados por divindades femininas pétreas agachadas sobre patas de leão, você ainda não chegou. Não é assim que funciona. Veja bem, você não pode simplesmente aparecer por lá. Não seria legal. É necessário conhecer alguém para poder entrar. Precisa ser convidado. Telefonar antes para dizer que está chegando também não vai servir. É bem possível que ninguém atenda o telefone. E, mesmo que atendam, pode ser que estejam tão doidos que esqueçam o recado antes de você terminar de transmiti-lo. Por mais inconcebível que pareça, a secretária eletrônica ainda não se tornou um dos alicerces da vida moderna.

Nellcote é um clube completamente fechado, em todos os sentidos. Um círculo exclusivíssimo, com regras de admissão bastante definidas. Para entrar, você precisa conhecer alguém que more ali. Também ajuda se você trouxer presentes, de preferência um suprimento novinho de algo que esteja sendo consumido diariamente na casa. Todos os que desejarem entrar na corte do rei escarlate devem antes pagar tributos. Mesmo assim, o esforço para entrar vale a pena.

Pois assim que passar pelas descomunais portas imperiais de pelo menos dez metros de altura, emolduradas em preto e dourado e feitas de vidro atravessado por espirais serpiginosas de ferro negro que formam um proscênio, você saberá que deixou o mundo cotidiano para trás. Em Nellcote, prevalece uma realidade alternativa. Boa parte dela está relacionada ao espaço físico no qual você acabou de pôr os pés.

A sala de estar é grande o suficiente para acomodar o time de rúgbi da Nova Zelândia. Do centro do teto pende um candelabro gigantesco feito de pingentes de cristal em cascata. Nos adornos dourados em filigrana que enfeitam o alto das paredes, anjos e querubins folheados a ouro brincam de pique-esconde. Um grande espelho retangular envolto por uma moldura dourada e acanelada adorna o topo da grande lareira de mármore rosado à sua esquerda. Um rodapé alto corre à altura dos quadris por trás das poltronas luxuosamente estofadas. Sobre as portas de vidro em *boiserie*, arquitraves floridas e curvadas flutuam como nuvens.

À direita você vê a sala de jantar. Como era de esperar, também é majestosa. Duas portas, ambas com pares de anjos tocando harpas acima delas, comunicam este ambiente com a sala de estar. Sobre a longa mesa, na qual as pessoas com freqüência permanecem sentadas durante horas, pende outro grande candelabro de cristal. Há uma cozinha, mas ninguém jamais entra ali. A comida de Nellcote é preparada por quem estiver ocupando o cargo de *chef* no momento. Do outro lado da sala, dois pequenos quartos com um banheiro que só pode ser alcançado a partir do quarto mais interno. Ao longo do verão de 1971, boa parte da realeza do rock 'n' roll passará a noite nesse lugar.

À direita da porta de entrada, emoldurados por um corrimão ornado de ferro retorcido, degraus largos de mármore cobertos por um tapete levam ao segundo andar. Durante a ida que fizeram ao Festival de Cinema de Cannes, em maio, John Lennon e Yoko Ono decidiram visitar Nellcote. Depois de beber uma garrafa inteira de vinho tinto na varanda, John pediu educadamente que lhe mostrassem onde ficava o banheiro, mas acabou vomitando antes de chegar lá. "Ao pé da escada", relembraria Anita Pallenberg, a rainha de Villa Nellcote, "ele estava deitado ali." Embora o amável anfitrião Keith Richards ponha a culpa "no vinho e no sol forte", o fato de que Lennon também estava usando metadona pode ter tido alguma relação com o incidente.

Subindo um lance de escadas, após o espelho oval do patamar, um segundo lance leva à suíte principal, com portas que se abrem para o grande pórtico ladeado por quatro colunas de pedra. Há mais cinco quartos. Os lindos banheiros retratam cenas de aves e flores pintadas em porcelana azul. Mas não pense que você verá qualquer dessas coisas. Em uma casa perpetuamente cheia de gente, quase ninguém, além de Keith, Anita e seus amigos mais próximos, chega a subir as escadas. As pessoas sequer chegam a pedir permissão. E por um excelente motivo.

Embora o nosso passeio tenha quase terminado, o melhor ainda está por vir. Como sempre acontece quando os ricaços assumem o comando das áreas mais elevadas, eles reservam inteiramente para si o direito de observar a paisagem. Vista de frente, Nellcote parece igual a qualquer outra grande mansão do sul da França. Atravessando a sala de estar você chega às portas que dão para os fundos. Quando abertas, levam a um amplo alpendre sustentado por quarto enormes colunas brancas e redondas. À sua frente, a infindável extensão celeste do porto de águas profundas de Villefranche reluz sob o sol. Ao longo da costa, em ambos os lados, avistam-se os telhados coloridos dos vilarejos próximos.

Desça nove degraus largos de mármore, cada um mais extenso que o anterior, e você estará em uma área plana indefinida, onde se encontram uma mesa e cadeiras de vime. À direita, um parquinho com brinquedos para as crianças. Atrás dele, ameias de pedra muito impressionantes e grandes degraus de mármore que levam a uma pequena praia de pedregulhos com escarpas artificiais, feitas de concreto, nas quais muitas vezes é guardado material de mergulho ou um pequeno barco. A praia parece ser privativa, mas, de acordo com as leis francesas, é aberta a qualquer cidadão que consiga chegar até ali por qualquer outro meio senão entrando na casa.

A grandiosidade de Villa Nellcote reflete, em todos os sentidos, a era áurea na qual foi construída. Os arquiduques russos começaram a passar os invernos em Nice na década de 1890. Nos conturbados anos 1920 — europeus e norte-americanos abastados como Gerald e Sara Murphy, que serviram de inspiração para Dick e Nicole Driver em *Suave é a noite*, de F. Scott Fitzgerald, passaram a visitar a região na primavera e no verão, para aproveitar o sol, o mar e um ao outro. W. Somerset Maugham, que na época era o autor mais bem-remunerado do mundo, adotou St. Jean Cap Ferrat como seu lar permanente, em 1929 — em parte para evitar o imposto de renda inglês, mas também para viver com seu companheiro sem ser importunado. Independentemente da razão inicial que levava as pessoas a visitarem a Riviera Francesa, a simples beleza física dos arredores era o que as mantinha por lá.

A primeira coisa que você nota ao entrar em Nellcote é a luz. Pela manhã, pode ser suave e macia como manteiga derretida, mas no fim da tarde se torna áspera como ferro fundido, transformando a infindável extensão celeste do oceano em uma salva de fragmentos cubistas reluzentes que ferem a vista. Por mais tarde que você vá dormir naquela casa, e em Nellcote ninguém jamais foi para a cama cedo, a luz o acordará muito antes do desejado. A casa não foi projetada para propiciar um sono revigorante.

Construída para captar e reter a luz, Nellcote é literalmente uma sala de espelhos. Em qualquer direção que você olhe, poderá ver sua própria imagem refletida a partir de muitos ângulos diferentes, alguns deles atraentes, outros tão sombrios que, por um breve momento, você poderá até questionar o modo como tem vivido. Ainda assim, você decidirá continuar fazendo as coisas — quaisquer que sejam — que lhe deram essa aparência tão ruim. Projetada para servir como refúgio à beira do mar, nos verões a casa se torna um caldeirão sob o calor escaldante. A única escapatória é o terraço nos fundos, onde com freqüência as refeições são servidas. Nos amplos degraus abaixo, você pode se sentar à sombra enquanto o dia passa e observar os desenhos mutáveis criados pela luz nas facetas cintilantes do mar, luzidio como um diamante.

Assim como em todas as mansões, a vida em Nellcote naquele verão era dividida entre o andar de cima e o de baixo. Uma escadaria em espiral que parte da sala de jantar e desce até o primeiro nível do porão, onde há meia dúzia de quartos, alguns enormes, outros minúsculos. As paredes e teto são feitos de gesso. A maior parte das gravações feitas em Nellcote acabaria por acontecer no primeiro quarto. Grande e espaçoso, tem apenas duas janelinhas que não deixam entrar muita luz ou ar, tornando-o assim ideal para diversos propósitos, alguns mais nefastos que outros. E isso nos leva à história supostamente sombria e sórdida da própria casa.

No manuscrito original de suas memórias, *Even When it Was Bad... It was Good*, June Shelley, que trabalhou para os Stones naquele verão no sul da França, descreve uma visita que fez à "desagradável" proprietária de Nellcote (uma suíça chamada madame Keller). Quando June foi visitá-la, os Stones já tinham se mudado para outras bandas, e a função de June Shelley era acertar com a mulher quaisquer danos que a casa tivesse sofrido enquanto eles moravam ali.

Segundo June, as fofocas locais diziam que aquela mulher tinha vivido em Nellcote com um nazista durante a Segunda Guerra Mundial, e também que muitos dos mais valiosos objetos de arte da casa eram parte do espólio ilegal de seu namorado nazista. Elizabeth Hiemer, que trabalhou como empregada doméstica em Nellcote durante uma década antes de Keith e Anita irem morar ali, conta que durante a guerra a proprietária de Nellcote ainda não era madame Keller, e sim a filha de *monsieur* Bourdes — que até hoje dá seu nome à avenida na qual a casa se situa.

Em *Exile*, que reúne uma coleção de fotografias tiradas naquele verão por Dominique Tarlé e publicadas em uma edição limitada pela Genesis Press, na Inglaterra, Dominique conta: "A criada, uma alemã que vivera e trabalhara em Nellcote por muitos anos, disse-me que, no fim da guerra, muitos soldados alemães tentaram escapar escondendo-se no porão de Nellcote." Embora seja verdade que Elizabeth Hiemer sempre falou em alemão com Anita, tornando-se assim sua confidente, ela é suíça. Elizabeth Hiemer, que viveu em Mônaco durante a guerra e tinha 15 anos quando as hostilidades terminaram, declarou recentemente em uma entrevista (na qual falou em francês impecável) que não se recordava de nenhum soldado alemão que tivesse usado a casa por qualquer motivo.

Em *Exile*, Dominique Tarlé também afirma que, certo dia, ao inspecionar alguns objetos deixados no porão da casa, acompanhada por Bruce Byall, um *roadie* que usava camisas desbotadas, prendia o cabelo com um rabo-de-cavalo e que viveu por algum tempo em uma tenda *tipi* no jardim de Nellcote, encontraram "uma caixa com uma grande suástica, cheia de ampolas. Todas continham morfina. Naturalmente, era muito velha, e a nossa primeira reação foi: 'Se Keith tivesse encontrado esta caixa...' Então, numa noite nós a levamos até o fim do jardim e a jogamos no mar — e ficamos preocupados com os pobres peixes". Bruce Byall não consegue se lembrar de ter encontrado uma caixa como essa ou de jogá-la no mar. O que não significa que isso não tenha acontecido.

Também temos o que nos conta Andy Johns, que tinha apenas 21 anos naquele verão e estava extasiado por estar trabalhando pela primeira vez como técnico de som para os Rolling Stones, seguindo os passos do irmão mais velho, Glyn. "Mesmo depois de já ter entrado e saído daquela casa centenas de vezes," afirma Andy Johns em *Exile*, "um dia notei que os respiradouros estavam decorados com suásticas." Chamando a atenção do anfitrião para o fato, Johns pergunta: "Keith, que porcaria é essa?" E Keith responde de uma maneira que só ele é capaz: "Ah, bom, isto aqui foi o quartel-general da Gestapo durante a ocupação. Mas tudo bem. A gente está aqui agora. Aqueles caras que se danem."

Anos mais tarde, Johns apanhou um livro sobre a Gestapo que fazia um relato detalhado das técnicas de interrogatório que aplicava regularmente em qualquer pessoa que caísse em suas garras. "Se você fosse pego por qualquer bobagem, como atravessar a rua fora da faixa de pedestres", conta John, "eles o submetiam a toda uma série de torturas, o 'esmaga-bolas' e a 'gangorra na banheira', só para ver se você sabia algo pelo qual estavam interessados. Aquele porão era bem grande, então tenho certeza de que esses imbecis fizeram algumas coisas bem ruins por lá. O que explicaria as pancadas durante a noite, a eletricidade que vivia faltando e toda aquela onda esquisita do lugar."

Quando lhe perguntaram se Nellcote tinha servido como quartel-general local da Gestapo durante a guerra, Elizabeth Hiemer disse que não sabia se os alemães haviam usado a casa como escritório durante a guerra. Tampouco se lembrava de ter visto suásticas nos respiradouros da casa — uma casa que ela limpou durante mais de uma década e na qual viveu sozinha durante seis meses depois que Keith e Anita partiram para Los Angeles. Mas isso não significa que as suásticas não estivessem lá. Anos mais tarde, Anita contaria ao autor John Perry: "Sabe, durante a guerra, Nellcote foi um grande quartel-general dos nazistas. Ainda tinha suásticas no velho sistema de calefação..."

Como já cantou Mick Jones, do The Clash, você fica ou vai? Se for, terá problemas. Mas se ficar, terá em dobro.* Você sempre pode pagar para ver e decidir no que acredita, mas, no fim das contas, em quem você vai confiar nessas questões é um problema estritamente pessoal. Com a possível exceção de Stanley Booth, que trabalhou por algum tempo com a banda e depois passou anos trabalhando em *The True Adventures of the Rolling Stones*, quase todo mundo que já escreveu sobre os Stones preferiu seguir o ditame proferido por John Ford em *O homem que matou o facínora* (com uma excelente música-tema composta pelo falecido Gene Pitney, para quem Mick e Keith escreveram "When Blue Turns to Gray"): "Quando a lenda se tornar fato, publique a lenda."

Enfim, tanto no jornalismo como na vida, uma grande história sempre ganha da verdade. Como os Stones não estão preocupados em processar qualquer pessoa que escreva sobre eles, sempre são alvos de muitas críticas na imprensa. O nosso problema aqui é um pouco mais complicado. Guiados pelas lembranças nebulosas de pessoas cujas memórias estão sujeitas não apenas ao que tenham ingerido na época, mas a tudo o que se passou nos 35 anos desde aquele verão épico no sul da França, estamos prestes a embarcar no que certamente será uma jornada muito tortuosa rumo ao passado, na qual as coisas só poderão

* "Should I stay or should I go/ If I go there will be trouble/ If I stay it will be double", The Clash, "Should I Stay or Should I Go", *Combat Rock* (1982). (N.T.)

ser vistas de maneira obscura e indireta, e ainda assim talvez não passem de uma mera sombra da verdade.

Que seja. Pois se tudo isso não for mais que um pouco de teatro mágico, com a razão como preço de entrada, então o melhor conselho possível aos que estão para embarcar é que apertem os cintos, pois haverá muitos solavancos durante a viagem. Qualquer que seja a história real a respeito da possível presença nazista na casa, parece certo que, assim como muitos dos que passaram por lá durante o verão de 1971, Villa Nellcote nunca foi exatamente o que parecia ser.

Os atores

KEITH RICHARDS. Ele é o nosso herói. E também nosso anti-herói. Isso é inteiramente pós-moderno. Mas Keith também é, e de muitas maneiras. Nesta peça do rock 'n' roll, ele é o nosso *Jesus of Cool*. Um homem tão descolado que recuperou o "s" no final do próprio sobrenome, desafiando assim o decreto do antigo empresário dos Stones, Andrew Loog Oldham, quanto às regras para se conseguir fama naquele cenário pop inglês em meados dos anos 1960, cheia de adolescentes histéricas gritando e arremessando jujubas. Com esse ato singelo, Keith deu a toda uma geração de roqueiros que o seguiu a possibilidade de serem chamados por seus nomes de direito.

Por que será que Keith é tão despachado? Para falar de maneira simples, ele está se lixando para tudo isso. Não está nem um pouco preocupado com as coisas que mais importam às pessoas insossas e monótonas que controlam o mundo alheio ao rock 'n' roll. Tendo passado a pós-adolescência em público como um Rolling Stone, Keith já viu, tomou e fez de tudo — ácido, Mandrix, cocaína e heroína, sem falar em sexo, oferecido gratuitamente e de bom grado por mulheres de todas as idades e classes sociais como recompensa por seu inegável talento e por seu sucesso.

Sendo um rapaz originário da classe trabalhadora de Dartford que, até descobrir a guitarra, nunca havia aspirado ser muito mais do que um jovem típico farreando com os amigos em qualquer esquina de um vilarejo isolado na Inglaterra, o formidável talento musical de Keith e sua persona cada vez mais rebelde no palco já lhe deram, neste momento da vida, acesso ilimitado aos ricos e poderosos. Tendo visto essas pessoas de perto, Keith sabe que, embora algumas delas possam ser até razoáveis, a maioria é apenas convencida ao extremo.

Keith não tem tempo a perder com essa porcaria. Também não liga para os detalhes. O dinheiro não significa nada para ele, a não ser quando quer gastar um pouco mais com o que lhe der na telha no momento. Acima de tudo, é essa resignação enfastiada que o torna tão atraente. Como sempre foi um azarão nesse jogo, já conhece perfeitamente as regras. E o que você vai fazer a respeito, cara? Pegar um revólver e dar um tiro no *croupier*? Sim, beleza. E depois? Fugir pela porta dos fundos, onde a polícia vai estar sempre a postos para apagar você, como fizeram com Bonnie e Clyde, John Dillinger e qualquer outro marginal que já desafiou o maldito sistema? Esqueça. Esse é um jogo que ele nunca poderia ter vencido. É bem melhor fazer as coisas do jeito dele, e os outros que se danem.

No fundo do coração, Keith realmente acredita, como já cantou Bob Dylan, que para viver fora da lei você precisa ser honesto.* Ótimo. Mas o que isso significa? Keith é um marginal, tem um código próprio. É totalmente leal aos amigos. Ama o filho. Adora ficar doidão. Acima de tudo, ama a guitarra. Em Nellcote, ela é uma extensão de seu corpo. Ele não vai a lugar nenhum sem ela, literalmente.

* "But to live outside the law, you must be honest", Bob Dylan, "Absolutely Sweet Marie", *Blonde on Blonde* (1966).

Um dia, enquanto os Stones gravavam *Goat's Head Soup* na Jamaica, Andy Johns viu Keith dormindo na cama com a guitarra, o que achou um exagero. Mas ele é assim. Um homem que, há muito tempo, já deixou de se importar com o que as pessoas pensam dele — Keith é ao mesmo tempo um escravo dos próprios hábitos e tão livre quanto um monge budista recitando preces de devoção no alto de uma montanha no Nepal. Keith sempre faz o que está a fim de fazer, e os outros que lidem com as conseqüências. É essa característica, mais que qualquer outra, que tantas vezes põe as pessoas ao redor dele em perigo.

Quando foi viver em Nellcote, Keith já tinha abandonado os valores burgueses havia muito tempo. Ele sempre se move em um ritmo diferente, marcado por um baterista cujo nome não é necessariamente Charlie Watts. Mesmo no palco, é Charlie quem segue Keith, e não o contrário. É sempre Keith quem define a batida. É sempre ele quem cria o ritmo. Quando Keith se empolga com a guitarra nas mãos, tudo que o resto da banda pode fazer é prolongar as pausas, pisar no pedal até o fim e rezar para conseguir acompanhá-lo. Nem sempre fica bonito, e certamente nem sempre fica perfeito, mas é arte.

Keith é, de longe (embora Pete Townshend chegue bem perto), o músico de melhor ritmo em todo o rock. Ele é também o branco mais negro do mundo, e sem nenhuma afetação. Visto de perto, seu carisma é arrebatador. Em uma entrevista de 1974, ninguém menos que Marianne Faithfull, que já havia ido para a cama com Keith e com Brian Jones antes de se firmar como namorada de Mick Jagger, confessou: "No começo eu estava realmente muito mais apaixonada por Keith do que por qualquer outro, como fã. Ele é a epítome do herói romântico, e se você for uma garota de classe média que leu um pouco de Byron, esse é Keith Richard. ... Ele agora se transformou no conde Drácula, mas ainda é um jovem ferido, torturado, maldito. ... Esse é o lance dos Stones. Eles eram sujos, nojentos e arrogantes, e Keith ainda é assim."

Como escreveu Rafael Sabatini sobre o herói de *Scaramouche*, seu romance épico sobre a Revolução Francesa, Keith nasceu com o dom do riso e com uma visão de mundo desvairada. Embora com o tempo ele tenha se tornado o que uma das mulheres dos Stones chama amavelmente de "um autêntico pirata" (que serviria de inspiração para o ator Johnny Depp ao representar Jack Sparrow em *Piratas do Caribe*, filme em que o próprio Keith apareceria como o pai de Sparrow no terceiro episódio da saga), ele também é uma pessoa vulnerável. Como qualquer grande herói, carrega consigo uma ferida profunda que tenta curar usando qualquer coisa que lhe caia nas mãos.

Em parte, um pouco dessa dor é causada pelas atitudes de Mick Jagger, seu velho irmão de armas e alter ego. Embora Brian Jones tivesse ensinado aos dois que não havia nada de mais em transar com as mulheres um do outro, pois nenhuma menina poderia atrapalhar o caminho dos Rolling Stones, Mick passara seriamente dos limites três anos antes de partirem para Nellcote. Dia após dia, durante o outono de 1968, Keith ficava sentado taciturno em seu Rolls-Royce em frente à casa de Lowndes Square, em Londres, onde estava sendo gravado o filme *Performance*, enquanto Mick mantinha um caso tórrido com Anita Pallenberg, para quem Keith havia escrito a balada tristonha "You've Got The Silver", de *Let it Bleed*.

A própria Anita se aproximara inicialmente da banda como namorada de Brian, e a seguir o trocou por Keith. Que ela ficasse com Mick, mesmo em frente às câmeras, era uma coisa. Mas a insistência de Mick em perseguir Anita — que também era a melhor amiga de Marianne Faithfull, namorada de Mick na época — enquanto os quatro tiravam férias juntos na América do Sul depois da filmagem já era demais.

Dois homens menos grandiosos, ou talvez mais banais, sem se importar com o tempo que se conhecessem nem com a quantidade de trabalhos brilhantes que tivessem feito juntos, teriam trocado socos e parado de falar um com o outro ali mesmo. Mas não Mick e Keith. Os dois eram como gêmeos siameses, só que unidos também pelo bolso. Além disso, eram particularmente britânicos no que diz respeito à recusa arraigada de se confrontarem de maneira direta, não importando o motivo. Como os garotinhos levados que ainda pareciam ser, preferiam criticar um ao outro indiretamente, a portas fechadas, e continuar trabalhando juntos no estúdio e no palco. Por mais esquisito que pudesse parecer aos outros, assim era a vida entre os Rolling Stones.

Andrew Oldham sempre insistia que um astro pop deveria estar sempre pronto, determinado e apto a eliminar qualquer pessoa que se colocasse em seu caminho rumo ao sucesso. E, no verão de 1971, Mick e Keith já haviam se tornado, fazia muito tempo, esse tipo de assassino. Quando Brian demonstrou ser uma pessoa com a qual eles tinham muita dificuldade em lidar, mexeram os pauzinhos para que ele saísse da banda, e então partiram em turnê pelos Estados Unidos, com Mick Taylor em seu lugar. Como uma dupla de grandes tubarões brancos, Mick e Keith sempre precisavam seguir em frente, juntos, de modo que colhessem todas as recompensas que lhes eram devidas. Não era algo que pudessem modificar, ou mesmo que compreendessem por completo. Eles simplesmente eram assim.

Sem sombra de dúvida, Keith Richards é o nosso herói. E a situação na qual se vê naquele verão em Nellcote é a origem da nossa tragédia. Sem a ajuda de seu melhor amigo e parceiro de composições, Mick, que já o traiu com a mulher que ele ama, Keith não conseguirá finalizar o novo álbum em que os Stones estão trabalhando. E sem o álbum os Stones não poderão partir em turnê pelos Estados Unidos. Sem o dinheiro que ganharão por lá, a banda não conseguirá sobreviver.

Apesar de tudo o que Mick já lhe fez, e do que logo fará mais uma vez, Keith precisa encontrar uma maneira de viver ao lado dele. Mesmo da perspectiva atual, esse parece ser o tipo de barganha faustiana que só se oferece no inferno — no nono círculo, frente a frente com Lúcifer, onde todos os que já cometeram alguma traição se vêem aprisionados por toda a eternidade em um lago congelado, em penitência por uma vida de pecados.

ANITA PALLENBERG. É a nossa atriz principal. Uma mulher poderosa que, durante o verão em Nellcote, representará muitos papéis, embora se mantenha como a estrela de sua própria produção. Como disse certa vez seu grande amigo Christopher Gibbs, conhecido antiquário que preparou o figurino de *Performance*: "Acho que, numa época mais delicada, Anita teria sido chamada de bruxa." Ela também é a nossa donzela em apuros. É a nossa Dama do Lago, a feiticeira que aprisionou o mago Merlin em uma caverna, árvore, tumba ou na Torre de Vidro, de modo que pudesse tê-lo para si mesma ou vê-lo padecer lentamente, conforme a versão da lenda em que você decida acreditar. E assim são as coisas com Anita. Na távola redonda do rock 'n' roll ocupada pelos Rolling Stones, Anita é a chave. Quem a possuir deterá o poder. Porém, como o tempo se encarregará de demonstrar, ninguém consegue prendê-la por muito tempo. Pois no final, ela pertence apenas a si mesma.

No verão daquele ano, em Villa Nellcote, Anita era sempre o centro das atenções. E não poderia ser diferente. Embora raramente fosse nadar, quase sempre podia ser vista usando um minúsculo biquíni de oncinha que não escondia quase nada, mas que fazia com que todos se perguntassem como ela seria sem ele. Apesar de não estar tão estonteante fisicamente como era em *Performance*, onde aparecia nua ou quase nua em todas as cenas das quais participava, aquela mulher ainda tinha uma beleza natural, para não dizer uma força primitiva. Alguém que conhecia Anita bastante bem na época a descreveu como uma "desleixada". Nas palavras imortais de Michael Philip Jagger, Anita era capaz de fazer um morto gozar.

Mas essa não era, de maneira nenhuma, a única fonte de seu poder. Ian Stewart, que começou sua carreira tocando piano para os Rolling Stones, sendo depois relegado a *roadie* porque parecia mais um mineiro de carvão ou um caminhoneiro do que um astro pop, disse certa vez que era impossível manter uma conversa regular com Anita, pois a cabeça dela estava sempre a mil por hora. Dependendo da substância que você tivesse acabado de ingerir naquele verão em

Nellcote, as guinadas dialogais súbitas que ela fazia poderiam parecer insanas, brilhantes ou uma combinação medonha de ambas. Um exemplo bastante representativo de como era tentar conversar com Anita naquela época pode ser visto em uma cena de *Performance*, quando o tema em discussão é a cor do cabelo de Chas, o gângster fugitivo interpretado por James Fox. Anita, representando Pherber, observa que ele pintou o cabelo e diz que gostava da cor ruiva que ele usava antes. Chas a corrige, dizendo que o ruivo é que era pintado. Turner, o astro de rock completamente chapado interpretado por Mick Jagger, confunde a palavra *dyed* ("pintado") com *died* ("morreu"), e o diálogo que se segue é este: "*Dead*", diz Turner. "*Dyed. Red*", repete Chas, ainda tentando se fazer entender. "*Dyed it... dead!*", diz Anita, provocando a reação de Chas: "*Red... red!*"

Qualquer coisa que as pessoas dissessem a Anita naquele verão em Nellcote parecia lembrar-lhe de algo que soava semelhante. Era comum ela repetir a mesma frase até que as palavras perdessem todo o sentido, tornando-se uma série de notas em um *riff* que só ela conseguia tocar. Em vez de lhe perguntarem sobre o que estava falando, a maior parte das pessoas em Nellcote apenas aceitava as declarações de Anita como um conhecimento recebido, e só tentavam decifrar seu significado depois de se afastarem dela.

Como Anita era muito mais temperamental que Keith e bastante volátil, conversar com ela naquele verão era como tentar lidar com mercúrio misturado com nitroglicerina. Era impossível saber quando seus olhos escuros se encheriam subitamente de raiva e ela explodiria, emitindo um milhão de fragmentos mortíferos em todas as direções. Hoje ela seria vista como uma personalidade em processo de desintegração. Na época, parecia apenas esquisita.

Ainda assim, como disse outra pessoa que passou aquele verão em Nellcote: "Embora nenhum dos padrões habituais de comportamento se aplicassem a Anita, ela sabia como se comportar. Não era uma pessoa que xingaria as outras em público. Era muito educada. É uma condessa por direito. E isso representa muito."

Como Anita acreditava em conspirações de todos os tipos, estava sempre procurando o lado oculto de tudo — quem teria realmente matado John F. Kennedy; por que tal atriz havia sido escolhida para certo papel; seria verdade que a Máfia era quem dominava o mercado da música? Aos olhos dela, forças obscuras e sinistras trabalhavam em uma harmonia secreta para governar o mundo. Numa época em que Mick Jagger havia conquistado um lugar na lista de inimigos de Richard Nixon por ter a desfaçatez de usar o chapéu do Tio Sam no palco durante a turnê norte-americana de 1969, ela talvez não estivesse tão equivocada.

Quanto às questões mais imediatas, Anita estava convencida de que a Côte d'Azur era repleta de ladrões. Falava constantemente dos assaltantes que estariam planejando saquear Nellcote. Em certo momento do verão, a paranóia de Anita se tornou tão grande que ela convenceu alguém que trabalhava para os Stones a levantar uma cerca de arame farpado ao redor da praia de Nellcote para que ninguém pudesse entrar ali vindo da propriedade ao lado. Já que, pela lei, todas as praias da França são públicas, o arame farpado teve de ser derrubado. No final, esse temor também se mostrou justificado.

Dentro do círculo estritamente controlado que cercava os Rolling Stones, Anita conquistara sua posição de poder por ser o grande amor da vida de Brian Jones. Juntos, tornaram-se o primeiríssimo casal do rock. Incapazes de permanecer fiéis a qualquer pessoa por muito tempo, eles brigavam, trepavam e expunham a sexualidade ambivalente deles em público para quem quisesse ver. Quando Brian se tornou difícil demais até para Anita, ela o largou para viver com Keith, que nessa época já estava apaixonado por ela.

A princípio, Brian, Keith e Mick se sentiram atraídos por Anita pela experiência que ela tinha em mundos pelos quais os Stones ainda não tinham viajado — sua incrível noção de moda, seu autêntico glamour de estrela de cinema, sua capacidade de ficar mais doidona que qualquer um, sua necessidade insaciável de sexo, seu interesse pelas artes obscuras e sua recusa em agüentar desaforos de quem quer que fosse, assim como o evidente prazer que extraía ao chocar a burguesia.

Em uma época na qual a liberação feminina ainda estava nascendo, Anita era uma agitadora influente, num grau que poucas mulheres haviam atingido. Era uma mistura de Lady Gregory, Brigitte Bardot, Colette e George Sand. Ao contrário de Oscar Wilde, a grande tragédia de Anita não era o fato de aplicar sua genialidade à vida, e não ao trabalho. No caso dela, essas duas coisas se fundiam. Atuar no cinema, assim como a vida de modelo, era um modo de exibir seu poder para um público mais amplo. Apesar de não ter tocado nem escrito nenhuma das músicas de *Exile on Main St.*, Anita foi uma autêntica artista da vida, que ajudou os Stones a se criarem como símbolo da rebelião de uma geração contra outra.

"Anita era um ser humano muito poderoso", relembraria Marshall Chess, que na época era o presidente da recém-fundada Rolling Stones Records. "Ela era louca e descontrolada, mas também brilhante, e tinha algum tipo de poder sobre Mick e Keith. Foi a verdadeira arquiteta da imagem deles. Tinha uma cabeça de arquiteta. Era muito parecida com Karl Rove."

Tudo isso fez com que a entrada de uma outra mulher naquele cenário fosse muito difícil para Anita. A esposa de Michael Philip Jagger, Bianca Rose Perez Moreno de Macias (se é que esse era seu verdadeiro nome) era uma personagem fabulosa, saída diretamente de um romance de Charles Dickens, a pequena Nell interpretada por Nell Gwynne, que não estava nem um pouco impressionada com Keith, Anita ou com os Rolling Stones. O rock simplesmente não era o lance dela. E é por isso que, naquela primavera em St. Tropez, a música-tema de *Love Story* seria tocada enquanto ela entrava na igreja ao lado de Mick. Bianca não se vestia como uma hippie. Não queria viver como uma estrela do rock. Não estava apenas se casando com Mick, também esperava um filho dele. Dessa forma, representava a ameaça até então mais direta para a posição de Anita como o brilhante sol feminino ao redor do qual os Stones tinham girado por tanto tempo.

Anita precisava ser o centro das atenções. Não conseguia conceber as coisas de outra maneira. Qualquer pessoa que perturbasse aquela situação era má, e portanto precisava ser afastada de seu círculo imediato o mais rápido possível. Usando todos os subterfúgios e armas à sua disposição, Anita se dedicou de corpo e alma a essa tarefa. Como o vodu se mostrou inútil, começou a campanha de boatos contra Bianca, insistindo que a nicaragüense, ex-namorada do ator Michael Caine e do playboy e executivo da indústria fonográfica Eddie Barclay (um francês que, antes de morrer, casou-se nove vezes), nascera homem, submetendo-se posteriormente a uma cirurgia de mudança de sexo.

Certa noite, durante um jantar na Paris dos anos 1920, Ernest Hemingway sentou-se ao lado de Zelda Fitzgerald, que, inclinandose na direção dele como se fosse confessar seu maior segredo, disse: "Você não acha que Al Jolson é mais formidável que Jesus Cristo?" Tempos depois, Hemingway escreveria que F. Scott Fitzgerald não escreveu nada que prestasse até o momento em que percebeu que sua mulher era louca. Ainda assim, o próprio Hemingway já sabia o suficiente naquela noite para não prosseguir com o assunto. E o mesmo acontecia com Anita. Ou você aceitava as palavras dela de modo literal, ou a ignorava. Com Anita não havia meio-termo.

Como Anita sabia que Mick sempre gostara de mulheres negras, tendo transado com muitas das cantoras que faziam os *backing vocals* de artistas norte-americanos de *rythm and blues* com os quais os Stones viajaram pela Inglaterra no início da carreira, ela começou a tramar para que a revolucionária negra Angela Davis fosse libertada da prisão na Califórnia, onde aguardava julgamento por assassinato. Quando Angela fosse libertada, Anita desejava levar aquele "*sweet black angel*" até a França para que Mick largasse Bianca e se casasse com ela. Era um plano, ao menos parecia.

Marianne Faithfull, a melhor amiga de Anita, descreveu-a como "a rainha obscura sob um feitiço maligno, tão deslumbrante e perigosa". Mesmo depois que Anita começou seu caso com Mick, a quem Marianne amava e de quem esperava um filho, Marianne ainda via Anita como "a maior vítima daquela história, a menina vulnerável que deveria ser amparada e protegida. O fim do namoro com Brian no ano anterior tinha sido devastador para ela". Confirmando as palavras de Christopher Gibbs, Marianne também escreveu: "Anita acabou por levar adiante aquela pose de deusa e começou a fazer bruxarias. Houve momentos, especialmente depois da morte de Brian, em que ela ficou meio maluca."

Assim parecia ser naquele verão, e por muitas vezes. Anita era bonita e louca, e também loucamente bonita. Como dizem os franceses, *cherchez la femme*, ou seja, no centro de todas as histórias — inclusive na que conta como os Rolling Stones fizeram o que, na opinião insistente de alguns, é o melhor álbum deles — sempre existe uma mulher.

MICHAEL PHILIP JAGGER. Ah, Mick. Como ele é problemático. Seria tentador considerá-lo o vilão da nossa peça, mas isso não seria justo com nenhum deles, em particular com Mick. Na verdade, houve momentos durante aquele verão em que ele parecia injustiçado e sobrecarregado como uma dona-de-casa presa em um casamento do qual não consegue escapar. Ainda assim, se você tivesse que escolher a pessoa com maiores chances de emergir relativamente ilesa de tudo aquilo, Mick seria a melhor opção. No que dizia respeito à sobrevivência, ele era um gênio. Esse instinto primitivo era o que formava o cerne de sua personalidade.

Ao contrário de seu amigo e parceiro musical, Mick não era um homem natural. Em vez disso, era um artista performático nato, e estava sempre ligado. Nenhum ambiente era pequeno demais para Mick. Nenhuma platéia era minúscula demais para que ele a entretivesse. A verdade é que o interesse principal dele era se divertir. Tudo o que fazia parecia ser cuidadosamente planejado para desencadear uma resposta específica. Como Mick tinha uma pauta a seguir, estava sempre pronto para empreender uma variedade impressionante de truques para atingir seu objetivo.

Depois de se separar dele, Marianne Faithfull escreveria: "Não há nada de verdadeiramente mítico ou trágico sobre Mick. Ele é normal demais, saudável demais para que qualquer destino realmente bizarro o acometa." Na opinião dela, a "compulsão de Mick por ver a vida como um eterno suplemento do jornal de domingo" fez com que ele passasse a vida sem nunca sentir as coisas de fato. Durante o último ano que viveram juntos, Marianne se sentia como se morasse com um vampiro, "uma entidade voraz e vazia que precisava a todo instante se preencher com coisas, pessoas, idéias e almas. A genialidade de Mick estava nas letras que compunha, mas o grande talento dele sempre foi a astúcia, o orgulho e a presunção ..."

Intelectualmente inquieto e propenso a ficar entediado com facilidade, Mick estava sempre em busca de ação. A fidelidade sexual, até com a mulher com quem acabara de se casar, nunca foi o lance dele. Em viagem, Mick ainda gostava de transar com alguma menininha jovem e ligeiramente inocente que tivesse acabado de conhecer e que jamais veria de novo. Também tinha casos mais duradouros com mulheres dispostas a ficar com ele sob quaisquer condições que ele determinasse. Esses são os benefícios que você recebe ao se tornar o maior astro mundial do rock. Ou então, como alguém o chamou na época, "a principal molécula no fio da navalha".

Assim como Keith e Anita, Mick fumava e cheirava. Em qualquer noite poderia ficar completamente bêbado, como convém a um bom roqueiro. Era só nesses momentos que sua raiva emergia e ele parecia de fato descontrolado. Porém, como relembrou alguém muito próximo aos Stones, Mick "também era malandro. Estava sempre tomando mais coisas do que deixava transparecer, pois consumia suas drogas sozinho e nunca as dividia com ninguém, não deixava que ninguém soubesse. Vou contar uma coisa. Quando ele bebe, faz isso como um viciado. É um alcoólatra. Ele fica patético quando bebe."

Sem importar o que tivesse tomando na noite anterior, Mick sempre acordava sabendo em que cidade estava e exatamente o que tinha de fazer naquele dia. Ele era assim, uma pessoa virada do avesso. Dentro do mundo estritamente protegido dos Rolling Stones, que ele governava com um domínio quase completo, havia apenas um ser humano que Mick não conseguia controlar: Keith.

A maior parte das pessoas que já escreveu sobre Villa Nellcote naquele verão colocam Keith no centro do círculo negro ao redor do qual o álbum foi urdido. Ainda assim, Mick talvez seja, se não o verdadeiro herói deste conto, então o nosso personagem mais estimado. Pois quando Keith ficava doidão e passava horas no banheiro do segundo andar, enquanto os Rolling Stones fritavam no porão lá embaixo, Mick ficava esperando pelo amigo, como Keith fazia sentado no Rolls-Royce durante a filmagem de *Performance*. Embora essa forra possa ter sido justa, Mick ainda parece ser a pessoa que mais sofreu durante aquele verão interminável em Nellcote.

Foi Mick quem mais se dedicou para libertar os Stones do controle financeiro exercido pelo megaempresário do rock 'n' roll Allen Klein e lançar seu próprio selo. Embora os Stones já tivessem gravado *Sticky Fingers*, o álbum mais vendido na carreira da banda, não puderam sair em turnê pelos Estados Unidos para promovê-lo. Para conseguirem isso agora, precisavam gravar um novo disco. Até que isso fosse feito, Mick estava à mercê de seu velho amigo.

Os dois sempre foram diferentes como o Sol e a Lua. Mick, um vencedor nato, bateu o recorde da corrida de meia milha em sua escola fundamental, proclamando em seguida que correr era "muito chato". Quando adolescente, obteve alguma fama local em Dartford ao aparecer em um programa semanal de televisão demonstrando as técnicas de condicionamento físico para garotos inventadas por seu pai, Joe. Nessa época, foi inteligente o bastante para receber uma bolsa do governo para estudar na respeitada London School of Economics. Ganhar dinheiro sempre pareceu ser seu objetivo principal.

Keith, um roqueiro rebelde nato, um desajustado que não se encaixava em lugar nenhum, foi reprovado nos exames de admissão para o ensino médio, sendo então mandado para um curso técnico, onde passou a maior parte do tempo aprendendo a "se esquivar de socos". Péssimo nos esportes, foi expulso do equivalente inglês dos escoteiros por beber e brigar, e depois o convidaram a se retirar da escola de artes por matar aulas demais. Depois que seus pais se separaram, Keith não viu o próprio pai durante 20 anos. O que Mick e Keith de fato compartilhavam (além de diversas mulheres) era um amor eterno pelo que Brian Jones gostava de chamar de "R&B autêntico".

Ainda assim, ao contrário de todos os que seguiram o caminho aberto por eles, como Steven Tyler e Joe Perry, Johnny Rotten e Sid Vicious, Nikki Sixx e Tommy Lee, só para dar alguns exemplos, Mick e Keith nunca bateram boca em público. Entre eles, tudo era mantido nos bastidores. Como a hostilidade e a raiva daquele verão permaneceram reprimidas e caladas, cresceram lentamente até ficarem à flor da pele, criando uma atmosfera de tensão tão densa que chegava a ser palpável. Tendo em vista as personalidades completamente distintas dos dois, não poderia ter sido de outra forma.

Incapaz de passar muito tempo sóbrio ou de criar sua música sem estar envolto em loucura, Keith *era* o caos. Sempre que a vida em Nellcote se tornava quieta demais, ele fazia algo ultrajante para sacudir as coisas, só para tomar mais uma dose da adrenalina do rock 'n' roll. Sem o caos, Mick não conseguia se manter no controle. Bill Graham, lendário produtor de rock, disse certa vez que, quando estava no palco, Keith era capaz de jogar uma toalha sobre o ombro e se transformar em Errol Flynn em *Capitão Blood*. E então acrescentou de forma sucinta: "E o Mick é o Mick. O babaca mais talentoso desse negócio."

E isso leva à nossa pergunta fundamental. O que acontece quando Michael Philip Jagger, o inquestionável senhor feudal cujo *droit de seigneur* nunca havia sido desafiado por ninguém, vê-se de súbito como um hóspede perpétuo no palácio de Keith Richards à beira do mar no sul da França? Mick não pode sair dali. Ao menos não por muito tempo. Sempre que o faz, o trabalho do novo álbum emperra. Porém, mesmo quando está por ali, não há nada que possa fazer para que Keith componha uma música nova, para a qual possa escrever a letra. Mick não pode ficar, mas também não pode partir. Ali está ele, cercado de loucos e palhaços, preso no meio da corte, ao lado de Keith. Não há saída. Para ele, a porta de Villa Nellcote está ao mesmo tempo aberta e fechada.

Para alguém acostumado a ser o rei, essa é a própria definição do inferno. Como a imprensa já mencionou, o título original de *Exile on Main St.* seria *Tropical Disease* ("Doença tropical"). Naquele verão em Nellcote, se havia alguém sofrendo de uma estranha forma de dengue do rock 'n' roll, este era Mick. Por mais enjoado que estivesse de tudo aquilo, não havia nenhum remédio. Tudo o que lhe restava fazer era sofrer. Por vezes, mesmo para Mick, aquilo deve ter parecido uma eternidade.

O FANTASMA. Interpretado por Brian Jones, ele vaga pelos salões de Villa Nellcote usando um longo véu negro. Visita a casa quando uivam os ventos quentes. Ninguém o conhece e ninguém o vê. Ninguém além de Keith. E Anita. E às vezes Mick. "A morte de Brian", escreveria Marianne Faithfull, "foi como uma bomba em câmera lenta. Teve um efeito devastador sobre todos nós. Os mortos vão embora, mas os vivos são amaldiçoados. Anita desceu ao inferno com sua culpa de sobrevivente, culpa pura e simples. Adquiriu compulsões medonhas. ... A reação de Keith à morte de Brian foi se transformar nele. Ele se tornou a própria imagem do viciado chapado e decadente, pairando eternamente à beira da morte. Mas Keith, sendo Keith, é feito de um material diferente. Por mais que imitasse a autodestruição de Brian, nunca chegou de fato a se desintegrar."

Estudantes de *Hamlet*, prestem muita atenção: nenhum deles — Mick, Keith ou Anita — compareceu ao funeral de Brian. É impossível avaliar o fardo psíquico sofrido por aqueles que não enterram seus mortos, mesmo no mundo destrambelhado dos Rolling Stones.

Nota ao leitor: o elenco de apoio é descomunal. Por mais fascinantes que essas pessoas possam parecer agora, são essencialmente atores secundários, e serão apresentados à medida que surgirem em cena.

Figurino e Design

> Não podemos todos acompanhar os Stones em Villa Nellcote, mas ao menos é possível que adotemos o mesmo visual. Em 1971, Mick, Keith e os rapazes se reuniram na França para gravar *Exile on Main Street*. Outros roqueiros fizeram a peregrinação até lá. Anita Pallenberg e Bianca entraram na dança. E desde então, os homens têm sonhado com o modo informal de se comportar, vestir e amar daquelas pessoas.
>
> "Gimme Tax Shelter", *Men's Fashions of the Times*, primavera de 2002

Será uma exigência do sindicato que todos os que escrevem sobre moda fumem ópio antes de começar a pôr as palavras na página? Pois se, desde 1971, os homens estiveram realmente sonhando com o que aconteceu em Nellcote naquele verão, então não só a República, mas o mundo inteiro, está em uma situação muito pior do que qualquer um de nós consegue imaginar. E quanto ao modo displicente de injetar heroína daquelas pessoas? Já falamos o bastante sobre figurino e design. Passemos à ação.

Anita Pallenberg e o filho Marlon em um café no porto. Villefranche, julho de 1971.

PRIMEIRO ATO

1 Os Rolling Stones precisam sair da Inglaterra. Não por terem ofendido a rainha, embora, verdade seja dita, os rapazes certamente tenham feito um excelente trabalho nesse sentido ao longo dos anos, sendo presos por mijarem em público num posto de gasolina de Romford em 1965, apenas três meses antes de Sua Majestade conceder aos Beatles, muito mais adoráveis, sempre fofinhos e carinhosos, o título de Membros da Ordem do Império Britânico no Palácio de Buckingham.

Depois de aceitar o título, Paul McCartney, sempre o mais meigo do grupo, vangloriou-se em público de ter fumado maconha no banheiro do palácio pouco antes da cerimônia. Travesso, sem dúvida. Mas nada que se compare ao que aconteceu com Mick e Keith em fevereiro de 1967, quando a polícia meteu o pé na porta da casa deles em uma violenta batida orquestrada pelo *News of the World*, o tablóide inglês mais vil de todos, especialista em engendrar escândalos, que fez de tudo para que eles caíssem naquela cilada e fossem presos. Embora as autoridades só tenham conseguido autuar Keith por possuir uma casa na qual pessoas fumavam maconha, e Mick pela posse de quatro bolinhas que na verdade pertenciam a Marianne Faithfull, quando aqueles policiais entraram pela porta da frente como cavaleiros templários em uma convenção, todos os presentes ainda estavam viajando graças ao LSD que haviam tomado mais cedo. A adorável Marianne Faithfull estava pelada como no dia em que nasceu, a não ser por um grande manto de pele em que se envolvera depois do banho, descendo então as escadas para aproveitar a festa. (Apesar dos rumores, não havia no lugar nenhuma barra de chocolate embebida em LSD.) Ainda assim, as manchetes dos jornais ingleses praticamente se escreveram sozinhas. *Rolling Stones! Drogas! Sexo! Orgia! Loura pelada!* Aquilo era o suficiente para deixar em pé o cabelo até de Sua Majestade, cheios de laquê.

Depois de um patético julgamento-espetáculo que foi mais um choque de gerações que um verdadeiro procedimento legal, Mick e Keith foram considerados culpados e receberam sentenças severas. Os enormes protestos públicos que se seguiram incluíram passeatas nas ruas de Londres, além de um extraordinário editorial do *Times* exigindo saber por que os dois líderes dos Stones haviam sido tratados como inimigos de Estado. Esqueça o *News of the World.* Estamos falando do *Times*, absolutamente neutro e augusto, o periódico da realeza, esquadrinhado com regularidade na corte todas as manhãs, acompanhado de torradas frias com manteiga, cereal, ovos e peixe defumado.

Embora Paul possa ter ofendido as sensibilidades régias por fumar um baseado no banheiro do palácio, Mick e Keith demonstraram em praça pública seu profundo desprezo por toda a ordem inglesa, e, após a apelação, suas sentenças foram anuladas. Assim, além de darem uma banana em público para tudo aquilo que a Inglaterra tinha representado orgulhosamente ao longo de mil anos, também saíram daquela impunes. Mick e Keith, que já não eram apenas astros pop, transformaram-se em autênticos heróis culturais, cujas declarações eram recebidas com tanta seriedade quanto o último boletim do escritório do primeiro-ministro. Basta dizer que "Satisfaction" e "Get Off My Cloud" jamais alcançaram uma posição muito alta nas paradas de sucesso da realeza.

Ainda assim, não é Sua Majestade quem está forçando os Stones a partir para o exílio, e sim o estado calamitoso das finanças da banda. Embora tenham feito um pé-de-meia durante os muitos anos em que estiveram entre os mais vendidos da Inglaterra e dos Estados Unidos, agora a Receita Federal quer lhes tomar tudo. Veja bem, não é nada pessoal. Estão apenas aplicando a política fiscal. Dentro da faixa de rendimentos em que os Stones se encontram agora, a alíquota do imposto de renda chega a 83% por *pound*, subindo para astronômicos 98% por *pound* sobre outros rendimentos financeiros. Sair em turnê e vender mais discos morando na Inglaterra não fará nada pela banda além de gerar maior arrecadação para o governo conservador liderado por Edward Heath.

Além disso, os Stones têm uma arrastada disputa judicial com Allen Klein, o empresário que Mick e Keith escolheram pessoalmente para resgatá-los de Andrew Loog Oldham e Eric Easton. Graças a um contrato assinado por Brian Jones quando os Stones acabavam de surgir, Oldham e Easton passaram anos recebendo uma fração desproporcional dos royalties gerados pelos discos da banda. Os Stones estavam tão desesperados para começar a trabalhar com Klein que combinaram com ele um adiantamento de meros 1,25 milhão de dólares. Eles acreditam agora que Klein tem cerca de 17 milhões de dólares que lhes pertencem. Mas Klein foi esperto e fundou uma filial independente da editora dos Stones em Nova York, uma empresa norte-americana da qual detém o controle exclusivo, portanto os rapazes terão que correr atrás dele sempre que precisarem de uma grana.

Em vez de desembolsar recursos, Klein prefere "emprestar" o dinheiro à banda. Em *The True Adventures of the Rolling Stones*, Stanley Booth cita um memorando escrito por Jo Bergman, que na época era a responsável pelo escritório dos Stones em Londres, no qual afirma que todas as contas pessoais da banda estavam no vermelho, que a conta número 3 dos Rolling Stones estava no vermelho, que eram necessárias sete mil libras para sanar as dívidas mais imediatas e que não havia fundos disponíveis para administrar o escritório. Ao mesmo tempo, um liquidante da Inglaterra bloqueou uma ampla soma do dinheiro dos Stones enquanto aguarda o desfecho de um processo de Eric Easton contra Oldham, seu antigo parceiro, por quebra de contrato e por induzir seus clientes a quebrar o contrato. Em um processo separado, Oldham também está processando Klein pela criação da Nanker-Phelge Music nos Estados Unidos.

Embora a única regra aplicável ao rock 'n' roll seja a de que todas as quantias devidas por uma parte a outra estão sempre sujeitas a disputa, isso quando não passam de simples fantasias, ainda assim está claro como água que as finanças dos Stones chegaram ao fundo do poço. Como contou Mick Jagger a Roy Carr, da revista *New Musical Express*, pouco depois do lançamento de *Exile on Main St.*: "Então, depois de trabalhar por oito anos, descobri que ninguém tinha pagado os meus impostos e que eu devia uma fortuna. Por isso eu precisava sair do país. Então eu disse 'foda-se' e saí do país."

O homem por trás desse plano é ninguém menos que o príncipe Rupert Ludwig Ferdinand zu Loewenstein-Wertheim-Freudenberg, um descendente da família real da Baviera cujo título também é motivo de debate em certos círculos. Ao lado de Jonathan Guinness, o príncipe Rupert fundou o banco mercantil Leopold Joseph, sendo agora seu diretor-gerente. Persuadido por Mick a ajudar a banda com suas finanças, o príncipe Rupert julgou ter sido incumbido do que o baixista dos Stones, Bill Wyman, mais tarde chamou de "o agradável dever de investir fundos excedentes em um grupo de música pop extremamente bem-sucedido", para então descobrir que os Stones estavam falidos e que "suas receitas não cobriam as dívidas, os financiamentos nem as despesas diárias".

Ainda que Allen Klein continue controlando todos os originais da banda, além do copyright das músicas, os Stones logo decidirão, como relembra Wyman, "... largar Klein e nos mandar da Inglaterra — uma aposta pesada, mas era a única maneira, pois Klein com certeza não nos daria liberdade de bom grado". Embora o acerto venha com certas condições, nenhuma delas parece particularmente onerosa. Não se você for um Rolling Stone. A banda precisa ficar na França por pelo menos um ano e concordar em gastar entre 150 e 200 mil libras. Isso representa cerca de meio milhão de dólares. Em troca, não será cobrado nenhum imposto francês sobre o que eles ganharem. Enquanto estiverem ali, uma multinacional radicada em Amsterdam e nas Antilhas Holandesas protegerá o dinheiro da banda.

Para os que podem pagar a passagem, deixar a Inglaterra para viver em alguma outra parte por causa dos pesados impostos britânicos logo se tornará a melhor alternativa. Ainda assim, os Rolling Stones são a primeira banda inglesa a debandar *en masse* rumo a paragens estrangeiras. Para os Stones, a decisão faz muito sentido em termos financeiros. Cada um deles deve à Receita mais de 100 mil libras, que representam a bagatela de 240 mil dólares por Stone. E essa soma era muito mais astronômica naqueles tempos do que atualmente.

O dia do pagamento dos impostos na Inglaterra se aproxima, e os Stones começam a dizer adeus à sua terra natal. Em 1º de abril de 1971, o baixista Bill Wyman e sua namorada Astrid Lundstrom viajam para Nice acompanhados do guitarrista Mick Taylor, de sua companheira Rose Miller e da menina Chloe, filha do casal, nascida há apenas três meses. Mick Taylor está perdido no turbilhão da viagem da Inglaterra para o sul da França, pois é o único dos Rolling Stones que não tem a real necessidade de partir. Sendo o integrante mais novo da banda, ainda não ganhou tanto dinheiro quanto os demais Stones. Como Mick Taylor não tem nenhum problema fiscal, sua viagem ao exílio não faz nenhum sentido em termos financeiros.

Ao embarcar em um vôo fretado para o sul da França, ele tem apenas 23 anos de idade e seu futuro parece muito promissor. Mais tarde, poderá se tornar um dos grandes guitarristas e compositores do rock. Se esta fosse uma produção da Hammer Films, com uma música de fundo sombria ressoando bem alto e sinais fatídicos surgindo em toda parte para anunciar a desgraça do nosso herói, os espectadores de todos os cinemas da Inglaterra estariam em pé nas poltronas, gritando para a tela: “Pelo amor de Deus, cara, não entre nesse avião!”

Mas não é. E assim, sem pensar duas vezes, Mick Taylor, Rose e o bebê voam para sua nova casa no sul da França. Para os que se interessam por esses assuntos, uma das muitas subtramas que correm durante a produção de *Exile on Main St.* é a que narra o modo como Mick Taylor será tratado nos próximos meses, não apenas como músico, mas como pessoa.

E quanto aos outros Stones? Charlie Watts, o da cara sardônica e das batidas incansáveis, já está na França acompanhado de sua mulher, Shirley. Os dois se hospedaram temporariamente em um hotel em Cannes e a seguir se mudaram para uma casa alugada em La Borie, em Thoiras, perto de Arles. Embora Jo Bergman a princípio ache que Villa Nellcote será simplesmente perfeita para Mick, Bianca logo joga água no chope e diz que a casa é muito exposta para o gosto dela. Em vez disso, ela e Mick já se hospedaram no luxuoso Hotel Plaza Athénée, em Paris. Pouco depois, alugarão uma casa de veraneio na cidade murada de Biot, a 40 minutos de carro de Nellcote.

Naturalmente, Keith é o último a partir. Deixemos de lado o fato de que ele não tem escolha. Keith Richards nunca se viu muito impressionado com nenhuma espécie de prazo, muito menos um prazo que lhe foi imposto por um consultor financeiro que pode até ter um título antes do nome, mas que, na verdade, é seu empregado. Ninguém diz a Keith Richards quando é a hora de subir ao palco. Keith sobe quando se sente bem, quando está preparado, e não por ordem de alguém.

Enquanto esperam a partida de Keith, os que estão a cargo da operação no escritório dos Stones em Londres começam a se perguntar se ele conseguirá um dia organizar sua vida. No dia-a-dia, ele não parece estar progredindo muito rumo a esse objetivo. Em 5 de abril, o dia do pagamento dos impostos na Inglaterra, uma equipe do escritório vai à casa de Keith à beira do rio, na rua Cheyne Walk, em Chelsea, para embalar suas coisas em caixas e remetê-las à França. Veste o que parece ser um cardigã feminino com pérolas incrustadas nas mangas sobre um agasalho apertado e calças boca-de-sino que parecem cortinas, Keith é levado para o aeroporto, onde embarca em um vôo da BEA para Nice, com seu jovem filho Marlon, que tem ano e meio, além de Jo Bergman e Shirley Arnold, velhas integrantes da equipe dos Rolling Stones.

Ao ver Keith embarcar no avião, você jamais saberia que nas três semanas desde que os Stones terminaram a turnê de despedida da Inglaterra, que durou dez dias, aquele cara já tinha passado por dois tratamentos diferentes contra drogas, que por sinal não funcionaram por muito tempo. Pelo que contam os relatos, o antigo caso de amor de Keith com a heroína tornou-se mais forte cerca de um mês depois que os Stones voltaram para a Inglaterra após o fiasco em Altamont em dezembro de 1969. Tendo comprado drogas de uso medicinal de alguém que as roubara de químicos no norte da Inglaterra, Keith se picava e depois partia para o banheiro, onde tocava guitarra e compunha músicas durante horas.

Ao fim do processo de gravação de *Sticky Fingers*, Keith estava tão doidão que não teve nenhuma participação significativa na produção de "Moonlight Mile", a última faixa do disco. Acompanhado por Anita, Marlon e Gram Parsons, o brilhante cantor e compositor que já passara pelas bandas The Byrds e The Flying Burrito Brothers, Keith não havia melhorado nem um pouco durante a turnê inglesa. Viajando separado dos demais Stones, não conseguiu chegar no horário em nenhum dos shows. Mas Keith é assim mesmo. No palco, o cara sempre arrebentava. O que fazia na vida particular era problema dele. E era exatamente dessa maneira que se sentiam todos aqueles que ocupavam o topo da pirâmide do rock e usavam heroína.

Não precisamente nesta ordem (a cronologia exata se perdeu ao longo do tempo), eis um pouco do que aconteceu com Keith três semanas antes da viagem. Certo dia, quando nosso herói saía pela porta da frente de sua casa em Cheyne Walk, em Londres, um carro da polícia o mandou parar. Um policial saiu e disse: "Olá, Keith. Como é que vai, garoto? Tudo certo? Não está usando coisas pesadas, né? Arregace a manga, por favor. Vamos dar uma olhada nessas veias aí. Que tal a Anita e o bebê? O que é isso? Isso cheira a hash para você, Fred?"

Por sorte, Keith não estava carregando nada com ele naquele momento, por isso não foi preso. A essa altura, levar vários integrantes dos Rolling Stones para a delegacia mais próxima por uso de drogas já tinha se tornado o novo esporte nacional inglês, acompanhando de perto a caça à raposa e o futebol.

Embora Mick tivesse muitos amigos influentes, entre eles Tom Driberg, um deputado gay do Partido Trabalhista, além de Michael Havers, o procurador que representou Mick e Keith no julgamento após a prisão em Redlands em 1967, ele não estava imune a esse tipo de tratamento. Em 21 de maio de 1969, Mick e Marianne foram presos na casa dele em Cheyne Walk por porte de heroína, LSD e maconha. Mick, sendo Mick, alegou que o sargento-detetive Robin Constable lhe armara uma cilada, colocando a heroína em uma caixa branca da joalheria Cartier que estava sobre a mesa. Segundo Mick, Constable lhe ofereceu então que resolvessem a questão em troca de um suborno de mil libras, uma acusação que Constable nega até hoje, embora acrescente pesaroso: "Não deveríamos ter prendido Mick. Poderia ser qualquer outra pessoa, mas não ele!"

Assim como Keith, Mick achava que a maioria dos policiais ocupados em enquadrar astros de rock por porte de drogas era corruptível, sendo Norman "Nobby" Pilcher, da Scotland Yard, o mais famoso entre eles — Nobby já tinha prendido Brian Jones, Eric Clapton e Donovan. Foi Mick quem pagou sete mil libras em propinas para que os policiais que deram a dura em Redlands fossem embora, sem receber nenhuma garantia em troca. Como observou Keith certo dia na escada dos fundos de Nellcote, "Pelo menos nos Estados Unidos você sabe que a polícia é corrupta, e se quiser entrar nessa, você pode chegar para eles e falar, 'Quanto é que você quer?'. Mas na Inglaterra, você pode botar 50 mil na mão deles e na semana que vem eles ainda assim aparecem e dizem: 'Ah, caiu nas mãos erradas. Desculpa. Não chegou à pessoa certa.' É uma loucura".

Embora tenha sido muito habilidoso ao lidar com as perguntas naquele dia em frente à sua casa, o comportamento de Keith, em qualquer situação, está sempre sujeito ao seu humor e ao seu grau de intoxicação. Algumas noites antes de embarcar para a França, depois de virar algumas margueritas e cheirar uma carreira de cocaína, Keith decide visitar Anita, que estava passando por seu programa de desintoxicação na Bowden House, uma clínica particular situada em Harrow-On-The-Hill. Pulando para o banco do motorista de seu Bentley cor-de-rosa ao lado do amigo Michael Cooper, o fotógrafo que fez a capa de *Their Satanic Majesties*, Keith enfia uma fita de *Sticky Fingers*, ainda não lançado, no toca-fitas, que tem alto-falantes virados para fora do carro, para que todos possam ouvir o que ele está ouvindo, e se manda.

Mesmo nos melhores momentos, viajar para qualquer lugar em um carro dirigido por Keith Richards pode ser uma aventura de grandes proporções. Nesta noite em particular, transforma-se em uma montanha-russa. Dirigindo como um louco, Keith passa com o Bentley por cima de vários meios-fios e ultrapassa outros carros pela contramão. Enquanto isso, fica buzinando bem alto, para que todos saiam do caminho. Prestes a bater em um caminhão ao entrar em Harrow, gira a direção tão bruscamente que dá com o Bentley em uma cerca de ferro no meio de um anel viário. Com a frente do carro completamente destruída, vapor saindo do radiador e a fita ainda tocando a mil, Keith e Michael Cooper resolvem picar a mula.

Atravessam o portão de um sossegado jardim inglês e começam a cavar um buraco no chão para esconder o flagrante; a porta da casa em frente então se abre de repente e de dentro sai Nicky Hopkins, o brilhante músico que havia acabado de tocar piano para os Stones durante a turnê inglesa. Educadamente, Nicky os convida para tomar um chá. Deixando que alguma outra pessoa resolva o problema do carro destruído, Keith e Michael Cooper entram para limpar os cortes e pancadas enquanto Nicky pede uma limusine para levá-los até a Bowden House. Quando Keith liga para Anita a fim de lhe contar o que aconteceu, ela grita histericamente: "Só me traz um pouco de H ou vou sair daqui agora mesmo. Neste minuto!"

E também temos a noite no Marquee Club, na Oxford Street, em Londres, onde os Stones irão filmar um especial para a televisão. Keith se irrita com a grande faixa pendurada sobre o palco com o nome da casa e tenta bater com a guitarra na cabeça de Harold Pendelton, o dono do Marquee, de quem nunca gostou. Por sorte ele não o acerta e o show prossegue.

Ainda assim, quando embarca no avião para Nice, Keith parece muito bem. E a prova é o fato de o vôo transcorrer sem nenhum incidente. Quando o avião aterrissa em Nice, o príncipe Rupert, que está hospedado no Hotel Majestic, em La Croissette, em Cannes, está ali para cumprimentar Keith, acompanhado de vários contadores e advogados franceses, todos chamados de *maître*, em vez de *monsieur*, conforme a tradição francesa.

Rechonchudo, afável, extremamente civilizado e um pouco parecido com o ator inglês Robert Morley, o príncipe Rupert é o típico banqueiro mercantil que veste belo terno e camisa cara da Jermyn Street. Felizes ao verem que Keith afinal caiu fora da Inglaterra, todos acreditam que o próximo capítulo das aventuras dos Rolling Stones se desenrolará com tranqüilidade. Como sempre, existe apenas um porém: ainda na Inglaterra, Anita precisa passar mais dez dias na Bowden House. Até que ela esteja limpa o suficiente para entrar em um avião e se juntar a Keith no sul da França, ninguém sabe se ele se ajustará à mudança de ambiente.

Dirigindo do aeroporto de Nice até Nellcote, Keith parece incrivelmente bem-disposto, animado e falador, aproveitando a vista daquele belo dia de primavera. Enquanto o carro avança pela RN7 em direção a Beaulieu e St. Jean Cap Ferrat, Jo Bergman, uma mulher pequenina com cabelo preto incrivelmente crespo e que ganhou experiência nesse tipo de serviço ao trabalhar para Marianne Faithfull nos velhos tempos em Londres, não consegue deixar de se perguntar se Keith gostará da casa.

Do lado de fora, em frente às grandes portas de entrada de Nellcote, a brita range sob as rodas do carro. Keith sai com Marlon, seguido por Jo e Shirley Arnold. Antes que alguém bata à porta, o jovem casal francês contratado para cuidar da cozinha e da jardinagem surge para dar boas-vindas ao novo senhor feudal. Apesar de não falar inglês bem, o casal é muito cortês, estendendo as mãos para Keith em um sorridente cumprimento. "Legal", diz Keith sucintamente, olhando para sua nova casa por cima das cabeças de ambos.

No léxico popular, essa frase pode significar qualquer coisa, desde "A casa é muito linda!" até "Nunca na vida vi algo mais escroto". Neste momento, porém, Keith parece entretido com tudo. Ao atravessar a porta de entrada, alguém acende um fósforo e o enorme candelabro da sala de estar ganha vida, chamejando com uma luz brilhante.

Será que Keith gosta do que vê? *Monsieur* está satisfeito, ou *non*? Deveria estar. Aquilo ali é como entrar no salão privado de Luís XIV em Versalhes, para então descobrir que o grande trono no meio do quarto tem uma placa com seu nome gravado em letras douradas. E será que Villa Nellcote combina com ele? É um lugar onde Keith pode viver em harmonia com sua musa e escrever o tipo de música sem o qual os Stones não poderão gravar seu novo álbum? Villa Nellcote se ajusta perfeitamente às suas preferências de roqueiro?

"Então, quem foi que contratou o decorador?", pergunta Keith com um sorriso maroto, observando a ultrajante grandiosidade de tudo aquilo. "A tal da Maria Antonieta?"

Em todos os sentidos, esse é Keith, o ator, recitando falas que ninguém mais conseguirá pronunciar com tanto talento. Deixemos de lado o fato de que o aluguel de Nellcote é de astronômicos 25 mil dólares por mês e que a casa lhe foi alugada com uma opção de compra, caso ele decida permanecer no sul da França. Para Keith, a questão nunca é o dinheiro. O que conta mesmo é a onda. A sensação que ele experimenta ao encontrar uma pessoa nova ou subir em um palco em que nunca tocou. A única pergunta relevante que as pessoas lhe fazem é: "Está tudo bem?"

Lentamente, o sorriso no seu rosto ossudo de moleque de rua fica tão amplo que ameaça lhe partir o crânio ao meio. "Vou ficar com ela", anuncia.

Keith está feliz. Naturalmente, o mesmo acontece com Marlon, Shirley e Jo, e até mesmo com o casal francês que mal compreende o significado da cena que acaba de se desenrolar na frente deles. Keith Richards falou. A mensagem que transmitiu é a de que, de fato, tudo está muito bem com ele. Villa Nellcote é sua nova casa.

2

Logo em seguida, Keith pega o telefone da sala de estar e liga para Anita na Inglaterra. Como Keith não fala nada de francês, Jo Bergman é quem faz a chamada. Depois de alguns momentos que parecem uma eternidade, Anita atende do outro lado. Ao conversar com ela, Keith está efervescente e cheio de vida, como só ele consegue ficar quando está encantado com algo novo.

Ele não pára de falar, conta a Anita o quanto gostou de Nellcote e, o que é mais importante, o quanto acha que ela também gostará. Descreve a grande varanda dos fundos, onde Marlon pode brincar, e todas as árvores, além da vista descomunal. "A casa é ótima." Uma casa excelente para as crianças e para o rock 'n' roll, que são suas únicas preocupações neste momento. Agora que finalmente chegou, Keith tem certeza de que Anita gostará do lugar tanto quanto ele.

Keith está falando bem da casa, e por um ótimo motivo. Do outro lado da linha, Anita emite uma série interminável de queixas, no tom germânico e monocórdio que emprega quando está chateada, doida ou apenas de saco cheio. Nellcote parece legal, ela quer ir para lá *agora*. Não daqui a dez dias. Mas só poderá ir para a França quando estiver limpa. Keith deixou isso bem claro, submetendo-se primeiro ao programa de desintoxicação para que Anita pudesse cuidar de Marlon enquanto ele se limpava. Agora Keith espera o mesmo dela. "Logo", Keith diz a ela. "Quando você perceber, já estará aqui."

Isso é exatamente o que se deve dizer a alguém que está passando por um programa de desintoxicação, mas Anita parece saber disso e começa a reclamar. Segundo o espanhol Tony Sanchez, que Keith sempre trata como um amigo próximo, mas que foi descrito por Marianne Faithfull como o "traficante que faz entregas em domicílio para os Rolling Stones", neste momento Anita está muito mais viciada do que Keith. Na época em que ela ainda andava com Marianne e estava lendo *A deusa branca*, de Robert Graves, Anita chegava a tomar três ou quatro injeções subcutâneas por dia de *speedballs*, uma mistura de heroína e cocaína. Pelo menos é o que conta Tony.

Sendo o fornecedor dela, ele deve saber do que está falando. Mas como se trata de Tony Espanhol, não podemos ter certeza de nada que ele conta. *Up and Down with the Rolling Stones*, suas memórias, um tanto críticas e reveladoras, do tempo em que trabalhou com a banda, e que Tony escreveu estritamente pelo dinheiro, parece ser um deserto de informação, um fato devidamente observado por Keith, que achou o livro muito "parecido com os contos de fadas dos irmãos Grimm", pois cada capítulo começa narrando o modo como as coisas realmente eram, até que "você vira duas ou três páginas e ele já partiu para o mundo da fantasia. Ele talvez acabasse se incriminando se contasse a história real".

Mas Tony, que é uma versão menor e menos poderosa de Keith, com cabelo preto trançado e o rosto ossudo de um falcão, parece ter se equivocado no que diz respeito à sua relação com os Rolling Stones. Embora sempre parecesse estar muito próximo ao senhor e à senhora feudais de Nellcote, Tony nunca foi interessante o bastante para poder andar com Keith e Anita sem ter que lhes prover serviços em troca.

Até Marianne Faithfull, que dormiu com Tony em troca do saquinho de heroína que ele lhe trazia todas as noites antes que ela subisse ao palco para representar Ofélia ao lado de Nicol Williamson em uma produção de *Hamlet*, dirigida por Tony Richardson, no teatro Roundhouse, em Londres, o descreve como "uma pessoa asquerosa. Se você o visse comer já saberia o quanto ele era desprezível. Era um marginal, um trambiqueiro de meia-tigela, e ao mesmo tempo um fracote. Vivia tão acorrentado quanto todos os demais, completamente perturbado e preso à sua própria doença". Uma pessoa que passou a maior parte do verão em Nellcote também afirmou: "Se você quisesse alguma coisa, beleza, mas não dava para tê-lo morando na casa. O cara era simplesmente insuportável."

Ainda assim, Tony, ou o "Espanhol", como Keith às vezes o chama, de fato adota Villa Nellcote como um segundo lar por longos períodos durante o verão. Nesta peça, seu papel é o do clássico narrador nada confiável, a testemunha cuja declaração deve ser ouvida mas que permanece como uma dúvida constante. Por mais que sua memória, embotada pelas drogas, o traísse e que ele fizesse o máximo possível para esconder a verdade sobre si mesmo no livro que escreveu, não se pode dizer que Tony não tenha acertado em ao menos algumas coisas. Ainda assim, devemos sempre manter um pé atrás.

Com relação às drogas que Anita usava antes de ir para Bowden House, o que se sabe ao certo é que ela já estava usando heroína durante a filmagem de *Performance*, no verão e na primavera de 1968. "Ao fim das filmagens", contaria Anita, "eu já estava usando bastante. Achei que estivesse sendo muito discreta com tudo aquilo, mas Donald (Donald Cammell, co-diretor do filme com Nicholas Roeg) me fez voltar para gravar uma cena extra — aquela em que injeto B_{12}. Pelo visto, ele estava ligado no que eu andava fazendo."

Na Bowden House, Anita está tomando comprimidos de nitrazepam como parte do que na época era conhecido como cura do sono.

"Eles botam você pra dormir por sete dias e você passa pela abstinência enquanto dorme," contaria Anita a John Perry, "ou pelo menos é o que esperam que você faça. Mas Tony Espanhol sempre voltava com um grama de coca, e aí acabava não funcionando. Eu ficava batendo a cabeça e a cama era cheia de quinas pontudas, por isso me machucava toda. No final das contas, sabe, simplesmente me mandei."

Segundo Tony Espanhol, na manhã seguinte àquela em que Keith bateu com o Bentley no anel viário, Anita surge no apartamento que Tony divide com a namorada Madeleine d'Arcy. Em meio a uma terrível rebordosa e convencida de que a cura não está funcionando, Anita exige que ele lhe arrume um pouco de heroína imediatamente. Tony volta algumas horas depois e descobre que ela vomitou. As mãos de Anita "tremiam como se seu corpo estivesse sendo abalado por uma série de choques elétricos". Depois de cheirar um pouco de heroína, cai num sono profundo. Anita volta a Bowden House naquela noite, mas na manhã seguinte já bate novamente na porta de Tony implorando por mais.

E assim prossegue pelos quatro dias seguintes, até que o médico de Anita telefona para Keith, dizendo-lhe que agora ela está com mais heroína na corrente sangüínea do que quando iniciou o tratamento e que não faz sentido tentar curá-la se ela não estiver preparada para permanecer no hospital durante o dia. Keith dá um sermão em Anita.

A esta altura, parece provável que Anita esteja recebendo Hemineverin, nome comercial na Inglaterra para o clormetiazol, um antipsicótico potente que atua como tranqüilizante e que às vezes é prescrito para alcoólatras em recuperação. Foi uma overdose dessa droga, tomada por supositórios, que matou o baterista do The Who, Keith Moon, em 1978. Quando o Hemineverin não funciona, Anita tenta aliviar a dor cheirando doses cavalares da cocaína que Tony Espanhol leva para ela com flores, uma experiência que mais tarde descreveria como "a PIOR coisa que já fiz na vida".

Durante a internação de Anita na Bowden House, ela renova seu contato com Susan Ann Caroline Coriat, que Anita conheceu no sul da França antes da filmagem de *Performance*, quando ainda andava com Donald Cammell e sua namorada texana, Deborah Dixon. Descendente direta de Thomas Coryate, escritor inglês do século XVII que publicou seus diários e relatos de viagem, Susan, chamada de "Puss" pelos amigos mais próximos, é uma herdeira nascida em berço de ouro, e suas duas irmãs são condessas.

Puss tem 24 anos de idade, é sombria, bela e exótica. Tem dois filhos pequenos criados pelo ex-marido, com quem teve uma série de aventuras loucas enquanto viajavam da Índia para o Afeganistão, e de lá para a Pérsia, Turquia e para a ilha grega de Patmos. Devido, em parte, a uma disputa pelo dinheiro da família e para proteger o estado mental extremamente frágil de Puss, a mãe da moça conseguiu uma declaração médica afirmando que ela precisava ser internada em um hospital psiquiátrico após uma crise. Puss foi então enviada para Bowden House.

Intensamente atraídas uma pela outra, Puss e Anita se divertem com as drogas levadas por Tony Espanhol. As duas logo se tornam amantes. Diagnosticada como esquizofrênica, Puss é submetida a tratamento por eletrochoques. Embora isso deixe Anita completamente pirada, ela pergunta a Puss se seu ex-marido, que tem alguma experiência nessas questões, não poderia levar a Keith, no sul da França, um exótico presente de casamento para Mick Jagger. A idéia é que, quando tiver alta, Puss se junte à festa em Nellcote.

Ninguém sabe ao certo se Anita chega a contar tudo isso a Keith por telefone. Ainda que o programa de desintoxicação, possivelmente o primeiro a que ela se submete, esteja sendo absolutamente infernal para Anita, Keith já passou por aquilo mais de uma vez e sabe que é apenas uma parte do preço que se paga por ser viciado em heroína. Em pé na grandiosa sala de estar de Nellcote, apoiando o telefone no ouvido enquanto Anita continua a se queixar, Keith já não parece estar de fato escutando. Por um momento, pensa em colocar Marlon para falar com ela. A criança ainda não sabe falar, portanto não há muito o que possa dizer à mãe. O mais provável é que a voz dela só sirva para magoar o menino. Neste momento, a distância entre Keith e Anita é mais do que física. Keith está bem, Anita está doente. Até que Anita esteja limpa, não há nada que Keith possa fazer para ajudá-la. Dizendo que espera vê-la em breve, Keith desliga o telefone.

Com base em qualquer parâmetro, a conversa que tiveram foi um desastre. Keith, no entanto, não parece nem um pouco chateado. Acompanhado de Jo Bergman, Shirley Arnold e Marlon, ele se dirige para a enorme sala de jantar para fazer sua primeira refeição na nova casa. Vendo aquele momento como seu primeiro teste, o jovem casal francês dá o máximo de si. Fica claro que ela cozinhou até ficar absolutamente exausta, pois é o marido quem se põe a entrar e sair da cozinha para servir os pratos.

A refeição logo se transforma em uma dessas pantomimas ensandecidas que sempre ocorrem quando as pessoas se matam para agradar aos Rolling Stones, sem saberem que tudo o que os rapazes querem é a coisa em si. Um pouco de autenticidade, por favor.

"Ervilhas?", pergunta Keith, olhando para o prato e então para Jo, como se tudo aquilo fosse coisa dela.

"Acho que são", diz Jo Bergman.

"De uma lata?"

"É bem possível."

"Malditas *ervilhas*?"

"Aqui na França," explica Jo, "chamam de *petit pois*."

Como todos os demais garotos branquelos e de dentes ruins que cresceram na Inglaterra no pós-guerra, comendo apenas o que vinha em uma lata ou em uma embalagem da Cadbury's, Keith passou a infância inteira fitando pratos nos quais dois vegetais tinham sido cozidos até estarem absolutamente mortos. Um deles era sempre de ervilhas. Enlatadas. Não era só Keith. Certo dia, em um barco rumo à Alemanha, Ian Stewart ficou irritado e se recusou a dar gorjeta a um garçom alemão: "Por causa de gente como você, a primeira banana que comi foi aos sete anos."

"Malditas ervilhas enlatadas, Jo?", diz Keith. "Não posso comer isso aí. Nem o Marlon. Minha nossa, precisamos de comida de verdade. Você me entende?"

No sul da França, a primavera apenas começou. Se você quiser ervilhas, terão de ser enlatadas. Em vez de dizer isso a Keith, Jo explica: "São frescas, Keith."

"Não", responde Keith. "Não quero nem frescas nem enlatadas. Nada de ervilhas." Acenando para a metade masculina do jovem casal francês que agora paira ao redor da mesa como um satélite no céu, Keith pede: "Fala pra ele."

"*M'sieu* Keith," diz Jo, "*il n'aime pas les petit pois*.

M'sieu Keith não gosta de ervilhas? Muito bem. O que ele quer, então? Talvez o aspargo holandês, ou quem sabe as minicenouras em conserva que podem ser fervidas com as cebolinhas que temos na despensa do porão? Virando-se para Keith, Jo traduz a resposta.

"Batata frita", diz Keith.

"Perdão?"

"Batata frita", repete Keith.

"Batata frita", repete Jo, para ter tempo de pensar.

"Amanhã à noite, no jantar, quero batata frita."

"Só batata frita, mais nada?"

"Batata frita com peixe", diz Keith. "Empadas de carne. Pudim de Yorkshire. Batatas assadas. Comida de verdade. Nada dessas malditas ervilhas."

"Certo", diz Jo, dizendo tudo aquilo em francês para que a metade masculina do casal compreenda.

"Mas é claro", responde ele em francês. "É exatamente o que faremos."

E parte para a cozinha. Quando a porta se fecha atrás dele, Keith repete uma última vez, como quem joga uma granada de mão nas costas do fugitivo: "*Batata frita!*"

Que se dane a alta cozinha francesa. Aqui em Nellcote, Keith pretende levar a mesma vida que sempre levou em toda parte. Com o tempo, transformará aquela casa em algo que parece uma mistura entre um camarim e um hotel de beira de estrada semi-arruinado. Como Keith é um roqueiro legítimo, não sabe viver de nenhuma outra maneira. Keith é um cara simples e descolado, e agora que ele está aqui, tudo em Villa Nellcote terá que ficar do jeito dele.

3

Quatro dias depois, Keith decide comprar um presente para Anita. Sempre acompanhado de Jo Bergman, vai às compras na badalada La Croisette, em Cannes. Entra na Cartier's e escolhe um anel de ouro branco ou platina no qual duas serpentes feitas de safiras e rubis se enroscam uma na outra, fitando o mundo com seus olhos brilhantes. Quando chega a hora de pagar, Keith olha para Jo, que pega o telefone, liga para o príncipe Rupert, que está hospedado em um hotel próximo dali, e lhe diz que precisam de 35 mil francos (7 mil dólares) agora mesmo. Instruindo Jo a chamar o gerente, o príncipe Rupert conversa com ele em um francês impecável e logo tudo fica acertado. Os negócios sempre foram feitos dessa maneira na Riviera Francesa, e a conta será mandada para o Majestic.

Enquanto caminham por La Croisette como crianças que acabaram de se safar após alguma travessura, Keith se põe a jogar a bela caixinha para o alto, como uma bolinha de borracha vermelha. Para cima e para baixo. Sete mil dólares para cima, sete mil para baixo.

Como com todas as outras coisas que Keith pode comprar, o preço que pagou pelo anel não significa nada neste momento. Mas também, para que serve o dinheiro?

Quando Anita afinal chega a Nellcote, Keith lhe dá o anel. Ela adorou. Anita o coloca no dedo, mas logo em seguida o retira. O anel é realmente demais, mas ela não pretende usá-lo em público por causa dos já citados assaltantes de casas que, como bem se sabe, estão agora mesmo procurando uma casa para saquear. O que ela sente pelo anel pode ter algo a ver com o mistral, o vento quente do deserto que sopra do noroeste pela Riviera Francesa em rajadas violentas, trazendo areia e terra. Ao chegar a Nellcote, Anita ouve o mistral "uivando pelas chaminés, e estávamos só eu e Keith acampados ali. Fiquei apavorada. Eu estava muito, muito apavorada. Como se fosse uma premonição do que estava por vir, uma sensação, um prenúncio de um desastre".

Apesar de ter comprado o presente perfeito para Anita, Keith não pode forçá-la a usá-lo. Ela às vezes o usa. Às vezes o esconde em uma gaveta. Keith sabe melhor do que ninguém que não se pode dizer a Anita o que fazer. Nenhuma pessoa jamais o fez, e nenhuma o fará. Para Keith, isso é parte do charme dela. O que de fato importa agora é que Anita chegou em ótima forma. Como Keith, ela também está limpa. Anita é uma dama limpa. Como tantas outras coisas na vida deles, isso não irá durar muito.

Segundo Tony Espanhol, a breve lua-de-mel de Keith e Anita com a sobriedade termina com a chegada de Jean de Breteuil a Nellcote; Keith e Tony o chamam de "Johnny Alças", por causa dos suspensórios vermelhos que usa. Jean de Breteuil, um playboy, aristocrata e traficante a quem Marianne Faithfull diz estar "um passo acima de Tony Espanhol na escala evolutiva", pertence a uma linhagem francesa de 700 anos. Gabrielle Emilie Chatelet-Lomont é uma de suas ancestrais, uma belíssima acadêmica que foi amante de Voltaire e que traduziu o *Principia Mathematica*, de sir Isaac Newton, para o francês.

Hoje, a família De Breteuil é proprietária de todos os jornais em francês no Norte da África. Conta-se que, quando está nos Estados Unidos, Jean de Breteuil fornece haxixe e ópio a clientes ricos e famosos, entre os quais estava a já falecida Janis Joplin, tendo como mula um chofer marroquino ligado ao consulado da França em Los Angeles. Nascido com um olho verde e outro amarelado, nos últimos dois anos ele tem mantido um caso com a mulher de Jim Morrison, Pamela.

Ao visitar Nellcote, De Breteuil traz com ele, em um estojo de maquiagem feminino, uma pequena quantidade de uma heroína tailandesa cor-de-rosa muito pura. Segundo Tony Espanhol, Keith cheira um pouco usando o tubo dourado que leva preso a uma corrente que usa ao redor do pescoço e desmaia logo em seguida, comprovando o quanto o negócio é bom. Quando acorda, Keith pede a De Breteuil que ligue para seu traficante em Marselha, dizendo-lhe que faça uma visita a Nellcote para que tenham um fornecimento constante. Em troca do favor, Keith lhe oferece amavelmente que viva de graça por duas semanas em sua casa em Cheyne Walk, em Londres.

Enquanto está hospedado ali, De Breteuil começa um caso com Marianne Faithfull. No início de julho, ela o acompanha a Paris, onde passam o fim de semana em L'Hotel. Em determinado momento, De Breteuil recebe uma ligação de Pamela Morrison e parte no mesmo instante para encontrá-la. Ao retornar para o hotel bastante agitado, De Breteuil bate em Marianne e então lhe conta que Jim Morrison acabou de ter uma overdose de heroína, fornecida por ele. "Jean se via como o traficante das estrelas", escreveria Faithfull. "Naquele momento, ele era um traficantezinho de heroína em apuros. Era muito jovem. Se tivesse vivido, talvez se transformasse em um ser humano." Sabendo que deve sair da França antes que a polícia descubra o corpo de Jim Morrison, De Breteuil viaja até Tânger para encontrar a mãe, a condessa.

Tony Espanhol, muito provavelmente equivocando-se na cronologia desta passagem, escreve que, não muito depois da visita de De Breteuil a Nellcote, dois brutamontes corsos, que suavam sob seus leves ternos Daks, chegaram à casa de veraneio carregando duas pastas executivas de fibra de vidro pretas. Após uma breve troca de gentilezas, o corso mais alto abre o fecho da pasta, revelando uma embalagem do tamanho de um quilo de açúcar. "Heroína pura da Tailândia", afirma. "Sem nenhuma adulteração, e da melhor qualidade."

A heroína é tão pura que precisa ser diluída com glicose, caso contrário vai matar qualquer pessoa que a use. Keith e Tony Espanhol misturam alguns gramas com três partes de pó de glicose. Os corsos dizem que o a heroína custa 9 mil dólares; Keith sobe para seu quarto e conta o dinheiro. Em Nellcote, esse suprimento duraria menos de um mês. Ao menos é o que conta Tony.

Vinte e oito anos depois, Anita diz a John Perry: "Lembro do dia em que entrei na sala e tinha dois caras sentados ali, com chapéus e botas de caubói, acho que era a grande moda da época. Um deles falou: 'Oi, a gente é de Marselha, trouxemos uns presentes pra vocês', e da bota saiu meio quilo de heroína. Eu falei que a gente não usa isso e botei eles para fora. Já tinha uma quantidade enorme do negócio rolando por lá."

Por causa da cor, a heroína rosa da Tailândia é chamada de "algodão-doce". Quando John Perry pediu a Anita que a descrevesse, ela falou: "Se era boa? Ah, fantástica. Era pura. Totalmente pura. A gente misturava uma trouxa de heroína e uma de açúcar. Um negócio meio faça-você-mesmo. Foi muita sorte ninguém ter morrido lá na casa, sem brincadeira. ... A gente estava numa de se comportar, mas lembro claramente que aparecia um monte de pessoas por lá, todos com grandes quantidades de heroína. E não dá para dizer 'não' tantas vezes."

Por mais dissimulada que possa ser essa afirmação, está plenamente de acordo com o papel que, ao que parece, Anita acredita ter representado naquele verão em Nellcote — o da dama sofredora da casa, que lutou bravamente para oferecer refeições regulares aos Stones e seus puxa-sacos enquanto a banda trabalhava em um disco que poderia ter sido feito na metade do tempo se não fosse por todas as drogas usadas por Keith e Anita.

A verdade é que ninguém forçou ninguém a usar heroína naquele verão em Villa Nellcote. Era necessário *querer* usar. E se Nellcote não ficasse a uma hora de carro de Marselha, então a droga teria vindo de outro lugar. Pois onde quer que um viciado vá, sempre poderá encontrar heroína. Apesar do que conta Tony Espanhol, parece que Keith e Anita ainda estavam limpos naquele momento. Mas isso não quer dizer que, em pouco tempo, não começariam a usar de novo.

4 | Em 16 de abril, não muito depois da chegada de Anita a Nellcote, os Stones celebram o lançamento de "Brown Sugar", o primeiro *single* de *Sticky Fingers*, promovendo uma recepção no iate clube internacional de Cannes. Em alguns círculos, logo se pensará que a música, na qual Mick Jagger fala de sua afinidade sexual com mulheres negras, é uma ode à heroína.

Negando esses rumores, Keith afirma: "Aparentemente, o que chega lá em Los Angeles é bege com bolotas marrons no meio. Não sei de onde isso vem, nem o que é." Continuando a discutir a questão com o tipo de conhecimento que só pode vir da experiência pessoal, acrescenta: "Esses caras não sabem o que estão comprando. Se você não sabe o que está comprando, não sabe o que está colocando dentro do seu corpo. E se não sabe, você é um panaca. Ninguém comeria carne com larvas caminhando em cima, mas as pessoas ainda injetam qualquer merda que nem sabem de onde vem. Não pegue o meu exemplo. Pegue o de Jimi Hendrix. Ou não. Dependendo de onde você está e de como se sente."

A noite é cheia de festividades. Entre os convidados estão Ahmet Ertegun, o lendário fundador e presidente da Atlantic Records, que, ao lado de sua mulher Mica, é membro da mais alta sociedade de Nova York; Eddie Barclay, de 50 anos de idade, fundador e diretor, há muito anos, da Barclay Records, bem conhecido na Riviera Francesa por suas festas opulentas e também, como observará seu obituário no *New York Times*, por "seus ternos brancos, seus cravos na lapela e pelo bigode à David Niven"; o saxofonista Bobby Keys, velho caipira nascido em Lubbock, Texas, cuja associação com os Stones data da Texas State Fair de 1964; e Stephen Stills, um dos fundadores da banda Buffalo Springfield, que agora vive na Inglaterra, tentando iniciar uma carreira solo durante mais um hiato da carreira sempre intermitente do primeiro supergrupo do rock, Crosby, Stills, Nash & Young.

Em pouco menos de um ano, Stills, um cantor, compositor e músico incrivelmente talentoso, e também uma das figuras mais difíceis do rock, estaria caído sobre a direção de um carro estacionado em frente a um hotel em Denver. Com a voz rouca, falaria em apunhalar Keith Richards com seu facão de caça porque Keith teve a ousadia de lhe negar uma carreirinha depois de Stills ter deixado todo mundo doido de cocaína no quarto do hotel de Keith. Keith teria dito a Stills que saísse do quarto naquele instante, tornando-o assim persona non grata entre os Stones, uma banda com a qual Stills tinha andado não só em Los Angeles e Londres, mas no sul da França.

(Nota para Stephen Davis, autor de *Old Gods Almost Dead: The 40-Year Odyssey of the Rolling Stones*: ao contrário do que você escreveu incorretamente em seu livro, não foi "Gram Parsons, gordo e desprovido de glamour" que Keith expulsou do quarto em Denver depois que "Gram ameaçou Keith com uma faca quando este lhe negou toda a cocaína que havia no quarto e lhe disse que caísse fora da turnê". Foi Stephen Stills. Na próxima vez que você precisar verificar um fato sobre os Stones, pode me ligar no escritório.)

(Nota para A.E. Hotchner, autor de *Blown Away: The Rolling Stones and the Death of the Sixties*: adoro seu molho para salada, cara. Gostaria de poder dizer o mesmo sobre o seu livro.)

(Nota de Turner, também chamado de Michael Philip Jagger: Vamos lá, cavalheiros, tudo o que eu busco é o amor. Vocês ainda estarão no circo quando eu estiver rindo, rindo na minha tumba.)*

A certa altura da festa no iate clube de Cannes, Mick joga uma taça de vinho na cara de um fotógrafo que o perturbou a noite inteira. Stills, Charlie Watts, Keith e Anita, Bobby Keys e Judy, Ahmet e um grupo de amigos e colaboradores próximos partem então para a Bastide St. Antoine, a casa de Bill Wyman em Grasse, onde ficam todos acordados a noite toda curtindo as melhores coisas que o rock 'n' roll tem a oferecer.

Os Stones e Ahmet Ertegun, que está distribuindo o novo álbum da banda pela Atlantic Records, com toda certeza têm algo a celebrar. Uma semana mais tarde, quando *Sticky Fingers* for lançado, o álbum subirá imediatamente para o primeiro lugar das paradas norte-americanas e ali permanecerá por 25 semanas, um recorde até então, tornando-se o disco de maior sucesso que os Stones já produziram. Sendo o primeiro lançamento da Rolling Stones Records, ninguém tem nada do que se queixar. *Sticky Fingers*, que traz clássicos como "Bitch" e "Brown Sugar", torna-se o disco do verão, sendo tocado nos Estados Unidos inteiro. Na Europa, pode ser ouvido em todas as discotecas à beira-mar, de St. Tropez a Mykonos.

Os Stones estão com a bola cheia. Quando começam a se preparar para gravar o novo álbum em um lugar ainda indefinido, todos os presságios parecem favoráveis. Em termos comerciais, *Sticky Fingers* se sairá muito melhor do que *Beggar's Banquet* ou *Let it Bleed*, as duas obras-primas que o precederam. Tudo o que precisam fazer é lançá-lo.

---

* "Come now, gentleman, your love is all I crave./You'll still be in the circus when I'm laughing, laughing on my grave." The Rolling Stones, "Memo From Turner", Performance (1970).

No entanto, antes que isso chegue a acontecer, Michael Philip Jagger, que várias vezes anunciou aos quatro ventos que jamais se casaria, estraga a festa anunciando que planeja se casar com a adorável Bianca, primeiro em uma cerimônia civil e a seguir na igreja, no vilarejo próximo de St. Tropez, extremamente badalado. Até o término das festividades, ninguém poderá ser perturbado por causa do novo álbum. Como sempre acontece com os Stones, a vida tem prioridade sobre a arte.

5 | Por que será que a decisão de Mick Jagger de se casar com Bianca tem tanta importância no desenrolar das coisas? Engraçado você perguntar. O casamento de Mick é importante porque anuncia ao mundo que uma geração que por tanto tempo discordou das regras habituais de comportamento não está apenas envelhecendo — na verdade, está se entregando. É importante porque em um desses livros imensos que relatam, dia a dia, os eventos que mereceram ser noticiados nos anos 1970, o casamento de Mick é o único fato relacionado ao rock digno de nota nos dois primeiros anos da década. Acima de tudo, é importante porque o casamento de Mick abre o mais profundo abismo até então entre ele e Keith.

Olhe para isso do ponto de vista de Keith. Não é para você se casar, cara. Isso é o que *eles* fazem — todas essas pessoas caretas e chatas que vivem no mundo convencional. Tudo bem, Bill Wyman foi casado, mas ele largou a esposa e agora mora com Astrid. Charlie Watts se casou anos atrás em um cartório, mas Charlie é assim mesmo, não é tanto um filho rebelde dos anos 1960, e sim um jazzista bacana dos anos 1950 que sempre seguiu a idiossincrasia do seu próprio ritmo.

Marianne Faithfull estava grávida do filho de Mick, mas ele nunca se casou com ela. Paul McCartney jamais se casou com Jane

Asher. Eric Clapton nunca se casou com Alice Ormsby-Gore. Brian Jones pode ter tido sete filhos ilegítimos, dando a mais de um dos garotos o nome "Julian", em homenagem ao grande Cannonball Adderley, mas também não se casou. Nem uma única vez. Na época em que Brian e Anita estavam juntos, nenhum dos dois um dia considerou a questão a sério. Era careta demais, convencional demais, absolutamente burguês.

Keith jamais se casou com Anita, mas Marlon é seu filho e eles o amam da mesma forma que o amariam se a união deles tivesse sido legitimada pelo Estado e pela Igreja. Mas em St. Tropez, no mês de maio, Michael Philip Jagger está prestes a se casar com Bianca, a moça de olhos negros e sensuais, de boca cruel e insolente, sempre bonita de se ver, seja sob um amplo chapéu à Daisy Buchanan com a aba da frente abotoada para trás ou com uma brilhante echarpe iridescente com uma pena de pavão, sentada calmamente nos bastidores do palco enquanto o caos absoluto transcorre ao seu redor, segurando nas mãos a longa piteira de marfim na qual fuma seus cigarros.

Tudo bem, Bianca é uma mulher deslumbrante, linda de morrer e impossível de controlar, mas não é nem um pouco rock 'n' roll, está muito mais interessada em todas as sutilezas da etiqueta social que Mick já domina há muito tempo. Além disso, ninguém pode ignorar a evidente semelhança física entre os dois. Como escreveria Marianne Faithfull mais tarde, "... em maio de 1971, Mick afinal cedeu ao seu narcisismo e se casou... consigo mesmo!".

Embora a opinião de Marianne possa ter sido ligeiramente influenciada por uma pontada de ciúmes, a mídia logo transforma a decisão de Mick de se casar em uma declaração pública de que sua vida como artista que faz o que bem entender sem se importar com o que as pessoas vão pensar está oficialmente terminada. E apesar do que Keith possa sentir a respeito de tudo isso , não há nada que possa fazer além de aceitar a oferta de Mick para ser o padrinho e chegar pontualmente no casamento com todos os demais convidados.

Sob a tutela do Abbé Lucien Baud, o pastor da Igreja de St. Anne, em St. Tropez, Mick passou o último mês estudando o catolicismo para que ele e Bianca possam se casar no altar após uma cerimônia civil na prefeitura da cidade. Por razões que só ele conhece, Mick espera até o primeiro ensaio dos Stones na França, em 5 de maio, para contar seus planos à banda. Um dia antes do casamento, como se a idéia tivesse acabado de lhe ocorrer, Mick liga por acaso para Bill Wyman e o convida para a recepção, acompanhado de Astrid. Como não foi convidado para nenhuma das cerimônias, Bill está um pouco chateado. Enquanto isso, Astrid e Rose Taylor compram uma bicicleta com dois selins como presente de casamento para o casal.

Embora a princípio Mick só queira ver amigos próximos na recepção, 75 convidados embarcam em um vôo fretado da Dan Air Comet e viajam de Londres para o casamento. Entre eles, Nicky Hopkins e sua mulher Linda, os pais de Mick, Eva e Basil Jagger, Paul e Linda McCartney, Ringo e Maureen Starr. Paul e Ringo, que na época não estavam se falando, sentam-se em extremos opostos do avião, acompanhados pelo diretor de cinema Roger Vadim, do fotógrafo Lord Patrick Litchfield, de Eric Clapton e Alice Ormsby-Gore, de Ronnie Lane, Ian MacLaglan, Kenney Jones, Ronnie Wood, Marshall Chess, Jimmy Miller, Glyn Johns, Stephen Stills e das cantoras Doris Troy e P.P. Arnold. Referindo-se a esse vôo, Anna Menzies, do escritório dos Stones, diria posteriormente: "Se tivesse caído, a indústria da música teria acabado."

Como sempre, Tony Espanhol se junta ao passeio. Ao telefone, Mick lhe pediu que trouxesse três gramas de pó da Inglaterra. "Sem isso não vou agüentar esta." Alistando um amigo para servir de mula, Tony faz com que a mercadoria chegue até Mick no Hotel Bibylos, em St. Tropez, depois que (ao menos é o que conta Tony) Keith e

Anita se apossaram do estoque pessoal que ele mantinha. Tendo em vista o extravagante presente de casamento comprado por Tommy Weber, Tony também pode ter mentido neste ponto, mas é realmente difícil imaginar por qual outro motivo ele estaria no avião.

Segundo Tony, o próprio noivo está um tanto pensativo ao considerar as núpcias que se aproximam: "Esta porra não vale toda a trabalheira que dá", teria dito Mick. Ele parece estar se referindo à briga furiosa que teve com Bianca por causa do acordo pré-nupcial que ele insistiu que ela assinasse, de modo que, se um dia decidirem se separar, ela não tenha direito a 50% de tudo que ele possui, conforme a lei francesa. Depois de uma boa dose de discussão, ela por fim concorda.

Ainda que Mick acredite que fez o máximo possível para manter o casamento em segredo, os tablóides ingleses já sabem do evento e vieram em massa para a cobertura. Antes que o vôo fretado parta do aeroporto de Gatwick, os repórteres entrevistam todas as pessoas que encontram, entre elas Tony Espanhol. Como uma matilha de cães em uma caça à raposa, querem saber tudo sobre aquele que será o casamento pop do ano, para não dizer da década.

Embora a cerimônia civil esteja marcada para começar às quatro da tarde, tanto o noivo como a noiva se atrasam, dando assim ao prefeito de St. Tropez, Marius Estezan, bastante tempo para conceder entrevistas e posar para a horda de jornalistas presentes na prefeitura. Passam-se 20 minutos. Quando Les Perrin, o velho e sofrido assessor de imprensa dos Stones, liga para Mick no Hotel Bibylos a fim de lhe descrever a cena, Mick grita: "Livre-se deles! Se essa multidão toda estiver aí, não caso."

Com a ajuda de Jerry Pompili, o antigo gerente do Fillmore East que começou a trabalhar com os Stones durante a turnê de despedida da Inglaterra, e do assistente pessoal de Mick, Alan Dunn, que começou a trabalhar na estrada com Dusty Springfield e agora cuida da logística dos Stones sempre que eles estão em turnê, Perrin tenta esvaziar o salão. Para seu profundo desapontamento, logo fica sabendo que, como estão na França e a cerimônia está ocorrendo em um edifício público, a lei determina que todos têm o direito de estar ali. Para agravar a situação, o prefeito Estezan anuncia: "Se a noiva e o noivo não estiverem aqui até as quatro e meia, vou embora e não haverá casamento." Perrin telefona para Mick e dá a notícia. Ele responde: "Puta merda! Quem dera eu nunca tivesse dito que ia me casar."

Mick e Bianca afinal chegam à prefeitura, sendo então saudados por mais de 100 fotógrafos, repórteres e câmeras que brigam pelos melhores lugares sob o calor escaldante para tentar registrar aquele momento. A cena é absolutamente insana. Os flashes são disparados e os jornalistas gritam, fazendo perguntas a Mick e Bianca em diversas línguas.

Segundo Tony Espanhol, Mick murmura: "Que se foda. Não vou seguir com isto." Para delírio dos fotógrafos, Bianca começa a chorar. Perrin, que parece um tanto arrebatado com a situação, que exige alguma espécie de resgate emocional, sussurra na orelha de Mick que ele precisa ir em frente e terminar a cerimônia de uma vez por todas. Mick diz aos fotógrafos que tirem fotografias e depois os deixem em paz. "Eles tiraram as fotos", conta Tony Espanhol, "mas acabaram ficando ali assim mesmo."

Com um aprumado chapéu de abas brancas adornado com botões de rosas e um terninho branco, feito por Tommy Nutter, que revela um decote estonteante, Bianca entra na prefeitura e assina o registro como "Bianca Rose Perez-Mora". Ela escreve que tem 26 anos, apesar de ter dito a Mick oito meses antes, quando se conheceram, que ainda não fizera 21.

Depois que os noivos entram, Jerry Pompili assume uma posição em frente à porta de entrada da prefeitura, ao lado do delegado de St. Tropez, um homem magro e careca que Pompili descreveria mais tarde como "um sósia do ator francês Jean Louis Trintignant". É só nesse momento que o padrinho chega à cerimônia. Por razões que só ele conhece, Keith usa calça preta justa e blusa de jérsei sob jaqueta militar verde. "Keith veio subindo até a porta", relembra Pompili, "e o delegado o segurou. Estavam ali em pé estrangulando um ao outro e gritando, cada um na sua língua. Tive que separá-los. O policial nao fazia idéia de quem seria aquele cara. Você conhece o Keith. Ele parecia estar a caminho de um show."

Quando finalmente consegue entrar no edifício, Keith senta-se ao lado da noiva, acompanhado por Anita e Marlon, assim como da atriz Nathalie Delon, ex-mulher do astro Alain Delon, e de Roger Vadim, que são amigos de Bianca dos tempos que ela passou em Paris com Eddie Barclay. Agora que o padrinho está presente, o casamento pode começar. O prefeito realiza a cerimônia civil e então chega o momento de todos partirem para a igreja de St. Anne, onde Bianca entrará acompanhada por lorde de Litchfield ao som da música-tema de *Love Story*. Tommy Weber também está presente, com seus dois filhos de oito e seis anos de idade, Jake e Charlie.

Embora Anita diga posteriormente a John Perry que Tommy Weber foi ao sul da França com "um monte de gente" e que contou ter "dirigido até lá" em um trailer cigano roubado quatro meses antes, no Festival de Glastonbury, do cantor inglês de música folk Donovan, Weber não tinha absolutamente nada a ver com essa história — ele viajou de avião de Londres até Nice, passando pela Irlanda. Ainda que, neste ponto da vida, Weber tenha apenas um ligeiro contato social com a cocaína, traz com ele, como presente de casamento, cerca de meio quilo do pó branco escondido em bolsinhas de dinheiro presas aos corpos dos dois filhos pequenos.

Ainda que esse comportamento possa ser visto como abuso infantil hoje em dia, essa trama rende a Tommy Weber respeito ilimitado entre todos os presentes em Nellcote que são adeptos dessa droga.

Além disso, favorece bastante as boas-vindas que Tommy recebe e ajuda a estender a sua permanência. Trinta e cinco anos depois, seu filho Jake lembraria que não temeu nem um pouco por si nem pelo irmão, pois sabia que não seriam revistados ao passar pela alfândega francesa. Em vez disso, estava preocupado com o pai, que, para ele, estava apenas "fazendo um favor a um amigo". Na cerimônia civil, os dois são postos como pajens.

Apesar de o padre Lucien Baud demonstrar irritação por causa das roupas de Bianca, que chegam a expor os mamilos, ele consegue realizar a cerimônia mantendo seus valores religiosos intactos. E diz: "Vocês disseram acreditar que a juventude busca a felicidade, um ideal e a fé. Acredito que também os estejam buscando, e espero que os encontrem hoje, com seu casamento. Mas quando se trata de uma personalidade como Mick Jagger, não se pode esperar ter privacidade no casamento." Jamais foram ditas palavras mais verdadeiras. Antes de o dia terminar, Keith já terá brigado quatro vezes tentando comparecer às núpcias de seu melhor amigo.

Por julgar que a Igreja é "indefensável", Jerry Pompili permanece do lado de fora como um soldado em guarda, cobrindo a porta de entrada para que as pessoas não entrem enquanto a cerimônia é realizada. Quando Mick e Bianca saem da igreja, Pompili e Alan Dunn escoltam o alegre casal até um Bentley que os espera, estacionado na rua a cerca de 50 metros. Determinados a conseguir a fotografia que lhes dará fama mundial, os paparazzi avançam em direção ao carro, amontoando-se o mais perto que conseguem. Abrindo caminho com os cotovelos, eles esbarram, empurram e praguejam.

Como literalmente não é capaz de abrir a porta do Bentley para a noiva e o noivo, Pompili empurra um fotógrafo italiano para o lado. O fotógrafo vai à forra e o atinge na cabeça com a câmera. Com sangue escorrendo pelo rosto, Pompili agarra o agressor e o joga com tanta força contra o pára-lama do Bentley que chega a amassá-lo. O carro então acelera. Agora que as cerimônias oficiais do dia terminaram, a festa pode começar.

No Café des Arts, cerca de mil pessoas, Brigitte Bardot entre elas, estão prontas para celebrar. Ainda coberto de sangue, Pompili está organizando a festa quando Keith o agarra e diz: "Beleza, vamos dar uma grande canja no palco. Veja se consegue envolver todo mundo nisto." Considerando-se os talentos presentes na festa, aquele poderia ser o encontro supremo das superestrelas do rock inglês, reunidas em um único palco para comemorar o casamento da mais famosa de todas as superestrelas do rock inglês.

Deixando Keith em sua área privativa na sacada, Pompili parte para reunir os músicos. Naturalmente, todos os convocados dizem que ficarão muito felizes em se juntarem a Keith no palco. Quando volta para dar a boa notícia a Keith, Pompili descobre que o padrinho está dormindo profundamente. Keith desmaiou. Pela primeira vez na história dos Rolling Stones, o show acontece sem ele.

Depois que Terry Reid toca algumas músicas, Mick sobe ao palco para cantar com Doris Tray, P.P. Arnold, Stills e outros. A noite avança, Basil e Eva Jagger vão embora sem sequer entregarem o presente que trouxeram para o filho. Nem um pouco contente com o modo como foi ignorada por seu marido, Bianca volta sozinha para o Hotel Bibylos. Em algum momento durante a noite, Keith Moon entra pela janela da suíte dos noivos. Tempos depois, Bianca dirá: "Meu casamento terminou no dia em que começou."

Na Inglaterra, Marianne Faithfull, que por direito deveria ter entrado na igreja com Mick naquela tarde, está num táxi preto que a leva à Paddington Station, após sua consulta semanal com um médico londrino que a "enche de Valium". Olhando pela janela do táxi, vê uma matéria de jornal cujo título é: "MICK E BIANCA SE CASAM EM TUMULTO FRANCÊS". Ela corre até o bar da estação e vira três martínis com vodca, toma um pileque colossal e cambaleia até um restaurante indiano, onde tomba logo em seguida com o rosto no molho curry. O dono do restaurante chama a polícia, que a põe em cana por aquela noite para que possa se recuperar. Acusada de estar bêbada e de conduta imprópria, é multada em uma libra. Marianne, que já estava "por um fio", logo se estabelece em definitivo naquele muro na St. Anne's Court, no Soho.

Além disso, temos Keith Richards, que, além de ser o padrinho desta história, é também o homem de aço do rock 'n' roll, aquele que, por mais substâncias que coloque para dentro do corpo antes que os Stones subam ao palco para se apresentar, ainda assim consegue tocar como se a vida dele dependesse daquilo. Keith perdeu um show pela primeira e única vez. Não um show qualquer, mas o do casamento de seu melhor amigo e parceiro musical, Michael Philip Jagger.

Embora o fato em si pareça carregado de simbolismo, todos os presentes à recepção, e Mick mais do que ninguém, estão ocupados demais se divertindo e nem sequer se dão conta da ausência de Keith. Só nos meses seguintes, à medida que a cisão entre Mick e Keith se aprofundar, aquilo começará a ganhar um novo significado. Quando as festividades terminam, todos os convidados, exceto Eric Clapton e Alice Ormsby-Gore, embarcam no vôo fretado, voltando grogues para Londres.

Clapton fica para trás porque está com uma fissura tão grande por heroína que se vê literalmente incapaz de subir no avião. Alice Ormsby-Gore não pára de ligar para Nellcote: "Meu Deus, ele está muito mal. Keith, você não pode fazer alguma coisa?" Tommy Weber, que não sabe praticamente nada sobre a vida dos viciados, fica com pena deles e diz: "Nossa, você não pode deixá-los assim."

Keith, que a esta altura ainda está limpo e entende que estão lhe pedindo que consiga heroína para outra pessoa, responde: "Se você quiser fazer isso por conta própria, pode pegar o motorista e ir até Marselha para arrumar um pouco. Mas logo vai descobrir que ele ficará na sua cola para sempre. Ele não deveria ter vindo para cá sem trazer as coisas dele." Clapton então recebe o pó branco em quantidade suficiente para ficar "bem o bastante" para embarcar em um avião e sair do país.

Enquanto isso, Mick já partiu em lua-de-mel. Mantendo seu status da mais elevada elite internacional, freta um iate de 97 pés e 120 toneladas, conduzido por uma equipe de seis tripulantes, para uma viagem de dez dias pela Córsega e pela Sardenha. Embora os Rolling Stones já tenham passado quase seis semanas no exílio, ainda não gravaram nem uma única nota do novo álbum. Enquanto Mick estiver afastado, desfrutando os primeiros prazeres da vida matrimonial, não poderão começar o trabalho. Até que ele retorne para o sul da França na última semana de maio, tudo o que os outros podem fazer é esperar.

6

Embora um ombro amigo sempre caia bem nas horas ruins, se calhar de você ser Keith Richards também será difícil passar momentos realmente bons sem alguns de seus amigos mais próximos, e até mesmo uns poucos conhecidos casuais, para compartilhá-los com você. Em Nellcote, acaba de começar uma das habituais festas da alta classe britânica, só que numa versão rock 'n' roll estendida que durará o verão inteiro. Os convidados parecem estar se divertindo tanto que nenhum deles dá qualquer indício de que deseja ir embora. E por que o fariam?

Em Nellcote, ninguém precisa acordar todas as manhãs e correr para o trabalho antes que o chefe descubra o atraso. Ninguém ali paga aluguel. Ninguém jamais pensaria em oferecer algum dinheiro para ajudar nas compras. A única coisa que os hóspedes têm nas mãos é tempo para gastar. E é por isso que todos se apresentam para o longo almoço servido no jardim dos fundos, onde muitas vezes permanecem sentados durante horas enquanto inúmeras garrafas de *blanc* gelado e baseados de haxixe lhes passam pelas mãos.

Como eles não prefeririam estar em nenhum outro lugar no mundo, não têm nenhuma pressa. Ali, no centro do universo da badalação, a única exigência é que você entretenha seus anfitriões de modo a prolongar sua estada. Enquanto eles ficam sentados ali, rindo sob o cálido sol da primavera que bate na varanda dos fundos de Nellcote, ao que parece sem nenhuma preocupação com a vida, que tal darmos uma volta pela mesa para conhecer alguns dos hóspedes mais assíduos?

No que diz respeito ao mero esplendor físico, Tommy Weber encabeça a lista. Com seu cabelo louro até os ombros, Tommy em geral pode ser visto caminhando descalço ao redor da casa, calças largas e camisa esvoaçante que talvez tenha esquecido de abotoar. Ele também pode ser visto lá embaixo, na pequena praia de pedras de Nellcote, tomando sol nu, estabelecendo assim, sem qualquer dúvida, que ele é uma daquelas pessoas que de fato são bonitas. Embora ninguém pareça notar, Tommy e Anita são tão parecidos que poderiam ser gêmeos chocados no mesmo ovo. Juntos, formam um par deslumbrante.

Como um personagem fabuloso saído diretamente das páginas de *Suave é a noite*, de F. Scott Fitzgerald, Tommy, que tem 33 anos de idade, é um verdadeiro cavalheiro inglês de modos impecáveis, nascido na Dinamarca e levado pela mãe para a Inglaterra quando criança, após a Segunda Guerra Mundial.

Tendo crescido em uma fazenda da família no interior da Inglaterra, onde Charles Darwin um dia morou, Tommy freqüentou a Haileybury and Imperial Service College, em Hertfordshire, uma escola particular onde estudaram, entre outras personalidades ilustres, o primeiro ministro Clement Atlee, o dramaturgo Alan Ayckbourn e o campeão mundial de Fórmula 1 Stirling Moss. Ao mudar-se para

Londres, Tommy se tornou um dos solteiros mais cobiçados da cidade, até que conheceu Puss, que na época tinha 17 anos de idade, e se apaixonou.

Os dois logo se casaram e Tommy passou a dirigir profissionalmente, pilotando Ferraris, Mini Coopers, a Lotus Elan e a BRM. Esteve prestes a entrar em uma corrida de Fórmula 1 em Monte Carlo quando quebrou uma vértebra em um acidente de trânsito. Cedendo aos pedidos da mulher, concordou em parar de correr. Envolvendo-se com a cena musical, montou a banda nigeriana-ganesa Osibisa. Seguindo a tradição da empresa da família, a Weber, Smith & Hoare Ltd., que durante 200 anos importou chá e especiarias para a Inglaterra, Tommy começou a abrir "veias" para transportar haxixe de alta qualidade do Afeganistão para o Ocidente.

Depois que se separou de Puss, como ele próprio admite, "deitou os olhos em algumas das mais belas mulheres do mundo e, no final das contas, conseguiu ficar com a maior parte delas". Tendo andado na companhia de Charlotte Rampling (os dois se conheceram durante a filmagem de *Os deuses malditos*, de Luchino Visconti), Tommy foi para o sul da França com os dois filhos pequenos para se reconciliar com a mulher. A idéia é que, quando Puss chegar a Nellcote, ela e Tommy voltem a ser uma família. O fato de que Puss possa estar indo para ver Anita só passa pela cabeça de Tommy muitos anos mais tarde.

Certo dia, não muito depois do casamento de Mick, Tommy leva o saxofonista Bobby Keys ao seu *chateau* nas montanhas, que é mais um dos lugares onde os Stones a princípio pensam em gravar o novo álbum. Quando Tommy volta a Nellcote, Keith o puxa para um canto e diz: "Olha só, tenho uma péssima notícia." Após sair de Bowden House, Puss foi se encontrar com o curador apontado para cuidar de seu dinheiro. Como, por influência da mãe, Puss foi considerada esquizofrênica, o curador se recusou a lhe dar o passaporte, impossibilitando assim sua saída do país. Anos depois, Tommy Weber diria: "Aquilo partiu o coração dela, a própria mãe fazer uma coisa dessas..." Logo após uma consulta com seu psiquiatra, "que lhe deu drogas em quantidade suficiente para que ela ficasse numa boa por dois ou três meses", Puss "se hospedou em um hotel com duas garrafas de champanhe e se pôs a testar os remédios".

A notícia ruim que Keith tem para Tommy é a de que, aos 24 anos de idade, Puss se suicidou. "Escuta," diz Keith, "você tem que ficar aqui com os meninos, por quanto tempo quiser." Como lembraria Tommy tempos depois, "Foi assim que a nossa relação mudou completamente. Anita e Keith foram maravilhosos, eu estava na merda."

Embora todos pareçam saber dessa perda trágica, isso não faz de Tommy Weber o queridinho de todos em Nellcote. Andy Johns, que muitos anos mais tarde observaria que, ao contrário de Tommy, ele realmente tinha um trabalho a fazer naquele verão, achava que Weber não era nada mais do que um "típico joão-sem-braço, e muito malandro". Para Rose Taylor, ele era "um bajulador — definitivamente não passava de mais um dos bobos da corte". Que a verdade seja dita: Tony Espanhol, que assim como Will Rogers parece nunca ter encontrado um homem de que não gostasse na vida, era quem de fato não tinha nada de bom para dizer a respeito de Tommy.

"O único visitante de quem não gostei se chamava Tommy", escreveria Tony. "Ele dizia ter estudado no Eton College e, considerando-se aquele sotaque ridiculamente afetado, é provável que estivesse falando a verdade. Também dizia que era ex-piloto de automobilismo, o que impressionou Keith." Segundo Tony, Tommy acompanhou Keith no GP de Monte Carlo, onde "cambalearam bêbados pela pista acompanhados de Anita, virando grandes goles de tequila direto da garrafa e cantando músicas vulgares". O que Tony jamais menciona em seu livro é o grande ciúme que sentia pelo fato de Tommy ter se insinuado com tanta rapidez no círculo íntimo de Keith. Tony enxergava Tommy como seu grande rival, em todos os sentidos. Não que os dois tivessem muito em comum.

Quais eram as diferenças entre Tony Espanhol e Tommy Weber? Vamos enumerá-las. Em uma época distante e muito mais cavalheiresca, Tommy teria sido um fidalgo. Tony, o escudeiro sombrio, oculto por um capuz, que rondava as masmorras úmidas do castelo cuidando de assuntos que todos evitam mencionar. Tommy era um vilão encantador que, graças a seu berço de ouro e à criação nobre, sempre gozou de boa posição entre os cavalheiros. Tony não pareceria deslocado se estivesse vendendo guarda-chuvas baratos na calçada em frente à Marks & Spencer em uma tarde chuvosa. Em Nellcote, Tony precisava lutar como um cachorro magro por cada migalha de atenção jogada por Keith e Anita. Tommy, que tinha crescido em casas magníficas, era sempre bem-vindo à mesa.

Keith demonstra toda a fé que tem em Tommy ao incumbi-lo da tarefa de montar a Rádio Rolling Stone, uma estação de rádio "pirata" que transmitirá música para toda a Europa da meia-noite às seis da manhã usando o equipamento de alta potência construído pelos nazistas durante a Segunda Guerra Mundial e colocado na encosta de uma montanha em Monte Carlo. Como tantas das fantasias loucas que rondam Nellcote naquele verão, o plano acabará indo por água abaixo. Ainda assim, não é o tipo de função que alguém confiaria a Tony, cujos serviços, apesar de sempre necessários, são muito mais limitados.

Naquele verão no sul da França está sendo travada uma verdadeira luta de classes entre Tony Espanhol e Tommy Weber. Não que Tommy chegue a se dar conta disso. Ele está ocupado demais contando outra história incrível sobre como acabou de descobrir uma nova versão do Evangelho de São Tomás entre alguns papéis que apanhou com o mesmo cara que financiou a expedição dos manuscritos do Mar Morto. Em uma tarde ensolarada, Tommy volta para

Nellcote e menciona de passagem que acabou de transar com Rory Flynn, filha de Errol Flynn, astro lendário e famoso conquistador de corações, a bordo do iate do filho de Errol, Sean, um fotógrafo de guerra que está desaparecido no Vietnã.

Tommy conheceu Rory em Londres, onde ela o convenceu a ajudá-la a vender o iate, de modo que pudesse partir para o Sudeste Asiático à procura do irmão. Embora Tommy tenha feito o máximo possível para ajudá-la, tantas pessoas alegam ser donas do iate, cujas taxas portuárias não são pagas há décadas, que ninguém sabe ao certo quanto vale a embarcação. Ao mesmo tempo, aquele barco à beira do naufrágio se torna um dos pontos de encontro regulares de Keith e Tommy sempre que levam visitantes para dar uma volta pela costa e ver a paisagem local.

Por mais que se fale de Tommy Weber, ele sempre contribui com uma boa conversa para ajudar o tempo a passar mais rápido. Embora seja verdade que Tommy não tem absolutamente nenhuma relação com o disco que está prestes a ser gravado em Nellcote, ele de fato desempenha um papel central em quase tudo o que acontece ali, inclusive no incidente que faz com que o nosso herói volte a se picar. Mas voltaremos a isso mais tarde.

Outro convidado sentado à mesa é Olivier Boelen, um homem bonito, magro e de cabelo preto e bem curto, a quem Keith e Anita conheceram enquanto andavam com alguns remanescentes do Living Theatre em Roma. Boelen, que é holandês, está organizando um evento chamado "No More Curtain Calls", estrelado por The Bauls of Bengal, com apresentação marcada para setembro em Calcutá — ele tem certeza de que os Stones comparecerão ao evento. Boelen logo partirá de Nellcote, retornando ao final de julho. Nessa época, seu comportamento sexual dará à gendarmaria local bons motivos para acreditar que há mais coisas rolando em Nellcote do que apenas música. Tommy Weber lembra dele como um "cavalheiro holandês muito inteligente e bem-educado, mas que era um aristocrata mais torto do que um saca-rolhas".

Seguindo adiante, chegamos a um homem que veste um macacão de corrida coberto de adesivos automotivos, muito mais parecido com um corredor de Fórmula 1 do que Tommy Weber. Estamos falando de "Stash", cujo verdadeiro nome é Stanislaus Klossowski de Rola. Keith e Stash se conheceram no dia 20 de outubro de 1964, quando The Bobbie Clarke Noise, uma banda da qual Stash era o percussionista e cujo vocalista era Vince Taylor, um roqueiro inglês ao estilo Gene Vincent, abriu um show dos Stones no Olympia, em Paris. Em 1965, Stash e Bobbie Clarke se mudaram para Hollywood, onde Clarke substituiu o baterista Don Conka no grupo que acabou se tornando o Love, no qual tocava o impulsivo Arthur Lee.

Stash e Keith ficaram ainda mais próximos durante o verão de 1966, quando Anita e Brian Jones dividiram um apartamento na Courtfield Road, atrás da estação de metrô de Gloucester Park, em Londres. Nesse apartamento, o marchand Robert Fraser apresentou Brian, Anita e Keith ao LSD. Todas as lâmpadas da sala de estar estavam cobertas por echarpes, a pintura das paredes estava descascando e havia roupas, revistas e jornais espalhados por toda parte, mas eram todos tão jovens, atraentes e profundamente brilhantes, ainda mais quando estavam doidões, que aquele apartamento se tornou um dos melhores lugares da cidade.

Entre os habitantes de um ambiente que às vezes parecia ter saído diretamente de uma peça de Oscar Wilde estavam o antiquário Chrissie Gibbs, Marianne Faithfull, a modelo Suki Poitier, sir Mark Palmer e Tara Browne, o herdeiro da fortuna Guinness. Nas primeiras horas da manhã de 18 de dezembro de 1966, ao lado de Suki Poitier, Browne, que aparentemente estava em meio a uma viagem de ácido, atravessou um sinal vermelho na Redcliffe Square, em South Kensington. Após desviar de um carro que cruzava a rua, Browne bateu em um caminhão estacionado. Além de pôr um ponto final ao idílio de Courtfield Road, sua morte também inspirou John Lennon a compor "A Day in the Life", sobre um homem que estourou os miolos em um carro, pois não notou que o sinal havia fechado.*

Em 10 de maio de 1967, Stash e Brian Jones tomaram uma dura naquele apartamento, mas as acusações contra eles acabaram sendo retiradas. Stash teve um breve caso com Marianne Faithfull. Durante algum tempo, viveu com a atriz inglesa Fiona Lewis na casa de Tommy Weber em Chester Square. Antes de chegar a Nellcote, Stash estivera viajando pela Ásia, tendo visitado o Ceilão, a Tailândia, o Laos e a Índia, onde estudou com o lama Anagarika Govinda, o acadêmico alemão que escreveu a introdução da tradução de W.Y. Evans-Wentz do *Livro tibetano dos mortos*. Nas palavras de Stash, Govinda "foi muito útil por me fazer virar as costas para o esoterismo ocidental, após uma longa imersão em doutrinas secretas tibetanas". Ao retornar a Roma, Stash recebeu uma ligação de Keith e Anita, que lhe contaram da ótima casa de veraneio em que estavam no sul da França, onde passariam o verão gravando um disco. Atendendo à intimação, ele também se tornou parte da *entourage*.

Em Nellcote, Stash é tratado como um nobre. Por um excelente motivo: dizem os rumores que ele é descendente direto do último príncipe da Polônia, estando portanto impedido de retornar à sua terra natal por temer a morte instantânea nas mãos dos comunistas, que agora governam o país com mão de ferro. Na verdade, o pai de Stash é Balthus, famoso no mundo todo por pintar jovens meninas prestes a se tornarem mulheres, cujo gênio artístico também inclui imaginar que nasceu com o título de conde.

---

* "He blew his mind out in a car./ He didn't notice that the lights had changed", The Beatles, Sgt. Pepper's Lonely Hearts Club Band (1967). (N.T.)

Tommy Weber lembra que "Stash vinha e contava umas fantasias surpreendentes. Todos o adoravam porque ele animava o ambiente. A gente ria dele e das histórias que ele contava. E também era muito bem-educado, era possível aprender muitas coisas com ele. Na época, estava ligado naquele lance do Tannhäuser". Tannhäuser era um cavaleiro errante do século XIII, menestrel de canções de amor cortês, que escapou "das armadilhas de Vênus com a ajuda de Nossa Senhora", mas que teve sua "absolvição papal recusada" por Urbano IV até que o cajado deste floresceu e indicou a "graça divina".

Embora o próprio Stash pareça um dos *minnesingers*, os poetas líricos alemães dos séculos XII a XIV, de nascimento nobre, que recebiam patrocínio real para compor canções de amor cortês, ele na verdade está tentando produzir um filme com base em sua própria versão do mito de Vênus e Tannhäuser. Outro de seus projetos é uma adaptação para o cinema de *Moonchild*, um romance escrito em 1917 por Aleister Crowley, o praticante de magia negra conhecido na época como "o homem mais maligno do mundo", cujos escritos estão se tornando a coqueluche da intelectualidade underground da Inglaterra e do restante da Europa.

Embora Tommy Weber, Olivier Boelen e Stash contribuam para a *mise-en-scène* da casa, não exercem nenhuma função específica para os Stones. Não se pode dizer o mesmo de Marshall Chess, filho do grande Leonard Chess, fundador da Chess Records de Chicago. Ao longo de todo o verão, Marshall viajará muitas vezes de todas as partes do mundo para Nellcote, como quem vai e volta de casa para o trabalho num bairro próximo. Sendo o recém-proclamado presidente da Rolling Stones Records, seu trabalho com a banda acabou de começar. De altura diminuta, porém sempre dinâmico, é uma fonte inesgotável e ilimitada de energia, com olhos e dentes reluzindo quando ri com cada idéia ultrajante que os Stones apresentam: "*É*! Isso é *excelente*! Vamos fazer *isso*!"

Marshall, que tem 30 anos e acaba de se divorciar, está neste momento a cargo de tudo o que diz respeito aos Rolling Stones, desde a produção do novo álbum até a tarefa de encontrar alguém que os leve para uma turnê pelos Estados Unidos após o fim das gravações, além de estar encarregado de se assegurar que Keith pare quieto para terminar a extensa entrevista da reportagem de capa da revista *Rolling Stone*, que o estabelecerá como uma verdadeira estrela e como o autêntico roqueiro da banda.

Não há um único Stone que não adore Marshall, e não só por seu histórico. Quando Marshall ainda era garoto e cuidava da correspondência de seu pai na Chess Records, Michael Philip Jagger escrevia regularmente de sua casa em Dartford, na Inglaterra, pedindo que lhe enviassem o último lançamento da Chess. Tendo crescido em extremos opostos do planeta, naquela época os dois já estavam unidos pelo amor eterno que tinham pelo blues.

Por compreender a essência dos Stones em todos os sentidos, nenhum problema relacionado à banda é grande ou pequeno demais para ele. E ele sempre se sentiu assim. Em 1965, quando os Rolling Stones foram gravar nos estúdios Chess, na Michigan Avenue, Marshall foi quem transportou Brian Jones pela cidade. Em Chicago, ninguém nunca tinha visto um homem de cabelo tão grande. As pessoas ficavam gritando: "*Veado!* Quem é esse *veado* com você? *Veado* chupador!" Mesmo naquela época, Marshall já sabia que os Stones eram especiais. E agora, está muito empolgado por cuidar do futuro da banda.

Nascido com a energia de um furacão, Marshall é pau para toda obra. Como já provou durante a recente turnê de despedida da Inglaterra, além de ser capaz de trabalhar sob pressão, consegue se divertir ao mesmo tempo. Só ele consegue andar tanto com Anita quanto com Bianca e fazê-las rir. Só ele consegue ficar a noite toda acordado se divertindo com Keith e depois telefonar para Los Angeles na manhã seguinte para saber dos últimos números das vendas de *Sticky Fingers*. Quando se trata de passar bons momentos em Nellcote, ele se dá perfeitamente bem com todos os demais. Ou então, como relembraria Tommy Weber, "Marshall Chess teve um ótimo comportamento ali. Nas outras vezes em que esteve com os Stones, só os viu no estúdio e na estrada. Ali, seus olhos estavam bem abertos. Era meio hipercrítico em relação às pessoas, mas era um cara legal. E um cara durão".

Embora nenhum dos presentes saiba disto na época, este momento acabará conhecido como a época do jardim em Nellcote, a calmaria antes da tempestade que começa quando as gravações dos Stones se iniciam de verdade. Como observa Dominique Tarlé, "... no começo era uma família britânica de férias, depois virou uma grande festa durante as férias e por fim, um grande grupo de músicos e técnicos trabalhando num álbum. Era a mesma história, mas com um formato diferente". O fato de Keith ainda estar limpo tem muito a ver com o clima festivo da casa.

Neste momento, Nellcote é um lugar perfeitamente feliz. Durante todo o dia e boa parte da noite, o aparelho de som de Keith toca músicas excelentes, do ríspido reggae jamaicano ("Funky Jamaica", dos JA Horns, uma faixa que Keith simplesmente adora e repete muitas e muitas vezes) aos clássicos do soul, do blues e do rock 'n' roll. Marlon, Jake e Charlie estão sempre no meio do caminho, e a sala de estar parece ter sido atingida por uma bomba. Sem nada para fazer além de se divertir, cada dia é uma nova aventura. Keith talvez decida levar seu Jaguar XKE vermelho para uma volta pelas montanhas, desafiando a morte. Talvez suba em sua lancha recém-adquirida, que custou 2 mil dólares e teve o nome mudado para *The Mandrax*, para circular pela baía, vendo-se então golpeado pelo mar agitado e precisando ser rebocado de volta para casa por um monte de pescadores franceses e pelo barco do equivalente galês da Guarda Costeira. Talvez pare em uma praia para brincar com Marlon, jogando pedras no mar para que saltitem na superfície, ou quem sabe ficará sentado durante horas na mesa da sala de jantar, tocando diversas vezes o riff de "The Jerk", dos Larks, em sua Gibson Hummingbird, enquanto promotores norte-americanos cheios da grana tentam falar de negócios com ele.

Um dia, tarde da noite, enquanto revira as coisas jogadas na sala de estar, Keith encontra uma pílula solta no chão. Embora não tenha como saber quem a deixou ali ou que tipo de bolinha é aquela, um calmante, um estimulante ou uma mistura dos dois (mas que certamente não é nenhum tipo de vitamina), Keith apanha a pílula e a examina por um breve momento. Metendo-a na boca, sobe a escada e deita na cama. Como Stash observará mais tarde, Keith está bronzeado e parece bem, acordando todos os dias às dez da manhã para saudar o novo dia. Cercado de amigos e de alguns conhecidos, qualquer um pode ver que ele está vivendo os melhores dias de sua vida. Como sempre ocorre quando estamos falando dos Stones, as coisas vão tão bem que algo ruim precisa acontecer. E assim será.

7

A vida em Nellcote talvez tenha se tornado pacífica demais para Keith. Ou quem sabe ele se sinta apenas entediado. Talvez, como Tony Espanhol quer que acreditemos, Keith esteja simplesmente reagindo ao que aconteceu na noite anterior. Talvez seja só mais um caso de violência no trânsito da Riviera Francesa que, por ter saído de controle com tanta rapidez, não chega a ter um verdadeiro culpado. Qualquer que seja o motivo, a interminável necessidade de caos com a qual Keith parece ter nascido decide de súbito se vingar, e a situação se transforma em um pandemônio.

Segundo Tony, tudo começa em uma noite após o jantar em Nellcote. Para que ninguém duvide de que estamos entrando no purgatório e que a estrada pela qual viajamos ficará repleta de almas perdidas, considere por um momento as duas mulheres que jantam esta noite com Keith, Tony Espanhol, Tommy Weber e Anita. Uma delas é Madeleine d'Arcy, "uma bela dançarina loura" pela qual Tony largou a mulher e os dois filhos alguns anos antes. Em uma foto que tirou dela naquele verão, Madeleine está parada sob a porta de entrada de Nellcote usando um minivestido muito curto e um par de enormes sapatos-plataforma. Suas pernas são fortes e musculosas. Seu cabelo é grosso e lustroso e ela tem um grande sorriso no rosto. Na mão direita, segura o que talvez seja uma flor, mas a qualidade da foto é tão ruim que é impossível saber ao certo. Inegavelmente atraente, ela também parece tomada por uma alegria espetacular.

Dois anos depois, Madeleine estará rodando bolsinha em Brighton cobrando 15 libras por noite para sustentar seu vício em heroína. Seu corpo morto, irreconhecivelmente ferido e espancado, será descoberto por Marianne Faithfull, sua amiga íntima. "Ela vinha tomando metadona para tentar parar com a heroína", escreveria Tony, "e de alguma forma a droga a levou a um frenesi inexplicável. Ela bateu com a cabeça muitas e muitas vezes num armário ao lado da cama, até ficar ferida, ensangüentada... e morta."

Tomado de dor, Tony injeta heroína pela primeira vez duas semanas após a morte de Madeleine. Em "Lady Madeleine", uma música do álbum *Dreamin' My Dreams*, de 1977, Marianne Faithfull fala de caminhar pela avenida sentindo saudades de Lady Madeleine, e que Tony Espanhol não sabe o que fazer, seu estranho mundo caiu e ele se pergunta se seu amor foi em vão, enquanto ela pensa que talvez fique meio doida.*

* "So I walk down the avenue/ And I miss you, Lady Madeleine./ And Spanish Tony, he don't know what to do (...)/ His strange world has all fallen through/ And he wonders, was his love in vain?/ And I think I might go quite insane." (N.T.)

A outra pessoa sentada à mesa de jantar de Nellcote naquela noite é Michele Breton, uma francesa muito magra, com visual de menino, de cabelo curto espetado e seios incrivelmente fartos, que, ao lado de Mick Jagger e Anita, aparece nua na cena da banheira em *Performance*. Ela tinha apenas 17 anos quando foi filmada e jamais atuaria de novo no cinema; ao que parece, foi escalada para o papel de Lucy apenas por já ter participado de um *ménage à trois* com o escritor e diretor Donald Cammell e Deborah Dixon. Assim como Anita.

Mas o mote de *Performance* era a arte imitando a vida, criando um tipo de melodrama da vida real no estúdio que nenhum roteirista jamais poderia ter imaginado. Como observaria o estudioso de cinema David Thomson, Anita, "além de ser a atriz principal, era o ponto mais sensível do filme. Graças ao modo de ser de Pallenberg e a seus olhares devoradores, tem-se a sensação de que em *Performance* os atores estavam representando seus próprios psicodramas".

Chapada de haxixe e psicodélicos durante a filmagem, Breton passará os próximos cinco anos de sua vida viajando entre a França e a Espanha. Flagrada com drogas em Formentera, ela vive durante um ano em Kabul injetando morfina. Durante essa época, vende o passaporte e todas as outras posses. Decidindo parar de usar drogas intravenosas após uma viagem de LSD, Breton vai para a Índia, onde é internada por três meses. Volta então a Kabul, viaja para a Itália e finalmente se estabelece por 13 anos em Berlim, onde Mick Brown, escritor inglês que fez um livro sobre *Performance*, a encontra em 1995. "Não fiz nada da minha vida", conta. "Onde foi que começou a dar errado? Não me lembro. Acho que foi o destino."

Alheias ao futuro que as aguarda, após o jantar Madeleine e Michele acompanham Tony, Keith, Anita e Tommy ao quarto de Tony, onde, nas palavras dele, todos decidem "relaxar tomando alguns comprimidos de Mandrix seguidos de grandes goles de conhaque Courvoisier. A combinação causa inconsciência quase tão rápido quanto uma coronhada na cabeça. Em menos de uma hora, todos os seis apagamos na minha grande cama, que parecia a do Luís XIV".

Ao recobrar a consciência às cinco da manhã, Tony escuta "sussurros e risinhos contidos de duas pessoas no outro lado da cama". Pensando, a princípio, que devem ser Keith e Anita, descobre que na verdade são Tommy e Anita, que começa então a gemer bem baixo. "Senti a cama tremer quando Tommy se pôs dissimuladamente em cima de Anita", escreve Tony, "e então começaram a fazer amor, com suavidade no começo e depois com violência. Keith e Michele roncaram o tempo todo, numa feliz inconsciência drogada." Quando terminam as pancadas, Tony adormece de novo. Pela manhã, acorda e vê que "Keith e Michele se espreguiçam e recobram os sentidos lentamente". Tommy e Anita não estão mais por perto. No futuro, quando lhe perguntarem se isso é verdade, Tommy Weber dirá: "Não me lembro de nada disso. Pode ser que tenha acontecido, mas eu realmente não teria sido tão vulgar."

Ninguém se fala muito no café-da-manhã, e então Keith e Tony saem voando no XKE de Keith para dar uma olhada em uma lancha que está à venda no porto próximo de Beaulieu. Tony conta que Anita, Tommy, Michele Breton e Dominique Tarlé vão atrás em um Dodge cinza alugado, dirigido por Dave Powell, que é motorista e ajudante de Keith. Enquanto seguem para o porto, Tony assume a responsabilidade de dizer a Keith, de uma maneira muito vitoriana, que enquanto estavam todos desmaiados na noite anterior, Tommy "se permitiu" certas coisas com uma Anita inconsciente. "Ele estava com a mão no vestido dela, acariciando-a. Não era nada sério, mas achei que deveria contar, assim você pode mandar esse cara cair fora quando voltarmos à sua casa esta tarde", diz Tony.

Embora seja verdade que Tony literalmente não agüenta ver a cara de Tommy e que adoraria fazer qualquer coisa dentro de suas possibilidades para prejudicar a estima que Keith tem por Tommy, esses comentários têm muito mais a ver com negócios do que com amizade. Tommy está tão completamente acomodado em Nellcote que Tony o vê como uma ameaça direta ao seu ganha-pão. Embora Tommy diga tempos mais tarde que "não fazia parte de nenhuma via de fornecimento ali dentro", parece ser exatamente nisso que Tony está pensando na época. Matando dois coelhos com uma cajadada só, ele dedura Tommy e depois suplica a Keith que não conte a ninguém a fonte da história. "Tudo bem, cara", responde Keith. "Pode confiar em mim."

Ao chegar a Beaulieu "sob uma quente chuva de verão", Keith e Tony manobram em busca do escritório do intendente do porto para que ele lhes indique a pessoa que está vendendo o barco. De súbito, um outro Jaguar novinho, este um XJ6, tenta passar por eles em um caminho estreito. Ouve-se um chiado intenso quando o pára-choque do Jaguar arranha a lateral do carro de Keith. "Toda a raiva contida no Keith pareceu explodir de repente", escreve Tony. Pela janela aberta do carro, Keith grita: "Caralho, o que é que você pensa que está fazendo, porra?" Ignorando as "desculpas cuspidas" pelo "gentil casal italiano que ocupava o XJ6", Keith acrescenta: "Seus estrangeiros idiotas. Vou quebrar a cara de vocês."

Antes que Tony consiga contê-lo, Keith puxa "um enorme facão de caça alemão" de sua bolsa de couro, salta do carro e grita para o "velhinho" que dirigia o outro carro: "Seu idiota imbecil!" Explicando que foi só um acidente, a esposa do homem pergunta a Tony com a voz chorosa: "Qual é o problema do seu amigo? Ele é louco?" Ao ouvir a comoção, Jacques Raymond, o intendente do porto, que Tony descreve como "um gigante de ombros largos e 1,90m", sai do escritório. Ele acompanha o casal italiano para dentro e acena para que Keith vá embora, o que só o deixa ainda mais irado. "Tudo bem", grita Keith. "Fiquem todos juntinhos, seus estrangeiros idiotas. Qual é a de vocês?"

O fato de Keith ser o estrangeiro neste caso, além de ser um estranho em uma terra muito estranha para ele, aparentemente não lhe ocorre naquele momento. Tendo em vista a notícia que Tony lhe deu a caminho do porto, a mente de Keith pode não estar de todo lúcida. Como o intendente não fala inglês e Keith não sabe nem uma palavra de francês, Tony faz o melhor que pode para acalmar a situação. É nesse momento que Keith resolve brandir o facão.

Como até mesmo Tony se esforça para deixar claro, Keith não pretende de fato apunhalar o intendente. Não, ele está apenas tentando deixar claro que, nesta briga em particular, ele é o cão dominante e não quer ser desrespeitado. Absolutamente incapaz de captar a mensagem, o intendente solta um gancho de direita. Keith vai ao chão. "Pega ele, Tony, mata ele, caralho!", grita Keith, caído no chão.

Antes que Tony possa reagir, o intendente o ataca, determinado a nocautear mais um. Tony, sempre o leal soldado raso, responde acertando um soco na cara do intendente, "derrubando assim aquele Golias sobre uma mesa". Ficando em pé, Keith corre para o XKE. De acordo com Tony, Keith volta um momento depois com uma pistola calibre 45 de brinquedo que pertencia a Marlon, sendo assim pioneiro no conceito de utilizar uma arma falsa para inflamar ainda mais uma situação real. O intendente empurra o casal italiano para o chão e puxa seu próprio revólver. Para a infelicidade de Keith, a arma do intendente é verdadeira. Aterrorizado com a idéia de que o intendente possa usar a arma contra ele, Tony agarra a pistola de brinquedo da mão de Keith, joga-a ao chão e começa a gritar em francês que Keith não tem pistola nenhuma. Na verdade, ele não tem nada.

O intendente caminha até o telefone e faz uma chamada. Segundos depois, ouve-se o som de sirenes que se aproximam. Mesmo que os gendarmes locais não atirem em Keith e Tony, certamente irão prendê-los. Os dois correm para a segurança dos carros. Enquanto salta para dentro do Dodge, Keith diz a Tony que pegue o XKE. Sabendo que Keith jamais escapará da lei "naquele ônibus velho", Tony se pergunta por que Keith preferiu que ele pegasse o XKE. A lógica de Keith se torna perfeitamente clara quando o intendente aponta para Tony e informa aos gendarmes que aquele era o homem que tinha tentado atirar nele. Como Keith e Tony têm cortes de cabelo parecidos, ambos são ingleses e estão no sul da França, essa confusão é compreensível.

Decidido a escapar da cena do crime antes que comecem a lhe fazer perguntas que ele preferiria não responder, Tony engata a marcha do XKE e arranca sob uma nuvem de fumaça azul. Pisando fundo até Nellcote, Tony voa pela estrada, salta do carro, tranca os grandes portões de ferro da casa, mete o Jaguar na garagem e espera.

Quinze minutos depois, Keith retorna no Dodge. "Nossa, rapaz", comenta, admirado. "Isso fez o GP de Monte Carlo parecer uma sessão de treinos."

Em outras palavras, embora Tommy Weber tenha sido corredor profissional, Tony é claramente o verdadeiro marginal da história, o esperto motorista da máfia que demonstrou saber como se safar quando as coisas apertaram de verdade. Pelo menos é o que Tony Espanhol espera que acreditemos. E agora passemos à verdadeira história do que aconteceu naquele dia.

"Na verdade, eu estava no porto com Jake, Charlie e Marlon", relembra Tommy Weber. "Acho que os três garotos estavam no Jaguar, e além disso eu tinha levado meu carro. Um dos oficiais do porto tentou agarrar Keith e lhe dar um soco, mas errou e quase acertou Marlon. Nessa hora, Keith puxou um 38. E aí começou a batalha." Jake, o filho de Tommy, que estava esperando no carro naquele momento, lembra-se claramente de ter ouvido dizer que foi Keith quem abriu um corte na cara do intendente, dando-lhe um soco com a mão direita, aquela em que usa o grande anel de caveira, mostrando assim que a jóia que mais o caracteriza, além de servir como enfeite, também tem grande utilidade em uma pancadaria.

"Ciente da complexidade e da política daquilo tudo," conta Tommy Weber, "coloquei as crianças no meu carro e as levei de volta a Nellcote para 'limpar o lugar' antes da grande dura que obviamente iríamos levar. Ainda que contássemos com a proteção do prefeito local, não tínhamos muita proteção da alfândega e estávamos no porto. Por isso eu sabia que a situação era de fato grave. Keith e Tony Espanhol estavam se divertindo um bocado enquanto trocavam socos com aqueles oficiais. Depois me disseram que Keith e Tony acharam que eu os estava deixando na mão, mas eu sabia que eles eram perfeitamente capazes de cuidarem de si mesmos.

"Por isso peguei as três crianças, para tirá-las da situação e também para voltar até Nellcote e dizer a Anita e todos os outros que escondessem tudo que houvesse por ali, pois íamos levar uma batida. E foi exatamente o que aconteceu. Eu peguei o 38 e o desovei no mar, e Keith disse à polícia que era a arma de brinquedo do Marlon. Fui eu quem tirou a arma das mãos de Keith no porto. Tive que desarmá-lo, do contrário ele teria atirado."

Na versão de Tony Espanhol, Keith acaba felicitando-o por sua incrível fuga e em seguida entra na casa, de onde telefona para os advogados locais dos Stones. Três deles correm imediatamente para Nellcote e começam a tramar o melhor plano de ação. Depois de muitas discussões, decidem entrar em contato com a polícia. Mais tarde naquela noite, um policial surge na casa com uma ordem para que Keith e Tony se apresentem à delegacia às dez da manhã do dia seguinte. Depois que ele vai embora, Keith puxa Anita para um canto e se põe a reclamar aos gritos com ela por ter se atracado com Tommy na noite anterior. Ele também deixa escapar que foi Tony quem lhe contou a história. Depois de xingar Tony de todos os nomes possíveis, Anita o chama de "dedo-duro asqueroso".

Algum tempo depois, Tommy acusa Tony de tentar se livrar dele para poder ficar com Anita para si. "Seu escroto nojento", diz Tony.

"Se ela fosse a minha mulher, eu quebrava a cara dela." Felizmente para Tony, Keith entra no quarto nesse momento. "Você é que deveria estar fazendo isto, Keith, não eu", fala Tony. "Foi a sua mulher que ele comeu." Ao perceber que acabava de se incriminar na frente de Tommy, Tony tenta desesperadamente se recuperar e diz: "Bom, você saca o que estou falando, né?" Tony então desafia Keith a fazer algo a respeito. Keith dá meia-volta e sai da sala.

Na manhã seguinte, durante o café-da-manhã, Keith diz a Tony que acabou de ler que Errol Flynn foi apanhado em uma briga semelhante durante o tempo que passou na Riviera Francesa. Quando ordenaram a Flynn que se apresentasse na delegacia, ele se recusou. Precisaram ir até a casa dele para encontrá-lo. Decidindo que aquilo que servia para Errol Flynn também funcionaria com ele, Keith resolve não acompanhar Tony até a delegacia. Na reunião, a polícia verifica os documentos de Tony e o acusa de agressão.

Quando a polícia vai a Nellcote para falar com Keith naquela tarde, ele explica que, devido ao ataque gratuito do intendente do porto, Marlon bateu a cabeça no chão e que por isso ele pretende processar o homem por ter agredido seu filho pequeno. Os advogados dos Stones e a polícia se juntam então para discutir a questão. Ninguém sabe ao certo quanto dinheiro é necessário para molhar aquelas mãos. De noite, porém, o delegado vai jantar em Nellcote. Keith lhe entrega alguns álbuns autografados dos Rolling Stones. E como escreve Tony, "no que diz respeito a Keith, assim terminou aquele probleminha".

Como foi Tony, e não Keith, que bateu no intendente, os advogados dos Stones o pressionam para que assuma a culpa por todo o incidente. Antes que o caso possa ser levado ao tribunal algumas semanas depois, Tony sai do país. Os advogados dos Stones o declaram culpado, e Keith paga sua multa de 12 mil dólares. Pelo menos é o que conta Tony.

Bill Wyman, sempre uma fonte mais confiável, escreve que Keith "se aborreceu com a lei quando um carro dirigido por dois turistas italianos bateu no dele". Keith teve então um "surto de fúria" e exigiu "compensação imediata, em dólares. Eles se recusaram e a discussão aumentou, transformando-se em uma briga". Acusado de "ferir um oficial portuário francês", Keith teve de ir à corte em Nice, onde tanto ele como o intendente "apresentaram certificados médicos, provando que haviam sido feridos". Keith foi acusado de agressão e "lhe disseram que iria a julgamento", mas a acusação foi retirada "depois que Keith foi até o escritório do magistrado e se desculpou — mas a polícia francesa já estava de olho nele".

Algumas semanas depois, Keith contou a um repórter da revista *Rolling Stone*: "Batemos com o carro por aqui e ficou tudo resolvido, mas um burocratinha do porto local teve que meter o bedelho, então alguém comentou. 'Ei, esse aí é um dos Rolling Stones.' 'Ah, é?' BANGUE! Alguém entra no meio. Voam telefones. E se você bate de volta, já são pistolas. 'Eles estão armados. Chama a polícia.' É só mencionar os Rolling Stones que você leva uma porrada na cara."

Apesar das alegações de Tony sobre o que aconteceu naquela cama abarrotada de gente na noite anterior à pancadaria, Tommy continua a viver em Nellcote. Convenhamos que, como casal, Keith e Anita já atravessaram inúmeras complicações de todas as naturezas concebíveis, de modo que a fidelidade física pareceria ser a última de suas preocupações. Ainda assim, transar com outra pessoa enquanto o seu companheiro está desmaiado na mesma cama parece ser um pouco demais, até mesmo para eles. Mas como disse Keith certa vez no banco dos réus do tribunal de Old Bailey, "Não somos velhos. Não estamos preocupados com essa moral insignificante".

No que diz respeito aos Rolling Stones e suas mulheres, jamais foram pronunciadas palavras tão verdadeiras. A não ser por Charlie e Shirley Watts, cujo casamento parece ser completamente tradicional, e por Bianca, que jamais se meteria em peripécias como essa com gente pela qual tem tão pouca consideração, quase todas as pessoas que ocupam o círculo íntimo dos Stones acabarão, com o tempo, transando umas com as outras. Por mais que algumas das relações pareçam impensáveis a ponto de desafiarem as leis da probabilidade física, ocorrem mesmo assim. Algumas são apenas encontros casuais no meio da estrada. Outras se transformam em casos arrebatadores que levam todos à loucura.

Ao considerar que o círculo interno dos Stones calha de ser bem pequeno, a mera logística da organização de ligações tão perigosas estontearia a perícia de um engenheiro da Nasa. Ainda assim, muito antes que esse comportamento se torne a norma cultural, as mulheres dos Stones parecem estar totalmente emancipadas, exercitando seu prazer quando e onde lhes dá na telha. E se alguém se perguntar por que essas pessoas decidem se meter em empreitadas arriscadas tão perto de casa, a resposta é simples: porque elas podem.

Movidos pelas drogas e pelo tipo de liberdade que só vem com uma vida de privilégios ilimitados, os Stones e suas companheiras se encontram completamente isolados do mundo real. Na época em que os reis e rainhas ainda governavam o mundo, os que viviam na corte se distraíam da mesma maneira. Como viria a dizer Marshall Chess a respeito dos Stones, "No mundo de rock 'n' roll em que eles viviam, era compreensível. É muito difícil explicar a situação, pois era como entrar em um outro mundo. Era como viajar para Marte. Uma realidade alternativa".

Ainda assim, nem que seja para tirar Keith das ruas antes que ele machuque seriamente a si e aos demais, chegou a hora em que os Rolling Stones precisam começar a trabalhar no novo álbum. O que não significa que isso esteja prestes a acontecer.

8

Em 7 de junho, após uma viagem de quatro horas desde Londres, o caminhão de gravações dos Rolling Stones afinal chega a Nellcote. Um mês antes de partir em lua-de-mel, Mick se amontoou com Keith, Jo Bergman e Ian Stewart na Kombi 1964 de Jerry Pompili, o veículo hippie preferido não só nos Estados Unidos, mas em toda a Europa, para viajar pelo interior da França em busca de lugares onde a banda poderia gravar. "É claro", contaria Pompili, "que ninguém gostava de nenhum dos lugares. Gastamos um mês e no final eles decidiram gravar na casa de Keith. Típico dos Stones."

Como observaria Andy Johns, não era como se existissem inúmeras opções. "Tinha aquele estúdio na França chamado Le Chateau que era muito ruim. Trabalhei lá alguns anos depois, eles não teriam gostado. As instalações eram ruins. As privadas estavam sempre entupidas, e enquanto você tentava comer o jantar, dava para sentir o cheiro de esgoto. Não. Eles teriam que ir até Paris, mas queriam morar no sul da França. Então, temos o caminhão, não é mesmo? Pronto!"

O caminhão não foi construído apenas para evitar que os Stones gastassem muito dinheiro ao longo dos anos marcando sessões em estúdios caros, às quais chegavam atrasados ou nem sequer se apresentavam, mas também pela culpa que Mick e Keith sentiam por terem permitido que Andrew Oldham expulsasse Ian Stewart da banda em 1965 porque ele não parecia nem agia como um astro pop. "Acho que, para se desculparem com ele," contaria Johns, "montaram o caminhão e disseram: 'Olha aí, Stu. Pode cuidar disto aqui.' A idéia era que, se dali saísse algum lucro, Stu ficaria com uma boa parte. E acho que, se ele não tivesse morrido, teriam lhe dado o caminhão. Assim ele poderia ter seu próprio negócio."

O caminhão, um Leyland britânico descomunal e vagamente fascista, pintado em cores de camuflagem, atinge uma velocidade máxima de 90 km/h e pesa 12,5 toneladas quando está totalmente carregado. Comprado por 2 mil libras, recebeu tratamento acústico, ar-condicionado e equipamentos de gravação semelhantes aos dos Olympic Studios, em Londres, que há muito tempo é um dos locais preferidos dos Stones para gravar. A mesa é uma Helios de 20 canais feita sob encomenda. Quatro grandes caixas Tannoy, de cerca de 1,30m de altura, servem como monitores. Há um gravador de rolo 3M de 16 canais e um Ampex de oito canais. Há também um sistema de comunicação e uma câmera em preto-e-branco — ambos com a função de permitir que qualquer pessoa que se sente em frente à mesa se comunique com a banda e os veja enquanto eles tocam. Como nenhum dos dois funciona muito bem, Andy Johns gasta a maior parte do verão correndo entre o caminhão e o porão de Nellcote para conseguir conversar com os músicos.

Quando o trabalho no caminhão é concluído, os Stones já desembolsaram 65 mil libras na construção do que, nas palavras de Johns, é "o primeiro estúdio móvel propriamente dito da Europa". A banda o usa então em Stargroves, a fazenda de Mick no interior da Inglaterra, para gravar faixas que aparecem em *Sticky Fingers*, além de "Sweet Black Angel", que acaba entrando em *Exile on Main St.*

"A princípio", recorda Andy Johns, "a idéia era que Stu encontrasse outra casa, onde estacionaríamos o caminhão e as pessoas apareceriam. Como ele não conseguiu encontrar nenhuma, deu uma olhada no porão de Nellcote e todos pensaram, 'É, isto aqui provavelmente vai funcionar'. Quando cheguei, vi o lugar e falei, 'Caramba, talvez seja meio difícil'. E foi meio difícil mesmo."

Antes que a gravação possa começar lá embaixo, Ian Stewart precisa resolver o problema do eco. Como todas as salas estão vazias e as paredes são de gesso, é como gritar dentro de uma caverna. Stu resolve o problema comprando uma grande quantidade do carpete mais grosso e barato que consegue encontrar. Ele reveste então as paredes, o teto e o piso da sala em que se espera que os Stones gravem. "Começamos em uma sala perto da cozinha, onde pensei que a coisa fosse funcionar, mas não funcionou nem um pouco", conta

Johns. "O som estava tenebroso. Então fomos para outra sala. Ainda estava bem difícil gravar ali. Era quase impossível tirar algum som naquele lugar, ao contrário da casa de Mick na Inglaterra, onde era bem fácil."

Depois de estacionado em frente à escadaria frontal da casa, o caminhão precisa ser plugado. Seguindo o mandamento proferido originalmente por Chip Monck, técnico de iluminação que acreditava piamente na idéia de que o rock 'n' roll tinha o direito divino de utilizar qualquer fonte de eletricidade, legal ou não, Stu faz um gato em um poste próximo. O que Stu não sabe é que a voltagem francesa tende a variar muito.

"Foi idéia de Stu fazer aquilo com a eletricidade", lembra Johns. "O poste ficava fora da casa, na estrada. Eles colocaram um cabo que cruzava o jardim até o caminhão. A idéia era, 'Ah, beleza, vamos fazer um gato com a rede elétrica da rua. Assim vamos economizar o dinheiro de Keith'. É claro que a eletricidade caía e voltava constantemente. O equipamento todo, os amplificadores e o material de gravação, estava ligado no caminhão, de forma que se houvesse uma pequena variação na voltagem o fusível saltava. Incrível. O barato que sai caro. Acho que estávamos conspirando contra nós mesmos trabalhando ali."

Pouco após a chegada do caminhão, ocorre o que, visto hoje, foi o evento mais significativo do verão. Keith e Tommy Weber decidem passar o dia pilotando karts em uma pista local. Com base no histórico de Keith no trânsito inglês, não será nenhuma surpresa se acontecer alguma calamidade. Decidindo partir para cima de Tommy, que era um piloto melhor do que ele em qualquer veículo, Keith avança na direção dele. "Pareceu uma tentativa de assassinato", lembra Tommy. "Ele estava tentando bater em mim. Ele me acertou em cheio e o negócio virou. Ele não se tocou sobre o que aconteceria se jogasse um kart sobre as rodas de outro. Ele subiu e o kart capotou.

Eu ainda tentava frear os carros e já estava com a cabeça de Keith no meu colo. O kart estava em cima dele, cujas costas raspavam no asfalto. As costas dele ficaram como um bife cru. Um pouco depois ele olhou para mim e disse: 'Tudo bem, Tommy, acho que chegou a hora de você procurar um médico e pedir que nos arrume um pouco daquele negócio, você sabe qual.' Era o que todo mundo vinha tentando evitar. E foi assim que começou. O acidente no kart instigou o uso dos opióides."

Como os Rolling Stones têm o hábito de nunca viajar a lugar nenhum sem um médico de confiança, seu médico local, a esta altura, já os enviou o que na França se chama de *piquer* (algo como uma enfermeira que atende em domicílio) para ministrar medicamentos injetáveis em Nellcote. Até este momento, a substância injetada é a vitamina B_{12}. Na época, esse procedimento era a última moda entre os milionários dos dois lados do Atlântico que se viam em situações de alta pressão mas que não tinham tempo a perder com exercícios para manter em pé o velho sistema imunológico.

"Keith estava sofrendo uma dor física terrível", conta Tommy Weber. "E ele sabia no que estava se metendo. Sabia perfeitamente o que estava prestes a fazer.. Na verdade, estava puto por ter que ser a pessoa que mantinha todos os outros na linha, inclusive Mick, que era o garoto chorão. E assim a gente percebe que Keith era livre. Ele poderia ir tão longe quanto quisesse. Ele podia permitir que Mick ficasse preocupado com a opinião do mundo careta e, enquanto isso, tentava descobrir o que estava rolando com a porra da música, da gravação e com o sentido de tudo aquilo."

Confirmando o relato de Tommy, ainda que em termos bem menos específicos, Bill Wyman escreveria que, após o acidente de kart, Keith estava em um estado péssimo, muito machucado. O trabalho no novo disco mais uma vez precisou ser mantido "em suspenso" enquanto Keith se recuperava.

Agora temos uma verdadeira linha do tempo do momento em que tudo foi por água abaixo em Nellcote. Até pouco tempo depois da chegada do caminhão à França, em 7 de junho, Keith e Anita estavam limpos. Tudo bem, fumavam haxixe, cheiravam cocaína e viravam garrafas inteiras de tequila de uma vez só, mas a heroína, independentemente do que alega Tony Espanhol, ainda não entrara em cena.

Ninguém sabe ao certo se Keith voltou a se picar por um simples desejo de aplacar a dor física ou se foi a noção de que, com o caminhão estacionado em frente à casa, afinal havia chegado a hora de começar a trabalhar no novo álbum — tarefa que, além de obrigá-lo a descer todas as noites ao porão úmido, também o força a sondar as profundezas ocultas de sua alma musical, uma expedição que ele não se sente capaz de realizar sem um forte auxílio químico. "Foi por isso que ele falou aquilo", explica Tommy Weber. "É claro que a coisa já estava lhe passando pela cabeça, mas ele estava tentando não recomeçar. Keith sabia que tinha um trabalho a fazer, e que este exigia um nível de decadência. Não acho que a idéia fosse entrar num estado alterado para criar a música. Era mais o estilo de vida. '*It's only rock 'n' roll, but I like it.*' Era por gostar daquilo, do estado decadente, que tinham uma autoconfiança fantástica para criar aquele trabalho incrível."

Quaisquer que tenham sido as verdadeiras razões, foi Keith quem fez o pedido. E assim começou para valer a loucura em Villa Nellcote naquele verão.

9

Em determinado momento da segunda semana de junho, os Stones se põem a tocar juntos de fato pela primeira vez em Nellcote. A partir de então, Bill Wyman se lembra de ter trabalhado todos os dias das oito da noite às três da manhã pelo resto do mês. No entanto, "nem todos apareciam todas as noites. Essa, para mim, foi uma das maiores frustrações. Nos dois discos anteriores, tínhamos trabalhado bem e escutado o que dizia o produtor Jimmy Miller. Em Nellcote, as coisas foram muito diferentes. Demorei algum tempo para entender por quê".

Lá embaixo, no porão, os Stones descobrem mais um problema: a umidade que tende a se acumular nos porões dos casarões da Riviera Francesa durante o verão. "Você deve ter ouvido as histórias de como era impossível trabalhar naquele lugar por causa da umidade", conta Andy Johns. "As guitarras desafinavam no meio da música. Sempre. Eu interrompia os caras, ou então eles seguiam até o final, e aí eu falava: 'Vamos ter que fazer de novo, estamos saindo do tom.'"

Apesar desses problemas, todos ainda acreditam que gravar o novo álbum na casa é uma idéia brilhante. A razão para isso é simples. No baralho dos Rolling Stones, Keith se tornou o curinga risonho. Embora sempre fosse o que mais reclamava com Brian por ele aparecer completamente chapado nas sessões de gravação, às vezes a ponto de dormir no chão, forçando Keith a gravar todas as guitarras sozinho, ele agora vive em um fuso horário próprio.

Como Keith já demonstrou que é impossível saber quando ele chegará, se é que o fará, a tempo em uma sessão, e devido ao pesadelo de grandes proporções que é levá-lo de um lugar para outro, em particular quando ele tem outras coisas com que se preocupar, existe alguma maneira melhor de resolver esse problema do que transformando a casa dele no novo estúdio de gravações dos Stones? Em Nellcote, quando os Stones precisam que Keith grave, basta Mick bater com força no encanamento e Keith desce as escadas apressado, com a guitarra na mão, ávido e pronto para se juntar à banda. Keith se entregou de corpo e alma ao plano. Quando lhe perguntam se os Stones realmente pretendem gravar o novo álbum em Nellcote, ele sorri e diz: "É, bem no meu porão. Depois de meses procurando, o lugar escolhido estava debaixo do meu nariz." Jamais foram ditas palavras mais verdadeiras.

Recém-começado o trabalho no novo álbum, ocorre mais um infeliz incidente de trânsito. Tommy Weber, que não dorme há três dias, estava dirigindo o carro alugado de Olivier Boelen na Grand Corniche, às quatro da manhã, quando se vê tomado da certeza de que Puss, cujo espírito ainda está no período de graça de 49 dias antes de deixar a Terra em definitivo, é quem na verdade está na direção. Para ele, os dois estão na pista do lago de Garda ou de Nürburgring. Do mesmo modo como faziam antigamente para que ele decorasse o traçado da pista antes de uma corrida, Tommy tem os olhos vendados e diz a Puss qual parte da pista se aproxima enquanto ela dirige.

Na verdade, Tommy adormeceu na direção. Ele acorda e vê um caquético caminhão francês que se dirige ao mercado e avança bem na direção dele, em uma rua estreita e sinuosa onde só há passagem para um carro por vez. Quando recobra os sentidos, Tommy está dizendo a Puss que acerte o caminhão de modo que os dois veículos não se desgovernem pela encosta da montanha quando colidirem. "Ela estava me puxando para o próximo bardo", relembra Tommy. "Mas então alguém gritou, '*Tommy! Tommy! Tommy!*', e por fim me dei conta de que eu era o motorista e que aquele caminhão estava prestes a passar por cima de mim, literalmente. Acertei o caminhão exatamente no ponto em que recomendei a Puss que batesse e assim os carros se atracaram e tudo ficou bem."

Tommy escapa com todas as drogas que carregava e desce a montanha até o primeiro edifício que encontra, que por acaso é um convento de freiras. Ele corre para dentro gritando: "Morfina! *Morfina!* Quero *morfina!*" É claro que "as velhinhas adoráveis me fizeram sentar e me deram morfina, muito amáveis". Quando Jimmy Miller e o trompetista Jim Price buscam Tommy alguns dias depois, levam-no a uma consulta com o médico local, sempre muito útil, que põe uma tala de gesso no punho quebrado de Tommy.

Não se deixando abalar pela lesão, Tommy decide fazer esqui aquático na baía, com o gesso envolto em plástico, para impressionar uma jovem que, pelo que se recorda Jake, filho de Tommy, era muito parecida com Raquel Welch. "Eu estava no barco com as crianças", lembra Tommy, "e apareceu uma dessas barcas enormes, avançando bem na nossa direção. Tivemos que mergulhar na água para sair do caminho. Ela simplesmente não parou. Acho que Keith tinha ensinado Charlie a nadar, e talvez a Jake também. Tivemos muita sorte em sobreviver. Obrigado, Keith."

Para os que pensam que o ambiente em Nellcote não poderia se tornar ainda mais surreal, considerem a versão da história que Anita contaria muitos anos depois. Ela diz se lembrar claramente de ter construído uma jangada com a ajuda de Bobby Keys durante os primeiros dias em Nellcote e então de remar pela baía durante a noite para ver o que estava acontecendo nas embarcações da Marinha norte-americana ancoradas ali. "A gente fazia isso muitas vezes," conta Anita a John Perry, "remar pela noite e ver qual era o lance dos norte-americanos, gritar para os marinheiros, ver o que eles tinham." ("Ver o que eles tinham" é, naturalmente, um eufemismo para qualquer contrabando ilegal que pudesse ser fumado ou cheirado.)

Embora a idéia de que Anita e Bobby Keys pudessem construir algo que boiasse por mais de um milissegundo seja suficiente para fazer qualquer um gargalhar, a verdadeira história é muito mais fantástica, é o tipo de experiência que só pode ocorrer quando pessoas que vivem juntas ficam chapadas diariamente, duvidando assim da própria realidade básica das coisas. Tudo começa numa manhã, no quintal de Nellcote, em que Anita tem nas mãos um binóculo de artilharia do Exército alemão, tão potente que ela às vezes o usa para espiar o interior do quarto de Aristóteles Onassis em seu descomunal iate branco, o *Christina*.

Ancorado no cais do porto, mais longe do que todos os navios de guerra, encontra-se, sim, escute bem, um verdadeiro galeão, com velas e uma lanterna que pendula ruidosamente, bastante parecido com o *Mary Celeste*, o bergantim abandonado e decadente, ou talvez com o velho *Flying Dutchman*, o navio perdido fadado a velejar por toda a eternidade ao redor do Cabo da Boa Esperança. Muito entusiasmada com essa visão incrível, Anita implora a Keith que venha descobrir do que se trata. Keith, que já está muito cansado da vida fantasiosa de Anita, além de declinar o convite, sugere que ela pirou de vez. Nesse momento, ele tem coisas muito mais importantes a fazer do que fitar navios fantasmas no horizonte.

Virando-se para Tommy, Anita diz: "Olha, você precisa ver isto. Tentei falar com Keith mas ele não me deu bola." Tommy, que já viu o galeão pelo binóculo, responde: "É, imagino que seja só uma brincadeira." Então Anita diz: "Não, é de verdade. Já dei uma boa olhada nele." Tommy responde: "Bom, já que é assim, temos que subir a bordo." Anita diz sem pestanejar: "Era exatamente nisso que eu estava pensando."

Dirigindo-se ao porto, Tommy e Anita pedem a alguns simpáticos moradores locais que os levem em direção ao galeão em um barco de pesca ancorado no cais. Naturalmente, o mar começa a crescer, tornando-se agitado e revolto. Transcorrido metade do caminho até o navio, de cuja presença ninguém está convencido, o barco de pesca fica sem combustível. Como Anita simplesmente não aceita um "não" como resposta, dar meia-volta está fora de cogitação. Assumindo a posição do mestre e comandante que nasceu para ser, Tommy diz: "Tudo bem, rapazes. Peguemos os remos." Remando o mais forte que podem, aproximamse cada vez mais do galeão, que, como podem ver agora, deve ter pelo menos 70 pés e se ergue tão acima da superfície que jamais poderia ser abordado sem que alguém abaixasse a prancha de desembarque.

A lanterna do galeão sacoleja sobre as cabeças dos que bóiam no barquinho pesqueiro e Tommy começa a bater na lateral do navio com um remo, tentando acordar alguém no convés. Mas não há ninguém a bordo. Sem se deixar intimidar pela logística, Anita decide: "Vamos subir." Tommy responde: "Tem certeza? É bem difícil." Anita diz: "É claro. Qual é a sua?" Ela começa a chamá-lo de *un lache*, uma gíria francesa para "covarde". Tommy, que já ouviu de Anita que a droga preferida dele é o álcool, acha que ela está dizendo "*You lush*" ("Seu beberrão"). Ele ainda consegue responder: "Não vou pular a bordo disso aí. Minha vida não depende disso." Anita responde: "Bom, mas eu vou. A minha curiosidade depende disso." Ela então tenta alguns "saltos suicidas".

Como o mar estava agitado demais para essas atividades, Tommy e Anita afinal percebem que não terão como subir a bordo. Dando meia-volta com o barco pesqueiro, remam de volta até o porto e retornam a Nellcote. "Em nenhum momento nadamos à noite até um navio da Marinha", conta Tommy. "Foi só aquilo. O galeão. Era um *velho* navio da Marinha. O *Mary Celeste*. O *Flying Dutchman*. E a história acabou se misturando. Mas foi uma das experiências mais maravilhosas da minha vida. Parecia algo saído de Homero. Pois de madrugada o galeão já havia partido."

De volta à casa, Anita tenta explicar a Keith onde esteve com Tommy. Como era de esperar, ele não acredita na história. Inicia-se então uma discussão um tanto violenta entre os dois e Anita diz: "Chega. Não vou agüentar mais uma cena destas. Vamos nessa, Tommy." Agarrando Marlon, ela se junta a Tommy e os filhos no carro dele. Partindo diretamente para o banco, ela esvazia uma das contas dos Stones e os dois vão até a casa de Tommy nas montanhas. Depois de passar tantos anos correndo atrás de Anita, desde que a viu pela primeira vez, Tommy não poderia estar mais satisfeito.

Até que Keith venha procurá-lo. Ainda que essa visita possa ser mais uma oportunidade para que Keith demonstre suas habilidades pugilísticas, sem falar em sua perícia com uma pistola a curta distância, ele não chega de fato à casa de Tommy; em vez disso, decide parar para comer em um hotel próximo, na Route Napoleon. Já tendo passado por esse tipo de situação antes, Keith decide ir embora, deixando que Tommy e Anita se resolvam por conta própria. Mesmo que, para Tommy, Anita seja "a mulher mais incrivelmente bela" que ele já conheceu, ele logo começa a se dar conta de que, além de ser muita areia para o seu caminhão, Anita também o está usando para chamar a atenção de Keith. Quando Anita diz a Tommy que ele é "entediante" demais para ela, ele a leva de volta a Nellcote.

Felizmente para todos, Keith estava em St. Tropez naquele momento, o que, ainda que não pareça, é uma sorte para Tommy, que confessa que, se tivesse encontrado Keith, teria "se cagado nas calças". Com o tempo, tudo se acerta entre os três, de uma maneira perfeitamente civilizada. "Achei que Keith nunca mais falaria comigo", lembra Tommy, "mas ele sempre se mostrou tranqüilo e simpático. Eu visitava Nellcote de vez em quando e encontrava todo mundo, mas dava para ver que a casa estava ficando mais decadente. Eles não precisavam de mim e eu estava organizando a tal da rádio, por isso passei a ser mais um visitante do que um morador."

Tommy continua a se dedicar ao projeto da Rádio Rolling Stone até agosto, quando o filho do diretor da Rádio Monte Carlo, um parceiro com quem ele vinha trabalhando, tem uma overdose em um apartamento em Monte Carlo. "Esperamos até saber que a equipe de emergência tinha chegado", conta Tommy, "Então pensei: 'Bom, era uma tragédia anunciada. As coisas estão ficando muito esquisitas em Nellcote.'" Ele busca seus filhos e diz aos garotos: "Vamos lá, estamos caindo fora." Na subida para sua casa nas montanhas, Tommy "enterra os flagrantes". A seguir, deixa o carro no aeroporto de Nice, embarca no primeiro avião rumo a Paris, voa até Portugal e passa três anos viajando pelo mundo com seus dois filhos pequenos, sem jamais retornar à França.

10 Em 6 de julho, quando os Rolling Stones afinal descem ao chão e se enfiam no porão de Nellcote, começam duas semanas de intermináveis sessões de improviso, das quais não sai nem uma única faixa que possa ser usada no novo álbum, uma mortífera peste negra que aflige a elite do rock 'n' roll internacional na Europa, trazida pelo uso desenfreado de heroína. Sendo a própria droga o elo entre os usuários dessa classe social em particular, há muito menos do que seis graus de separação entre os Stones e as primeiras fatalidades daquela que logo se tornará uma inesgotável sucessão de mortes ligadas às drogas.

Passaram-se poucos meses desde o dia em que Jean de Breteuil, em pé na sala de estar de Nellcote, ofereceu sua conexão corsa em Marselha para que os moradores da casa tivessem acesso a um suprimento regular da droga. Ao voltar para Londres, De Breteuil se hospeda na casa de Keith em Cheyne Walk, onde inicia um romance com Tallitha Pol Getty, uma mulher de beleza exótica que agora é a ex-mulher de Jean Paul Getty Jr., filho do homem mais rico do mundo.

Cinco anos antes, os Getty eram o casal mais badalado do mundo, conhecidos entre a elite londrina e a parisiense pelas fabulosas festas, luxuosas e ripongas, que davam em seu palácio em Marrakech, onde Brian Jones ficou hospedado e John Lennon e Paul McCartney celebraram o ano-novo. Em uma das fotografias que marcaram essa época, os Getty, jovens, bonitos e incrivelmente ricos, posam no terraço sobre o palácio com as Montanhas Atlas ao fundo.

Segundo Tony Espanhol, Jean Paul Getty Jr. já está "tão viciado em heroína que cheira um grama por dia sem conseguir atingir nenhum efeito perceptível". Enquanto passa por um programa de desintoxicação em Roma, Getty se apaixona por outra mulher. Decidida a largar o marido, Talitha Getty viaja para Londres, onde começa seu caso com De Breteuil. Com planos de regressar a Londres em menos de uma semana, Talitha Getty parte para Roma. Ao lado de Marianne

Faithfull, De Breteuil voa para Paris, onde fornece a Jim Morrison, do The Doors, a heroína que causa sua morte em 3 de julho.

Nove dias depois, Talitha Getty é encontrada inconsciente na cobertura de seu marido na Via Delia Ara Coeli, em Roma. Ela tem 31 anos de idade e morre três dias depois, sem jamais recobrar a consciência. Embora a causa de sua morte tenha sido declarada como resultado de uma intoxicação por barbitúricos e álcool, revela-se posteriormente que ela morreu devido a uma overdose de heroína. Um mês depois, morre De Breteuil, ao que parece pelo mesmo motivo.

Em julho, Ginger Cooper, nascida Felicity Meredith-Owens mas apelidada de "Ginger" por seus cabelos ruivos, que vive com o fotógrafo Michael Cooper embora não sejam casados, suicida-se, aparentemente durante o programa de desintoxicação na Bowden House. Não muito depois, Michael Cooper visita Keith e Anita em Nellcote. Embora esteja bronzeado e com a aparência saudável, suas mãos tremem e ele bebe metadona líquida a todo momento direto de um frasco. "Nossa", diz-lhe Anita, "você parece bem saudável por fora mas deve estar apodrecendo por dentro."

Oito meses mais tarde, Michael Cooper, que, como escreveria seu filho Adam, já tinha se "livrado das drogas pesadas" e estava "tentando ajeitar sua vida", tem uma overdose de Mandrax, acompanhada por uma garrafa de uísque, acabando assim com a própria vida. Segundo Tony Espanhol, Keith e Anita ficam "muito chateados". Com relação ao suicídio do pai, Adam Cooper escreveu: "Muitas vezes me perguntaram por que ele fez aquilo. A resposta que dou, e na qual de fato acredito, é que foi um acúmulo de muitos fatores. A entusiástica década de 1960 havia terminado e os sonhos e expressões iniciais da juventude não tinham se materializado. A matança no Vietnã continuava a todo vapor, tornando-se cada vez pior, os Stones haviam partido para o exílio, e Michael, sensível como era, foi derrubado por tudo aquilo. É muito triste, pois estou convencido de que, se ele tivesse resistido, estaria realizando algo de grande criatividade e importância hoje em dia."

Ainda que as pessoas estejam morrendo a torto e a direito, ninguém parece captar a mensagem. "É, lembro da morte de Jim Morrison naquele verão", diria Andy Johns mais adiante. "Mas quando você está usando a coisa, nem se liga. Acho que ninguém chegou a pensar no assunto. Também tinha a história de que essa é uma parte do preço que você paga. Durante aqueles anos, morreram muitas e muitas pessoas. Era um negócio do tipo, 'Ah, que pena'."

Em Nellcote, Keith e Anita se picam sem parar. Segundo Tony, eles obtêm o suprimento regular de heroína com os corsos, e além disso estão comprando dos "caubóis", de quem Jerry Pompili se recorda como "uns rapazes locais de Villefranche que ficaram amigos do Keith porque a gente costumava passar noites no Albert's, um restaurante, hotel e também bordel, acho, que ficava bem no porto. Um pessoal jovem, de vinte e poucos anos. Eram entre quatro e oito deles, nunca consegui saber ao certo. Para mim, eram mais uns ladrões de galinha que qualquer outra coisa. Trapaceiros que vendiam mulheres, contrabandos, cigarros, o que fosse".

"Fui eu quem os encontrou e os empregou", relembra Tommy Weber. "Eu era o intermediário entre Keith e Anita e o bando. Eram só uns rapazes de lá que andavam por perto feito fãs. Pensamos que seriam úteis, por isso se tornaram auxiliares de jardinagem e cozinha, só para que se sentissem importantes, obedecessem ordens e ficassem sob controle. E eram as nossas mulas em Marselha, pois sabiam dessas coisas. Dava para ver que, se você encrencasse com eles, poderiam trazer problemas. E foi o que aconteceu quando saí de Nellcote, pelo menos foi o que me contaram. Era isso que Keith e Anita viam como parte do meu valor lá dentro. Eu conhecia a costa como a palma da minha mão. Eu tinha morado ali a vida toda, e conseqüentemente sabia do perigo que esses bandidos corsos podiam representar."

Embora os caubóis agora estejam assentados em Nellcote, o volume de drogas utilizado todos os dias na casa continua a crescer com tanta rapidez que a demanda logo supera a oferta. Depois de ter mandado Tony Espanhol de volta a Londres para escapar do julgamento pela pancadaria em Beaulieu, Keith lhe pede que "mande um pouco das coisas que estão escondidas em Cheyne Walk". Pela primeira vez, Tony está "de fato assustado. Na Europa, o tráfico internacional de drogas é encarado de maneira um pouquinho mais séria do que o assassinato em massa, e eu não tinha nenhuma intenção de passar o resto da vida apodrecendo em uma prisão francesa".

Depois de passar vários dias "pensando sobre a melhor maneira de lidar com a tarefa", Tony decide ir às compras na Hamley's, a maior loja de brinquedos de Londres, na Regent Street. Dentro de um pianinho de brinquedo, ele esconde 30g de cocaína. Sem dizer nada ao motorista, enfia o pianinho em um caminhão que se dirige a Nellcote levando discos, tapetes e móveis. Quando o caminhão chega, Keith telefona para Tony às três da manhã para saber por que ele não enviou a encomenda. Fica então sabendo que para encontrar o que procura basta que desmonte o teclado do pianinho. Keith estraçalha o pianinho e encontra o que deseja.

E para confirmar que, no que diz respeito ao transporte de substâncias ilegais por fronteiras internacionais, não há limites para os elaborados esquemas que a mente humana é capaz de conceber, um amigo próximo dos Stones, ao viajar para Londres, certo dia dá um pulo em Nellcote para se despedir de Keith, que lhe pergunta se não poderia trazer um pouco de erva quando voltasse. "Eu perguntei: 'Você está doido?'", recorda o amigo. "E ele falou: 'Não, não, não. Tem um jeito perfeito de fazer a coisa.' Ele me falou para ir à Harrod's e comprar uma caixa de chocolates de um quilo. Depois volte para casa, retire o celofane e a abra com cuidado. São duas camadas. Tire a de cima e jogue fora a de baixo, coloque algo entre 100 e 300 gramas de maconha no fundo. Depois, pegue várias moedas de um centavo e acerte o peso com elas. Então, remonte tudo cuidadosamente, cole o celofane, leve a nota fiscal à Harrod's e peça-lhes que embalem tudo para presente, com um belo cartão. E assim, atravessei a aduana com a caixa debaixo do braço. Era uma caixa de chocolates da Harrod's, embalada para presente. Eles nunca pensariam em abrir uma coisa dessas."

Levando-se em consideração a quantidade de drogas usada em Nellcote, o fato de que durante a primeira metade de julho não se progrida muito na gravação do disco não chega a ser uma surpresa. Como escreveria Bill Wyman, "Durante duas semanas, gravamos sessões de improviso, e a maior parte das noites foi chata e maçante. Gravar no porão de Keith não era uma garantia de que ele estaria presente. Ele às vezes nem aparecia lá embaixo".

E mesmo quando desce, Keith muitas vezes só aparece por um momento para explicar que precisa subir ao segundo andar, onde ninguém ousa segui-lo, e colocar Marlon para dormir. "Nem mesmo Mick subia lá", conta Andy Johns. "Ironicamente, era como se o inferno ficasse lá em cima." O que torna toda a situação ainda mais frustrante é o fato de que, todos os dias, Keith pode ser visto na sala de estar, na cozinha ou na varanda dos fundos até as seis ou sete da tarde tocando guitarra sozinho.

"Só um *riff*, que repetia muitas e muitas vezes", relembra Johns. "Depois ele desaparecia. Keith adorava tocar, mas não quando a fita estava rodando. Ele se mandava, e se você conseguisse que todos eles plugassem os instrumentos e tentassem fazer alguma coisa, aquilo durava uma hora e meia, duas horas, e aí ele dizia que precisva colocar Marlon para dormir, o que significava que ele iria subir para o segundo andar e se picar. É claro que ele apagava na cama. Ficávamos todos sentados ali até duas, três da manhã. E todo mundo tinha muito medo de subir lá."

Rose Taylor, que freqüentemente passa a noite em Nellcote, esperando que Mick Taylor termine a gravação para depois levá-lo de volta para casa, recorda: "Marlon adormecia e Keith o carregava até a cama. E depois você não o via por horas. Era muito discreto. Nunca vi Keith fazer nada além de beber Jack Daniel's e fumar uns baseados. Eu não fazia idéia. Precisava ser desse jeito por causa da polícia. Imagino que fossem gênios do disfarce. Discrição com 'D' maiúsculo. E tinha que ser desse jeito, pois aquilo, no final das contas, iria acabar com todos eles."

Depois de agüentar a situação o máximo que pôde, certa noite Andy Johns por fim toma uma atitude e diz: "Olha só, um de nós tem que subir lá e acordar esse babaca." Johns, Jimmy Miller e Mick Jagger se vêem então ao pé da escada de Nellcote. "Estávamos tremendo, quase sorteando no palitinho para ver quem subiria. Mick falou: 'Não subo nem a pau.' Respondi: 'É, nem eu.' Então sobrou para o coitado do Jimmy. 'Ah, tudo bem.' E ele subiu lá. Keith tinha chapado, e ainda estava com a agulha presa no braço. Ou seja, era isso que estava acontecendo."

Como escreveria Bill Wyman, "Keith caía fora o tempo todo e, para se vingar, Mick também não aparecia em algumas noites. Os principais espectadores dessas brincadeiras éramos eu, Charlie e Mick T. Stu também estava frustrado, seu aniversário de 33 anos, em 17 de julho, foi provavelmente um dos menos divertido de sua vida".

O que nos leva de volta, mais uma vez, à trama central desta peça, a história de como Mick e Keith lutam contra todas as possibilidades, contra praticamente todas as drogas ilícitas já descobertas e um contra o outro para começarem a trabalhar no novo álbum. Tudo bem, o casamento de Mick, e seu desaparecimento para aproveitar a lua-de-mel com Bianca, não fez nada para auxiliar o processo. Porém, mesmo após retornar, Mick ainda parece um intruso. De vez em quando, com um olhar meio perdido, ele surge em Nellcote durante a tarde, senta-se ao piano e faz o melhor que pode para envolver Keith na composição de novas músicas. Sem nenhum sucesso.

Como em todas as outras coisas, Mick e Keith abordam a arte da composição a partir de extremos opostos. Mick, encarnando o empresário bem-sucedido que poderia ter sido, senta-se com papel e caneta durante o dia para planejar o que os Stones gravarão à noite no estúdio. A coisa não funciona assim com Keith. Como ele contaria a Michael Watts, do *Melody Maker*, após a conclusão do álbum, "Não consigo ficar muito tempo pensando numa música. Gosto de ir até o estúdio e escrevê-la ali. Mick, porém, gosta de ter tudo preparado e ensaiado antes de entrar no estúdio. Essa é a diferença básica entre nós. Fico entediado antes".

Sensíveis ao extremo, embora completamente indiferentes um ao outro, Mick e Keith iniciam um interminável jogo de gato e rato em que o objetivo final parece ser deixar o outro o mais irritado possível. "Mick estava no porão", conta Anita a John Perry, "e Keith não descia lá. Keith gosta de dificultar as coisas para Mick." Como todo mundo sabe, quem com ferro fere, com ferro será ferido. Assim, se Keith dificulta as coisas para Mick, recebe o mesmo em troca. Como observa June Shelley, "A pressão não estava tanto em concluir o disco, mas no fato de que Mick não se apresentava quando precisavam dele".

Em defesa de Mick, podemos dizer que ele também tem questões particulares com as quais lidar, como os rigores da vida de casado. Certo dia, Mick resolve comprar uma moto. June Shelley encontra uma Suzuki, mas como Mick terá que esperar três dias até recebê-la, decide sair e comprar uma por conta própria. Ansioso como um garotinho para testar seu novo brinquedo, volta para a casa encantadora que divide com Bianca em Biot e fica sabendo que sua mulher, que está grávida e não se sente muito bem, subiu para descansar no segundo andar. Assim, Mick pergunta a Nathalie Delon, que está hospedada com eles na época, se ela não quer subir na moto para dar uma volta. Os dois partem pelas estradinhas da Riviera Francesa para visitar Bill Wyman em Grasse.

Quando Bianca acorda, desce a escada e pergunta: "Cadê Mick? E Nathalie?" Passa-se um longo momento até que alguém responde: "Ela foi com Mick." Bianca então diz: "Ah, é?" Vira-se, sobe as escadas, faz uma mala e diz a Alan Dunn, auxiliar de Mick. "Quero ir para o aeroporto agora mesmo." Obediente, Dunn a leva ao aeroporto de Nice, onde compram uma passagem para Paris, mas ela acaba perdendo o vôo, provavelmente de propósito. Antes de sair da casa em Biot, Bianca tinha dito à criada para onde ia, de modo que a mensagem chegasse aos ouvidos de Mick.

Depois de comprar outra passagem para Paris no vôo seguinte, Bianca se senta atrás de uma coluna no último andar, de onde poderá ver Mick quando ele chegar ao aeroporto. Quando Mick retorna de seu passeio completamente inocente com Nathalie Delon pelo interior francês, a criada conta que sua mulher foi para o aeroporto. Ele, é claro, vai até lá. Quando chega, os dois fazem uma certa cena e Bianca decide não embarcar no avião. Como explica June Shelley, "A barriga de Bianca estava começando a aparecer e ela não se sentia muito bem; além disso, fazia muito calor e Mick havia tido a ousadia de sair com outra mulher. A questão era o controle. Não que ela suspeitasse de alguma coisa. Além disso, Nathalie era amiga dela. Portanto, não deveria ter feito uma coisa dessas, dar a primeira volta na motocicleta nova de Mick..."

Em determinado momento, alguém propõe que os Stones fiquem todos hospedados em Nellcote para que consigam trabalhar de verdade. Como Mick Taylor nunca aprendeu a dirigir, Rose leva muito tempo para levá-lo até Nellcote e depois de volta para casa, às quatro da manhã. Bill e Charlie também vivem a uma boa distância de Nellcote. Assim, a idéia parece fazer sentido para todos eles. Segundo Tony Espanhol, Bianca, que se recusa terminantemente a se aproximar de Nellcote, declara: "Eu não quero ver aquela vaca da Anita nunca mais. Vou ficar em Paris, e você pode fazer o que bem entender." E assim parte mais uma vez para o aeroporto de Nice. Desta vez, não perde o vôo.

Mick se põe então a viajar entre Paris e Nellcote, voando para o sul da França para gravar e voltando à Cidade Luz para ficar com Bianca. "Era um esquema ridículo", escreveria Tony Espanhol. "Keith parecia nem perceber." Os Stones, porém, gastam muito tempo na casa, o que faz com que as contas das despesas em que incorrem enquanto gravam ali comecem a ser cobradas por seu próprio escritório.

Depois que Mick passa três dias consecutivos em Nellcote, ligando todas as noites para Bianca em Paris, ela lhe diz que volte naquele instante, ou que então nem precisa se preocupar em voltar. Mick lhe fala que será só mais um dia, no máximo dois, e ela bate o telefone. Quando ele tenta telefonar de novo, Bianca não atende. Cinco dias mais tarde, Mick viaja a Paris mas não a encontra. Ela depois volta à suíte que eles dividiam no L'Hotel, o hotel preferido de Oscar Wilde na Rive Gauche. Deitado ali em 30 de novembro de 1900, Wilde afirmou: "Se não sair o papel de parede, saio eu."

Embora a decoração não influa na decisão do casal, Mick e Bianca deixam o L'Hotel no final de julho e voam para Londres, onde Mick anuncia que estão esperando um filho para setembro. Partem então para Dublin, onde passam as férias de verão com a família Guinness. Como escreveria Bill Wyman, "Isso atrasou ainda mais as nossas gravações. Marshall Chess me disse que, depois de conversar com Charlie, Mick Taylor e Keith, ficou com a sensação de que as coisas iam muito devagar. Ele estava bastante preocupado com isso".

E tinha motivos para tanto. Com Keith em um lugar e Mick em outro, o porão de Nellcote está meio parado. Pode-se dizer que chegamos a um impasse. Um beco sem saída. Agora que nossos dois personagens principais não se encontram nem sequer no mesmo país, as gravações estão interrompidas, o que permite que voltemos nossa atenção para a festa de arromba em Nellcote, que agora parece estar crescendo em progressão geométrica.

11 | Ah, o calor escaldante do sul da França. Enquanto um caldeirão envolve Nellcote, praticamente impossibilitando qualquer outra ação além de refletir sobre o melhor momento para mergulhar no mar refrescante, a tensão entre Mick e Keith cresce a cada instante, sem jamais se transformar no tipo de tempestade violenta que poderia limpar o ambiente e permitir que o trabalho no álbum recomece. Quando Mick volta das férias, descobre que há dois novos hóspedes em Nellcote, o brilhante cantor e compositor Gram Parsons e sua jovem mulher, Gretchen. Os dois se vêem no fogo cruzado quase de imediato.

Gram Parsons morreria por uma overdose de heroína em um hotel de beira de estrada em Joshua Tree, na Califórnia, no dia 19 de setembro de 1973, apenas dois meses antes de completar 27 anos; trinta e três anos depois, ele seria considerado pela revista *Rolling Stone* como o 87º entre os 100 maiores artistas da música popular de todos os tempos. Precedido imediatamente por Tupac Shakur e seguido por Miles Davis, a posição de Parsons como um dos imortais do rock é ratificada por ninguém menos do que seu velho amigo Keith, que escreve: "Tanto quanto eu conheço o blues, Gram Parsons conhecia a música country. Cada nuance, cada uma das grandes canções country já escritas. E ele conseguia expressar tudo aquilo nas músicas que compunha. E também era inteligente e honesto. Gosto de estar com pessoas como ele. Além disso, adorava ficar chapado. Naquela época, isso era um algo a mais."

Quando Gram Parsons se hospeda em Nellcote no final de julho, está tão alucinado que às vezes é difícil entender como é possível que alguém consiga se comunicar com ele, a menos que seja tocando alguma música enquanto ele canta. Jo Bergman, que nunca foi de julgar de maneira muito crítica as pessoas que andavam com os Stones, diria mais tarde que Parsons estava "destruído em termos físicos e totalmente pirado".

Gram Parsons era um ex-Byrd (tendo deixado o grupo antes da turnê pela África do Sul porque Keith lhe disse: "Cara, a gente não vai lá.") e ex-Burrito Brother, tendo começado a andar com os Stones ao conhecê-los na casa de Stephen Stills, em Laurel Canyon, pouco após a turnê norte-americana dos Stones em 1969. Sua ligação profunda e imediata com Keith, sem falar no tempo que passou em Redlands ensinando-lhe as sutilezas da música country, resultou no lançamento de uma versão de "Wild Horses", de Mick e Keith, pelos Flying Burrito Brothers, antes mesmo que os Stones chegassem a tocar a música em público.

Como Parsons literalmente implorou que Keith lhe colocasse na turnê, e como Keith ainda bancou a viagem da banda de Parsons com dinheiro do próprio bolso, os Burritos tocaram durante meia hora em Altamont, antes que Crosby, Stills, Nash e Young subissem ao palco. Gram e Michelle Phillips, atriz e ex-integrante do The Mamas and The Papas, foram as duas últimas pessoas a receberem permissão para embarcar no helicóptero que retirou os Stones dali naquela noite. Portanto, ele tinha uma história ao lado da banda.

Na turnê inglesa que precedeu a mudança para Nellcote, Gram e Gretchen Parsons eram parte essencial do grupo de viagens perfeitamente auto-suficiente de Keith e Anita. Ao contrário de Keith, que conseguia ingerir uma variedade impressionante de substâncias sem perder o controle, Gram Parsons parecia tão pirado em um show que alguém recebeu a tarefa de encaminhá-lo até o palco para que pudesse assistir aos Stones. Perdendo-se rapidamente, ele e seu guia subiram intermináveis lances de escada até chegarem a uma porta; quando a abriram, viram-se sobre o balcão do cinema vizinho, onde uma tela gigantesca passava o filme *Myra Breckinridge* para uma sala vazia. Por mais surreal que a experiência possa ter sido, havia muito tempo Gram Parsons já estava acostumado a se perder. Da mesma forma que Blanche Dubois, ele muitas vezes dependia da bondade de estranhos que julgava serem seus amigos.

Ainda assim, quando estava lúcido, era capaz de encantar qualquer um. Nessa mesma turnê, sentou-se ao lado de Charlie Watts no café-da-manhã e contou-lhe sobre a noite fatídica em que Bobby Keys se viu tocando em uma das sessões de gravação de Yoko Ono. "As pessoas estavam cheirando Excedrin e pulando pelas paredes", contou Parsons. "Ela puxou o Bobby para um canto e disse: 'Imagine que tem um vento frio soprando e você é um sapo solitário.' Ele simplesmente baixou o saxofone e passou a tocar marimbas e pandeiro. 'Moça', falou Bobby com sotaque texano, 'você enxerga as coisas por um ângulo esquisito.' E então Parsons acrescentou: "É. Também, com aqueles olhos..." Rindo de maneira comedida, Charlie Watts comentou: "Fantástico, Gram. Fantástico."

E era assim que quase todos os que andavam com os Stones se sentiam em relação a Gram Parsons antes que ele fosse se hospedar em Nellcote. Acima de tudo, era um homem amável. Ao contrário de tantos outros que freqüentavam o meio do rock na época, ele não parecia ter um pingo de maldade na cabeça. E o talento dele era inegável. Marshall Chess, certamente a pedido de Keith, estava fazendo o melhor que podia para desemaranhar todos os contratos que Parsons tinha assinado durante seu surgimento meteórico, quando saiu da International Submarine Band para os Byrds e depois para os Flying Burrito Brothers. Quando Gram Parsons estivesse livre de seus antigos laços jurídicos, assinaria um contrato com a Rolling Stones Records. E então Keith produziria seu álbum. Ao menos é o que Parsons dizia a todo mundo com muito orgulho.

Musicalmente, os dois tinham sido feitos um para o outro. Eram uma versão psicodélica de Don e Phil, os Everly Brothers. Em Nellcote, eram vistos toda hora tocando e cantando a plenos pulmões na sala de jantar ou no terraço. Mick às vezes se juntava a eles. Mas quando Gram Parsons estava por lá, Mick quase sempre ficava de fora. "Mick e Gram nunca se deram muito bem," contaria Keith, "principalmente porque os Stones tinham um lance muito tribal. Mesmo assim, Mick sempre ouvia o que Gram estava fazendo. Mick tem ouvido. E às vezes, quando estávamos fazendo *Exile on Main St.* na França, ficávamos os três tocando músicas de Hank Williams enquanto esperávamos que o resto da banda chegasse."

Embora tenham existido muitos rumores de que Gram Parsons fizera participações em muitas faixas de *Exile on Main St.*, cantando a harmonia em segundo plano nas gravações dos Stones no porão, Anita diria mais tarde: "Acho que Gram nunca desceu lá." Confirmando esta afirmação, Andy Johns relembra: "Eu não via muito Gram Parsons. Ele não se metia." Certa noite, quando Johns estava com algumas pessoas na cozinha do porão gravando a segunda voz, Gram começou a gritar: "Não consigo ouvir porra nenhuma com este fone, cara." Verificando o problema, Johns descobriu que Gram "não estava com os fones. Ele tinha apanhado o pedal de um amplificador Vox e o apoiava na orelha. Então falei: 'Isso talvez explique o problema'".

Mick sem dúvida ficava muito irritado ao ver que Keith adorava se sentar ao lado de Gram Parsons, tocando e cantando durante horas, mas depois não aparecia quando os Stones estavam prontos para gravar. Além disso, havia o modo como cada um deles compunha suas músicas. "Como compositor," contaria Keith, "Gram trabalhava de um jeito muito parecido com o meu. Fazer alguns acordes, começar a tocar e ver até onde vai. Em vez de ficar sentado com um papel e uma caneta tentando encaixar tudo direitinho." Exatamente o que Mick gostava de fazer.

"Eles têm maneiras diferentes de trabalhar", Anita diria tempos depois. "Mick gosta de registrar tudo; Keith capta o sentimento da coisa. Mick gosta de escrever 'brrrrrrm', e com Keith o que interessa é o som. Ele toca o que ouve e vai fazendo a música à medida que ela surge. Isso estava acontecendo bastante e Gram se via sempre no meio do fogo cruzado."

Ainda assim, como observou Keith, Mick de fato tem um bom ouvido e os Stones já eram notórios por pegarem trechos emprestados de quem quer que pudesse ajudá-los. Não por acaso "Torn and Frayed", a sétima faixa de *Exile on Main St.*, parece ser uma cópia descarada dos Burritos, com guitarra havaiana e tudo o mais. "Sweet Virginia", a faixa anterior, assim como "Wild Horses", também trazem a marca inconfundível da influência musical de Gram Parsons sobre os Stones.

Embora Gram Parsons não representasse uma ameaça direta a Mick e ainda que a presença dele fosse uma distração, Mick sentia-se vulnerável, o que fez com que atacasse rapidamente. Muito parecido com Donald Cammell, que Keith chamaria de "um cruel manipulador de pessoas", Mick gosta de mover peças humanas em seu tabuleiro de xadrez. Embora seu objetivo de curto prazo em geral seja o sexo, no fim das contas tudo se resume ao poder. Incapaz de se interpor entre Keith e Gram, Mick começa a tramar para cima de Gretchen.

Sem ter ainda completado 20 anos, Gretchen Burrell conheceu e se apaixonou por Gram Parsons em Los Angeles quando ela tinha 16 anos de idade e trabalhava como modelo, ainda freqüentando a escola em Newport Beach. Dois anos depois, atuou em *Garotas lindas aos montes*, dirigido por Roger Vadim. Quando ela posou nua na *Playboy* para promover o filme, Vadim disse à revista: "Gretchen

Burrell tem o corpo mais bonito do elenco; seus seios são perfeitos, como um feliz meio-termo entre Twiggy e Jane Russell."

"Os arredores de Nellcote eram lindos", contaria Gretchen Parsons à revista *Rolling Stone*, "mas a tensão era implacável. O clima era muito pesado." A princípio, Anita não foi muito com a cara dela. "Eu não tinha nenhuma simpatia por essas garotas californianas", relembraria Anita mais tarde. "Gretchen era um pouco resmungona, sempre repreendendo Gram por ser quem ele era. Essa foi a onda que eu senti." E também havia Mick, que, na opinião de Gretchen, estava sempre tentando irritar Gram aproximando-se dela. "Ele não me deixava em paz", contaria Gretchen ao escritor inglês Barney Hoskyns, especialista em rock. "Ele era meio dominador comigo, e acho que Gram ficava puto da vida com isso. Pelo visto, a coisa não era comigo. Estava óbvio demais."

Como sempre, Gram Parsons torna o problema ainda pior ao se comportar como seu pior inimigo. Permanecendo em Nellcote durante dois ou três dias em cada vez que ia até lá, usando cocaína e heroína ao lado de Keith, Parsons começa a desmaiar. Como Keith é o dono da casa e ele nunca gostou que ninguém, muito menos Mick, lhe dissesse quem ele poderia ou não manter ali, parece razoável presumirmos que Anita é quem afinal toca no assunto, dizendo a Keith que já está bastante cansada de ter Gram e Gretchen Parsons como hóspedes. Parsons talvez esteja consumindo excessivamente o estoque de heroína de Keith e Anita. O mais provável é que seja uma combinação de todos esses fatores. Está fumando a maconha toda, tombando por toda parte e, por mais que Keith adore tocar e cantar com ele, o tempo que passam juntos não está ajudando nem um pouco na produção do novo disco.

Keith telefona para Linda Lawrence, que na época mora na Irlanda com seu marido Donovan, que lhe escreveu a música "Legend of the Girl Child Linda". Aos 15 anos de idade, Linda Lawrence se apaixonou por Brian Jones e teve um filho com ele. No tempo em que viveu em Los Angeles, ela também namorou Gram Parsons. "Você poderia ficar um pouco com Gram?", pede-lhe Keith ao telefone. "Ele está pirado, precisa ter alguém por perto." Ela concorda mas os Stones nunca mais entram em contato com ela.

Alguém, provavelmente Keith, pede então a Jo Bergman que leve Gram Parsons ao aeroporto e o coloque no próximo avião para Londres. Antes de deixar Nellcote, Parsons pergunta a Michael Cooper se, quando voltar para a Inglaterra, não poderia ficar hospedado na casa dele em Holland Park com Gretchen. Cooper diz que sim, mas em seguida liga para seu assistente, Perry Richardson, instruindo-o a dizer a Parsons, quando este for buscar as chaves, que estas foram perdidas. Segundo Gretchen Parsons, Gram fica tão magoado por ser botado na rua que tenta se matar com uma overdose no banheiro.

Para os que não estavam ali, pode não parecer um bom motivo para que alguém se suicide. Mas ser demitido e exilado do setor dos Stones no paraíso do rock 'n' roll pode ser de fato muito cruel. De uma hora para outra, sua credencial para entrar no ambiente mais hippie do planeta foi revogada. Não fazendo mais parte do seleto grupo de escolhidos, você agora precisa pensar na própria sobrevivência. Deixe de lado o fato de que você já foi um Byrd e depois um dos fundadores dos Flying Burrito Brothers. Esqueça o que Keith dirá mais tarde a seu respeito ("Não há muitas pessoas cuja cara você não se importa em ver logo depois de acordar — durante semanas — e que são sempre um prazer de ter por perto").

Mas Gram Parsons nunca foi um Rolling Stone. Portanto, quando a coisa aperta, é ele quem precisa ir embora. O plano de que Gram Parsons assine contrato com a Rolling Stones Records e de que Keith produza seu primeiro álbum solo jamais chega a se concretizar. Por mais que Keith tenha sofrido com a ausência de seu amigo, depois que Gram Parsons é convidado a se retirar de Nellcote, os dois jamais voltam a se encontrar.

Naquele verão em Nellcote, descalço, com jaqueta jeans, óculos de motoqueiro e bermuda, Gram Parsons era o Príncipe da Dinamarca do rock 'n' roll. Era o jovem Hamlet, destinado a sofrer as flechadas da trágica fortuna, mas chapado demais para se armar contra um mar de calamidades, escolhendo, ao contrário, mover-se de maneira silenciosa e inexorável rumo ao sono interminável da morte. Era o Romeu de jeans, banido de Verona para nunca mais vislumbrar a beleza da jovem Julieta. Como escreveu Shakespeare, "Ser banido daqui é ser banido do mundo, e ser banido do mundo é a morte. O desterro é outro nome para a morte: assim, dando à morte esse nome, cortam-me a cabeça com machado de ouro, zombando do golpe que me tira a vida!"

E assim foi para Gram Parsons naquele verão em Nellcote.

12

Ao contrário de Gram Parsons, Mick Taylor é, para o bem ou para o mal, um Rolling Stone. Mesmo que quisesse sair de Nellcote, não o deixariam. Mick Taylor é um deles. Como tal, tem que pagar seus tributos. Precisa passar no teste no qual nem mesmo Brian Jones, que fundou os Rolling Stones mas depois perdeu sua banda para Mick, a mulher que amava para Keith e a seguir a própria vida, conseguiu ser aprovado. De maneira bastante semelhante a Brian, Mick Taylor em breve perceberá que não conseguirá sobreviver ao contato próximo e constante com Mick Jagger e Keith Richards.

Em uma entrevista com Barbara Charone em 1976, Keith se referiu a Mick Taylor como uma pessoa "fria e antipática" que "não era particularmente boa para o grupo". Embora essa avaliação pudesse estar correta, ainda mais por se tratar de um Rolling Stone, ninguém parecia pensar isso de Mick Taylor naquele verão em Nellcote. O modo como ele havia tocado em "Can't You Hear Me Knocking?" e "Moonlight Mile" (uma faixa na qual a guitarra de Keith mal pode ser ouvida), de *Sticky Fingers*, deu à sonoridade dos Stones uma dimensão inteiramente nova. Embora possa ser verdade, como Keith também disse a Charone, que Mick Taylor era um "guitarrista solo, o que destruiu por completo o conceito dos Stones", Taylor sempre pareceu satisfeito em tocar qualquer parte que lhe dessem.

Na turnê norte-americana de 1972, quando Mick Taylor e Keith Richards se sentaram no palco lado a lado em banquinhos de madeira, com violões nas mãos, enquanto Mick cantava "Sweet Virginia" e "Love in Vain", de Robert Johnson, Mick Taylor era quem parecia ser o guitarrista mais puro e autêntico que a Inglaterra já havia produzido. "Ele deve ter ficado aterrorizado", diria Andy Johns. "Porque ele era um pouco assim. Ansioso. E se você se lembrar das turnês, quando era a vez dele solar, ele ficava só fitando o chão. Lembro de quando fizemos uma versão de 'Love in Vain' para um filme e aquele *desgraçado* tocou de um jeito incrível. Ficou incrível. Nunca vi ninguém tocar daquele jeito. Nunca mesmo. Sou um privilegiado por ter convivido com esse cara." Mas, como também lembrou Johns, "Ele nunca foi realmente considerado um integrante do grupo, eu diria. O engraçado é que quando leio entrevistas atuais com Mick ou Keith, eles dizem que não entendem por que ele saiu da banda".

Em todas as bandas sempre há um integrante, em geral o mais novo ou mais frágil, que é designado para o papel de bode expiatório. Nos Beatles era George. No Cream, Eric Clapton. Em virtude de sua idade, apenas 23 anos, de sua personalidade quieta, com sua fala mansa e seus belos traços femininos — cabelo louro e crespo emoldurando o rosto delicado, de ossos finos, como o de um anjo pré-rafaelita —, Mick Taylor é forçado a representar esse papel nos Rolling Stones durante aquele verão no sul da França.

Por ser o último dos convidados para a festa, Taylor está em desvantagem. Ao contrário de Brian Jones, que era o mentor de Keith na guitarra e fazia o papel de irmão mais velho quando se sentavam juntos, tremendo de frio, no apartamento em Edith Grove tentando desesperadamente fazer com que as duas guitarras soassem como uma, Taylor é um guitarrista solo. Este é um papel que só surgiu depois que o Cream foi pela primeira vez aos Estados Unidos para tocar no Fillmore, em San Francisco. Ao descobrirem que precisavam de material suficiente para encher dois repertórios por noite, liberaram Eric Clapton para fazer solos mais longos do que a maior parte das músicas que ele havia gravado com sua banda anterior, os Yardbirds. O fato de que Keith possa ter se sentido, como também relembra Andy Johns, "só um pouquinho enciumado" com o modo de tocar de Taylor também entra na mistura.

No rock 'n' roll daquela época, todas as credenciais eram pessoais. O modo como você vivia importava tanto quanto a qualidade de sua música. No *entourage* dos Stones naquele verão, ninguém ilustrava esse fato melhor do que Bobby Keys, o saxofonista de cara redonda que tocava com o jeito gritado e choroso de King Curtis e Plas Johnson, dos tempos em que o sax, e não a guitarra, era o principal instrumento do rhythm-and-blues.

Nascido no mesmo dia que Keith, Bobby Keys chegou a gravar com o grande Buddy Holly na rádio K-Triple L, em Lubbock, no Texas. Ele se apresentou no primeiro show de Alan Freed no teatro Brooklyn Paramount, e, ao lado de Bobby Vee, abriu um show dos Stones na Texas State Fair durante a primeira turnê da banda nos Estados Unidos, em 1964. Keys, que tinha 29 anos naquele verão, parecia não ter absolutamente nenhuma intenção de chegar aos 30. Embora fosse casado com outra mulher, passou a maior parte do verão vivendo com a atriz Nathalie Delon em um, nas palavras de June Shelley, "apartamento com mobílias engraçadas" que não ficava muito longe de Nellcote.

Certo dia, às 11 da manhã, Mick, Bianca e Jo Bergman surgem na casa. Quando vão cumprimentar os presentes, encontram Bobby

Keys e Nathalie Delon comendo batatas assadas com caviar e tomando Dom Perignon. Segundo Shelley, Mick olha para os dois como se estivessem completamente loucos e fala: “Nem mesmo um Rolling Stone faria isso.” Bobby oferece uma taça a Mick, que responde: “Vou tomar uma cerveja.” O credo de Bobby Keys era: viva rápido, morra jovem e deixe um belo legado. Como fazia tudo em excesso, Keys era uma pessoa de quem Mick e Keith poderiam gostar, ainda que nem sempre o compreendessem.

No frescor da tarde, depois que todos em Nellcote já tinham feito a sesta, Bobby e Anita às vezes saíam juntos para fazer um reconhecimento da costa, em busca de algum lugar valioso que pudessem saquear. Não chegaram de fato a arrombar e invadir qualquer casa. Em Nellcote, o que contava era sempre a idéia. Sem falar no quanto você estava realmente disposto a se arriscar. Nesse ponto, como em muitos outros, Mick Taylor era bastante diferente.

Filho de um operário, Taylor cresceu em Hatfield, uma cidade industrial criada em grande parte pela DeHavilland Aircraft Company em 1948, o ano em que ele nasceu. Com 16 anos de idade, foi convidado por John Mayall, um dos fundadores do blues inglês, para entrar em sua lendária banda, os Bluesbreakers. Substituindo Peter Green, que por sua vez tinha substituído Eric Clapton, Taylor passou os quatro anos seguintes viajando em turnês com Mayall, até decidir largar a banda. Em junho de 1969, Mick Jagger pediu a Taylor que substituísse Brian Jones nos Rolling Stones.

O que quase ninguém sabia na época era que o próprio Taylor tinha sérias dúvidas sobre essa decisão. “Ele poderia ter feito outras coisas”, diria Rose Taylor 35 anos depois. “Poderia ter se juntado a Paul Butterfield. Ou ter feito um tipo de música que lhe interessava mais do que o rock ’n’ roll. Poderia ter tocado blues, jazz. Ele estava fazendo aulas de violão clássico. Se tivesse feito algo em que fosse o chefe, teria sido melhor para ele. É claro que todos disseram: ‘Ei, você tem que pegar esse trabalho. É demais.' Durante todo o tempo que ele esteve lá, nunca achou que fosse maravilhoso. Nunca."

Em parte, isso se deve ao fato de que, tanto por seu temperamento como por sua personalidade, Mick Taylor não é o tipo de cara adequado para representar o papel de auxiliar de Keith Richards nos Stones. Ao contrário de Ronnie Wood, que assumirá seu lugar na banda, Mick Taylor não é um roqueiro. Não, ele é uma alma solitária que cuida da própria vida. Não por acaso ele parece tão confortável ao lado de Bill Wyman, que Mick e Keith sempre parecem tolerar, mas do qual não gostam tanto assim. Wyman e Taylor são completamente confiáveis. E quando estamos falando de Mick e Keith, isso nem sempre é uma virtude.

Rose Taylor, que conheceu os Stones durante as gravações de *Sticky Fingers* nos Olympic Studios, em Londres, relembra: "Eu não conseguia acreditar no quanto eram grosseiros entre eles próprios. Estava acostumada com bandas em que todos se davam bem e pareciam gostar uns dos outros. Eles não tinham a mesma camaradagem. Mick Taylor, Charlie e Bill pareciam estar ali o tempo todo. E estavam sempre esperando. Por Keith ou por Mick. Estavam sempre esperando que um dos dois surgisse."

Como diria Keith anos mais tarde referindo-se a Taylor, "Ele entrou numa época em que, se escolhesse qualquer outra banda, não teria sido forçado a sair da Inglaterra, forçado a viver coisas que lhe eram estranhas. Era desnecessário, por que ele não tinha ganhado nenhum dinheiro. De qualquer modo, estávamos sendo forçados a sair por causa dos impostos atrasados. Ele era mesmo a ovelha negra da banda. Não havia como ele se sentir parte daquela coisa toda, como o resto de nós".

"Eram só uns garotos crescidos", diria Anita a John Perry. "Gram estava em uma ponta, sabe? E Taylor na outra... coitado de Mick. Ele estava muito, humm, dividido, saca? Tudo aquilo era um grande pesadelo. Caramba, eram agressões em todos os níveis. Jagger perturbava Taylor constantemente, de todas as maneiras, lembro de vê-lo em lágrimas." Quando Perry disse ter ouvido rumores de que Jagger havia abordado Rose Taylor, Anita respondeu: "Abordar Taylor — Jagger é bissexual, você sabe —, era só para dificultar as coisas o máximo possível para ele. Certamente não era fácil para o coitado [de Mick Taylor]. Às vezes ele ficava apavorado demais para descer ao porão, ficava deitado na cama tentando se acalmar, escondido debaixo dos travesseiros!"

À medida que o verão vai passando e os pavios no porão ficam mais curtos, Taylor muitas vezes se vê criticado por Keith. "Lembro de ver Keith humilhando Mick na frente das pessoas lá no sul da França", recordaria Andy Johns. "'Olha só', falou Keith, 'não toque nesta aqui. Você toca muito alto. Você é ótimo ao vivo, mas no estúdio você simplesmente não consegue.' O que não tinha nada a ver. Mick Taylor era sempre fabuloso. Um dos melhores músicos que já vi. Dos melhores entre os melhores. Eu ficava vidrado em cada nota que ele tocava. Um som bonito, e a entonação que ele tinha... Quando tocava com o slide, era demais. Incrível. Nunca vi ninguém tocar com o senso de melodia que ele tinha. Nunca."

"Eu adorava o jogo entre Keith e Mick Taylor", diria Marshall Chess, "porque Mick era muito melódico e Keith era muito rítmico. Mas Keith estava tornando as coisas difíceis para o Mick. Foi um dos motivos pelos quais ele saiu. Faz parte da personalidade de Keith. Mick Taylor estava tocando coisas que ele não conseguia tocar. Mick Taylor tinha uma condução muito feminina, muito bonita, melódica. Keith jamais conseguiria ter tocado a guitarra solo de 'Can't You Hear Me Knocking?', e Mick nunca conseguiria ter tocado aqueles ritmos pesados. Era isso o que fazia deles uma grande banda — os dois tinham estilos diferentes mas que se encaixavam."

Porém, como observa Marianne Faithfull em seu livro, Mick e Keith sempre precisam de alguém para funcionar como um anteparo, um mensageiro — uma função executada inicialmente pelo primeiro empresário da banda, Andrew Loog Oldham. "Ron Wood é perfeito para isso", escreveu Marianne. "Mick Taylor não servia tanto, e essa é uma função que ninguém deveria ter dado a Brian Jones."

Preso a uma situação que jamais teria escolhido para si, Mick Taylor continua a se apresentar todas as noites para as sessões nas quais nada é realizado. Levado ao desespero pela morosidade do trabalho, Taylor confessa a Charlie Watts por telefone que já perdeu a paciência. Expressando sua comiseração, Charlie lhe diz: "Você não é o único. Eu já tentei pular nesse rio, mas só tinha dez centímetros de profundidade."

"Não teríamos ficado juntos o tempo todo se eles estivessem gravando em Londres", lembra Rose Taylor. "Suponho que, de certa maneira, era como se estivéssemos em turnê no sul da França, mas sem irmos a lugar nenhum, e não parecia existir nenhuma escapatória. Se estivéssemos em casa, poderíamos ter visto outras pessoas e considerado a realidade dos fatos, uma vez que seria possível encontrar os amigos, a família e tudo o mais. Ali dentro, era um grupo muito fechado, isolado. Estávamos no exílio. De todas as maneiras."

Como Mick Taylor não dirige, Rose tem que ser sua motorista todas as noites, levando-o a Nellcote desde sua casa em Le Tignet e então esperando a noite toda para poder levá-lo de volta de madrugada. Enquanto ele sofre no porão, ela fica sentada escutando Anita. "Ela ficava me contando todas as intrigas", disse Rose mais tarde. "Ela me parecia piradinha, mas tinha seu encanto, sabe? Ficava me contando o que Keith estava fazendo com Stash e o que cada pessoa fazia, e que eles encontravam garotas por toda a casa. Eu achava que ela estava maluca. Acho que eu era a nova platéia dela. Talvez eu fosse a escolhida. Por sorte, não lembro de nada do que ela dizia."

"Mick e Rose Taylor", relembra uma outra pessoa próxima aos Stones, "eram carne fresca no pedaço. Eram vítimas prontas para serem usadas e abusadas. Mick era um camarada amável e Rose era muito inteligente e esperta, mas também estava tentando se encaixar naquela vida incrível, pois via que era a grande oportunidade de sua vida. Todos respeitavam Mick Taylor. Por ser tão lírico e por ter uma música tão bela, ele tinha conseguido, de alguma forma, manter a inocência."

A única faixa de *Exile on Main St.* na qual Mick Taylor recebe crédito como co-autor, em mais uma das feridas que levará à sua saída dos Stones, é "Ventilator Blues". Como lembraria Andy Johns, "Às vezes Mick Taylor parava porque estava desafinado e ia até um ventiladorzinho na janela, lá no alto, num canto. E não funcionava muito bem. Por isso, 'Ventilator Blues'. É uma das minhas músicas preferidas. É sobre o ventilador na janela".

Naquele porão abafado e úmido, onde um único ventilador não contribui em nada para diminuir o calor, Mick Taylor está tão aprisionado quanto todos os outros. Preso entre Mick e Keith, não consegue fazer nada além de se apresentar para gravar todas as noites, na esperança de que o álbum fique pronto logo para que os Stones possam começar a turnê pelos Estados Unidos. Até que isso aconteça, Mick Taylor não começará a ganhar o tipo de dinheiro que Mick e Keith já estão juntando há anos. Ao contrário de Gram Parsons, Mick Taylor é um Rolling Stone. Ele não tem para onde ir.

13

À noite no porão, enquanto grava um overdub de "Rocks Off", que irá se tornar a primeira faixa do disco, Keith cai no sono. Isso não é novidade. Como lembraria Andy Johns, "Keith costumava adormecer. Ele tocava a introdução e depois ficava em silêncio durante o primeiro verso, pois apagava e não acordava mais. E eu não podia parar a fita e falar, 'Acorda!', porque o sistema de comunicação estava enguiçado; se quisesse chamar a atenção deles, teria que descer correndo as escadas, sacudir os braços e berrar. Por isso, continuávamos sentados e a fita continuava rodando. Você sabia que a coisa estava melhorando se Keith viesse do porão para ouvir a gravação. Isso significava que estávamos evoluindo. Ele sabia o que queria, ao menos isso".

Ao retomar a consciência às três da manhã, Keith pede para escutar o que acabou de fazer, mas então cai no sono de novo. Decidindo que a noite está definitivamente acabada, Johns abandona o caminhão, entra no carro e volta para a casa onde vive com o trompetista Jim Price, a cerca de meia hora de Nellcote. Quando chega lá, o telefone toca. "Ei!", diz Keith, nem um pouco satisfeito por ter acordado sozinho no estúdio. "Cadê você, porra? Tive uma idéia para mais uma linha de guitarra." Johns então retorna a Nellcote, onde, às cinco da manhã, Keith começa a tocar uma frase rítmica, como diria Johns, "espetacular. Fez a música funcionar. Excelente. Como um contra-ritmo. Duas Telecasters, uma de cada lado do estéreo, absolutamente brilhante. Ainda bem que ele me chamou de volta".

Ainda assim, como não estão progredindo muito no porão, o tempo começa a pesar sobre todos. No rock 'n' roll, como em tudo o mais, mãos vazias também são a oficina do diabo. Em busca de algo melhor para fazer, Andy Johns e Jim Price, um experiente músico norte-americano que já esteve na estrada com Delaney & Bonnie e com Joe Cocker, além de ter gravado com George Harrison, decidem montar um cassino na casa de veraneio onde vivem. "Compramos uma grande roleta", lembra Johns, "e as pessoas iam até nossa casa e jogávamos até uma ou duas da manhã. Depois passávamos ao pôquer. Às vezes dados. E estávamos ganhando um bom dinheiro com os dados e a roleta. Keith veio uma vez mas não quis jogar. Acho que foi porque talvez perdesse, o que, naturalmente, teria sido um ato de lesa-majestade. Essa foi a vez em que ele me picou."

Johns, ainda com 21 anos de idade, já cheirou heroína algumas vezes, mas nunca injetou. "Durante aquele projeto", conta, "comecei a usar. Era fácil conseguir. Marselha era logo ali do lado, e por pouco dinheiro dava para pegar a branca chinesa, que era muito forte. Por isso comecei a usar esse negócio. Durante a maior parte do tempo o lugar era um tédio. A gente ficava ali parado sem ter o que fazer."

Na noite em que Keith visita Johns e Price no cassino improvisado que montaram, Johns vai para seu quarto "trocar de camisa ou fazer qualquer outra porcaria. Keith estava com uma agulha e uma colher, e eu tinha sido educado para pensar que aquilo era um comportamento muito inadequado. Mas eu já estava meio enveredando por este caminho. Então perguntei: 'O que você está fazendo?' Ele respondeu: 'Você não quer um pouco também?' Falei que tudo bem. E ele disse: 'Ih, esta agulha está ferrada. Não vai funcionar. Vamos até minha casa.' E assim entramos no carro dele e voltamos para Nellcote. Depois ele me levou para o andar de baixo e esquentou um negócio ali mas não injetou na veia. Só na pele. E falou: 'Agora você é um homem.' O que, pensando hoje, fez com que eu refletisse: 'Que atitude mais adolescente a dele.' E que atitude adolescente a minha, pois aceitei".

Johns volta então para o andar de cima e fica sentado no caminhão, até que Ian Stewart entra e pergunta: "Andy, que horas são? Andy, que horas são?" Tempos depois, Johns relembraria: "É claro que eu não conseguia ver. Eu estava olhando para o meu relógio e falando: 'São, ah, acho que devem ser... bom...' E Stu falou: 'Você tem andado com Keith, não é? Ih, rapaz, ele está ferrado. Vou contar a seu irmão.'" Glyn, o irmão mais velho de Andy Johns, que é um dos amigos mais próximos e antigos de Stu, foi o engenheiro de som da primeira fita demo dos Stones e é bem conhecido por ter uma visão bastante contrária às drogas, em particular em relação às mais pesadas. "Então eu pedi a ele que não contasse. Mas ele ficou enchendo o saco com aquilo por uns dez minutos. Eu falei: 'Stu, não, eu não fiz nada.' Eu simplesmente menti. Ele sabia. Eu não virei um viciado *per se* até algum tempo mais tarde. Na época em que fomos para a Jamaica gravar *Goat's Head Soup* eu já tinha entrado de cabeça na coisa."

Johns também lembra que o produtor dos Stones, Jimmy Miller, começou a usar heroína na mesma época. "Você usa um pouquinho na primeira vez e fica enjoado. Mas aí você tenta de novo", conta Johns. "É muito doido. Mas após um tempinho você realmente começa a gostar. E então você precisa tomar. E aí já é tarde demais. Depois que você passa da fase inicial, quando já está dentro e é um viciado, ela acorda você e lhe dá energia, de forma que você fica bem entusiasmado para fazer as coisas, pois se sente muito bem. Fiz alguns discos ótimos tomando heroína. Ela deixa você ligeiramente obsessivo. Você fica muito bem em relação a tudo, então o trabalho fica muito atraente."

Jimmy Miller logo se tornará mais uma vítima das drogas em Nellcote. Quase ao fim de "You Can All Join In", do Traffic, Dave Mason fala alegremente sobre como Jimmy Miller fazia "rock com muita facilidade". O trabalho brilhante de Miller na produção desse álbum foi o que chamou a atenção dos Stones. Sendo um baterista de soul que cresceu no meio do showbiz, Miller estava gravando com bandas de *black music* em Nova York quando Chris Blackwell, fundador da Island Records, escutou um *single* de George Clinton produzido por Miller e o levou para a Inglaterra.

A primeira música que Miller produziu para Blackwell foi "Gimme Some Lovin'", do Spencer Davis Group, cujo vocalista era Stevie Winwood, que tinha apenas 16 anos de idade. Miller então produziu "I'm a Man". Ele estava trabalhando com o Traffic no estúdio B dos Olympic Studios, em Londres, enquanto os Stones gravavam *Their*

Satanic Majesties no estúdio A. Depois que Mick e Keith ouviram uma gravação da faixa na qual Miller estava trabalhando, Mick lhe pediu que produzisse o próximo álbum dos Stones. Em uma sucessão bastante rápida, Miller produziu *Beggars Banquet*, *Let it Bleed* e *Sticky Fingers*, talvez os três melhores álbuns da banda.

"Jimmy era um cara muito engraçado", conta Andy Johns. "O momento mais brilhante dele com os Stones foi em *Beggars Banquet*, quando os trouxe de volta daquela época desastrosa do *Satanic Majesties*. Obviamente, eles sabiam que precisavam mudar, pois aquele disco era só uma brincadeira, pelo menos a maior parte dele. O negócio de Jimmy era que ele sabia tocar bateria e entendia os *grooves*. Eu estava por perto quando os Stones gravaram *Let it Bleed*. Eles entravam e tocavam algumas partes das músicas, e Jimmy ficava todo empolgado e os guiava, por assim dizer. 'Por que vocês não experimentam isto com aquilo?' Acho que era mais inspiração do que qualquer outra coisa. Porque dizer para os caras que notas tocar não ia rolar." Preparando o *groove* de tudo o que se segue, Jimmy Miller é quem começa "Honky Tonk Women", tocando um *cowbell*. Ele também toca bateria em "You Can't Always Get What You Want", uma faixa que parece bem melhor agora do que quando foi lançada.

Jimmy Miller chegou ao sul da França pelo aeroporto de Nice, de terno bege, camisa escura, gravata listrada com cores vibrantes e sapatos Oxford preto-e-branco. Tinha a expressão de quem não gostaria de estar em nenhum outro lugar do mundo. Trazia uma bolsa de couro preta extremamente descolada pendurada no ombro esquerdo e carregava uma pasta na mão direita. Com seu cabelo recém-cortado e um amplo sorriso no rosto largo, estava bastante parecido com Michael Palin, um dos astros de *Monty Python's Flying Circus*.

O entusiasmo de Miller não duraria muito. Como contou mais tarde a Caroline Boucher, da revista *Disc*, "Passaram sete semanas e ainda não tínhamos fechado a primeira faixa. Todas as noites eu perguntava: 'Alguém fez alguma música?' Tivemos muitos problemas com aquele álbum, foi o que menos me agradou. Eu teria ficado mais contente se fosse apenas um *single*. Acho que isso sempre acontece com os álbuns duplos. Mesmo assim, escolhíamos as músicas a partir de um material quase duas vezes maior".

"Quando começaram a trabalhar juntos," contaria Andy Johns a Steve Appleford, "Jimmy deu uma boa ajuda. Então, depois de um ou dois anos, passaram a usar Jimmy para o que queriam, aprenderam seus truques e começaram a deixá-lo um pouco de fora. Assim, quando fizeram *Exile on Main St.*, já não deram ouvidos a Jimmy como antes, o que o deixou chateado. Eles não foram rudes, porém o ignoravam um pouco mais do que Jimmy gostaria." Ainda assim, Miller deu suas contribuições musicais para o disco. Ele pode ser ouvido tocando bateria em "Happy", a décima faixa do álbum, e também ao fim de "Tumbling Dice", o primeiro *single* de *Exile on Main St.*

"Depois da virada de 'Tumbling Dice'", conta Johns, "Charlie estava tendo dificuldades, por isso Jimmy tocou. E eu editei a música. Portanto, ele deu uma contribuição razoável. Mas na época em que estavam no sul da França, a opinião dele já não estava sendo muito levada em conta. Jimmy só ficava ali sentado enquanto eles gravavam milhões e milhões de *takes*. A contribuição dele consistia em se lembrar de quais *takes* tinha gostado mais. 'Ah, a gente deveria ouvir o *take* dez. Vamos ouvir o *take* 20 e comparar com o quatro.' Eu não o vi fazer muito mais do que isso. E então, se eu tirasse algum som interessante, ele já estava tão nervoso que começava a fingir que ele é que tinha conseguido. O que me deixou um pouco irritado, mas eu não ia ficar fazendo um drama por isso."

Durante a produção de *Exile on Main St.*, Johns e Miller ficaram bastante próximos. "Éramos como melhores amigos, e durante anos continuamos saindo e fazendo todo tipo de coisa juntos", conta

Johns. "Mas no final Jimmy se acabou, pois ficou viciado e nunca parou. Ele perdeu o dom que tinha. Aquele álbum foi o começo do fim para ele." Como contaria Keith ao biógrafo Victor Bockris, "Jimmy era ótimo, mas quanto mais sucesso fazia, mais parecido com Brian ele ficava. Acabou entalhando suásticas no console de madeira do estúdio. Levou três meses para entalhar uma suástica. Enquanto isso, Mick e eu tivemos que terminar o *Goat's Head Soup*".

"Fui um dos que propuseram que nos livrássemos dele", conta Marshall Chess. "Porque o que notei foi que a banda não precisava dele para fazer discos bons. Eu talvez estivesse, inconscientemente, tentando me posicionar. Pude ver que ele não estava produzindo de fato. Estava meio puxando o saco deles e acrescentando algumas coisas. Eu adorava Jimmy e andava bastante com ele. Mas não estava certo. Eu não achava que precisassem dele como produtor."

Embora tenha passado os 20 anos seguintes trabalhando com o Blind Faith, o Motorhead e com Johnny Thunders, do New York Dolls, Miller nunca mais atingiu o nível artístico e comercial que havia obtido quando produziu os Stones em seu auge. Em 1994, Jimmy Miller morreu por problemas no fígado. "Quando Jimmy Miller estava morrendo," conta Johns, "fui aos bastidores do palco para ver os Stones e falei: 'Coitado do velho Jimmy. Que pena. O que está acontecendo?' E Keith falou: 'Ah, mas que merda, cara. A gente deu 50 mil pratas para o cara. E ele morreu do mesmo jeito. O Museu Britânico tem uma dessas caixas de vidro com o nome do meu fígado nela, saca? Mas vão ter que esperar muito até colocá-lo lá.' Ele sabe que tem uma constituição de ferro."

Não se pode dizer o mesmo de Miller. "Jimmy", diria Keith à revista *Crawdaddy*, "entrou como um leão e saiu como uma ovelha. A gente desgastou o cara, completamente. Aconteceu o mesmo com Andrew Loog Oldham. Queimou feito uma lâmpada." Mas como disse Keith quando lhe contaram que Gram Parsons havia morrido, "Gram era um dos meus melhores amigos. Infelizmente, muitos dos meus melhores amigos morreram de repente. ... Depois que voltou para Los Angeles, ou algo assim, para formar a própria banda, comecei a ouvir histórias. Hollywood é o fim da linha para muita gente. É como um assassino, e se você for fraco, pode ter certeza que ele vai pegar você".

Em outras palavras, o que mata você nunca é a droga em si, mas as circunstâncias em que você a consome. O fato de tantos dos que conviviam com os Stones e pensavam poder viver como Keith terem acabado mortos muito antes da hora nunca pareceu importar nessa equação.

Como escreveria Bill Wyman — o mais careta dos Stones, mesmo depois de começar a fumar haxixe todos os dias no sul da França —, "Em Nellcote o ambiente era bizarro, certamente; aquilo fez com que *Satanic Majesties* parecesse organizado. Andy Johns tentava gravar linhas de guitarra enquanto as pessoas comiam na cozinha. Era como um desses discos de festa dos anos 1960 em que todo mundo achava que tinha que se envolver. Esse caos não era nem um pouco facilitado pelo estilo de vida cada vez mais caótico de Keith e Anita. Era óbvio que as drogas eram o centro do problema. Independentemente do que você tenha ouvido falar sobre a relação criativa entre as drogas pesadas e a produção de discos de rock 'n' roll, esqueça. Pode acreditar em mim, são muito mais um obstáculo do que uma ajuda."

Embora Jimmy Miller certamente mereça ser lembrado como um dos maiores produtores de rock de todos os tempos, quase nenhuma pessoa que escuta atualmente suas músicas em coletâneas de grandes sucessos faz a menor idéia de quem ele seja. Anônimo e sem rosto, tornou-se apenas mais um nome na contracapa de um CD reeditado. Ele talvez quisesse terminar assim. Ser lembrado pela música, por nada mais.

Quando Mick Jagger fala em descer até a farmácia de Chelsea para comprar remédios em "You Can't Always Get What You Want", a última faixa de *Let it Bleed*, descrita pela revista *Blender* como "uma música sobre a heroína que se tornou uma elegia em homenagem ao recém-falecido Jones [Brian] e aos anos 1960", ele se vê na fila ao lado do sr. Jimmy e, rapaz, ele parece bem doente. Eles decidem tomar um refrigerante do seu sabor preferido, cereja. Mick canta sua música para o sr. Jimmy, que lhe diz uma palavra, e a palavra é "morto".*

14 Vamos considerar agora a situação problemática de Bill Wyman, que, segundo sua própria contagem, dormiu com mais mulheres enquanto viajava em turnê com os Rolling Stones do que qualquer outro integrante da banda. Se ele se preocupa em manter uma contagem, não é por acaso. Sendo um colecionador nato, Wyman mantém um diário detalhado e guardou cada uma das quinquilharias relacionadas aos Stones que já lhe passaram pelas mãos — programas de shows, pôsteres, canhotos de ingressos, credenciais, contratos de gravação, comunicados de imprensa e talvez até algumas das jujubas que as adolescentes fanáticas jogavam nos Stones quando eles tocavam em pátios de igrejas no norte da Inglaterra. Como observaria o próprio Wyman, é como se ele tivesse nascido para ser bibliotecário.

* "I went down to the Chelsea drugstore/ To get your prescription filled/ I was standing in line with Mr. Jimmy/ And man, did he look pretty ill/ We decided that we would have a soda / My favorite flavor, cherry red/ I sung my song to Mr. Jimmy/ Yeah, and he said one word to me, and that was dead" The Rolling Stones, "You Can't Always Get What You Want", ***Let it Bleed*** (1969).

Ao incorporar sua extensa coleção de recordações inestimáveis em um livro enorme chamado *Rolling with the Stones*, Wyman deixa perfeitamente claro que estava de saco cheio de toda a loucura provocada pelas drogas em Villa Nellcote naquele verão. Não que você fosse se dar conta disso se conversasse com ele na época. Acima de tudo, Bill Wyman era o Stone calado. Praticamente não se mexia enquanto tocava baixo no palco, e seu rosto nunca deixava transparecer o que ele estava pensando ou sentindo. Por mais interessante que Wyman pudesse ser sob essa máscara inexpressiva, Mick e Keith o tratavam como um músico coadjuvante, e não como um companheiro ou membro efetivo da banda. O que não quer dizer que ele também não pudesse ser bastante estranho.

Ao contrário de Wyman, a maior parte das pessoas que tentasse parar de fumar cigarros no sul da França naquele verão não o faria substituindo-os por baseados de haxixe. Nem se dedicariam a fotografar seios de mulheres como hobby. Durante o jantar, Wyman às vezes pede às mulheres mais atraentes da mesa que se retirem para outra sala por um momento e levantem a blusa para que ele possa tirar uma foto rápida que acrescentará à sua coleção. Certo dia, ele aluga um barco, ancora-o perto da praia nudista de St. Tropez, vira-se na direção das mulheres bonitas que pegam sol e, como escreveria mais tarde June Shelley, "aponta sua lente telescópica para as garotas na praia".

Embora Wyman tenha algumas manias estranhas, é uma pessoa perfeitamente confiável, apresentando-se toda noite para gravar em Nellcote e tendo que passar horas esperando enquanto Mick e Keith discutem sem chegar a nenhuma conclusão. Compreensivelmente cansado de tudo aquilo, em setembro Wyman aluga um iate e parte com sua companheira, Astrid Lundstrom, para aproveitar cinco dias de férias.

Depois que ele vai embora, Keith volta ao porão de Nellcote em uma tarde e faz "Happy", que se tornará a décima faixa de *Exile on*

Main St. A faixa básica traz Bobby Keys no sax barítono, Keith na guitarra e Jimmy Miller na bateria. "Estávamos apenas passando o som", relembra Keith, "verificando se tudo estava em ordem para a sessão, e a faixa simplesmente surgiu." Como conta a seu biógrafo, Victor Bockris, "Às vezes, eu estava pronto para tocar e alguns dos caras apareciam mais cedo. Então eu tinha uma idéia para uma música enquanto a gente se aquecia".

"Trabalhei em 'Happy'", conta Andy Johns. "Foi uma surpresa. Eu não esperava aquilo. Foi muito rápido, muito fácil, não teve muito esforço. Ele simplesmente entrou e gravou. No fim das contas, Keith era quem estava de fato no comando. Era ele quem dava a palavra final. Foi nesse momento que me dei conta disso."

Mais adiante, "Happy" seria reconhecida como uma música característica de Keith, que expressa sua essência de maneira integral. A riqueza, a fama e a posição social que Mick parece almejar tanto não servem para Keith. Ele só quer continuar fazendo rock até que tenham que abrir seus dedos frios e mortos para poderem lhe retirar a guitarra das mãos. A música também demonstra, com simplicidade, o poder de um artista para transcender as circunstâncias da própria vida. Pois mesmo enquanto está se tornando um escravo da heroína, Keith ainda consegue, sabe-se lá como, projetar o sentimento de ser verdadeiramente livre, um ídolo popular que não precisa de nada além de uma boa mulher para mantê-lo feliz. Na verdade, a música parece ter sido inspirada por uma notícia, à qual consideraremos no devido momento, que Anita acaba de dar a Keith.

Quando Wyman volta das férias, tendo sem dúvida ampliado sua extensa coleção de fotos, descobre que Keith tinha, em suas palavras, "trabalhado numa música chamada 'Happy' enquanto eu estava viajando, e era muito boa. Quando voltei, escutamos as duas faixas gravadas antes e percebi no mesmo instante que Keith tinha se incumbido da função de regravar a minha parte do baixo nas duas faixas. Para mim, soavam horríveis, e eu lhe falei isso. Achando muita graça nas minhas palavras, Keith e Jimmy [Miller] começaram a me sacanear. Voltei para casa com muita raiva e, caindo na mesma armadilha que todos os outros, não voltei no dia seguinte. Ficava cada vez mais claro que Jimmy, Andy, Bobby e Mick T. estavam metidos com drogas pesadas. Eu senti como se não fizesse parte do clube — não que eu quisesse entrar".

É claro que uma faixa não faz um álbum. À medida que o mês avança, as gravações são interrompidas de novo, pois Mick começa a passar mais tempo em Paris com Bianca, que está prestes a parir o filho do casal. Como escreveria Wyman mais tarde, "Mick estava muito preocupado com Keith. Conversamos sobre a situação mas não conseguimos bolar um plano. Tudo o que podíamos fazer era tentar seguir em frente, esperando que algo brotasse do meio do caos".

Como se quisessem ilustrar esse ponto, Andy Johns e Jim Price agora estão vivendo com Bobby Keys e Jimmy Miller no apartamento de Bobby à beira-mar. "O jogo de pôquer continuava", conta Johns. "A gente só parava para trabalhar. Os jogos estavam ficando cada vez mais bobos, chegando a coisas do tipo, 'Ei, quem tiver a pior mão tem que tomar quatro calmantes. Quem tiver a pior mão tem que tomar um ácido."

Certo dia, Johns olha pela janela e vê que Jim Price jogou alguns discos dos quais não gosta no mar. Descendo até seu quarto, Johns volta e vê "uma poltrona boiando na água. E uma mesa de jantar". Quando Johns desce "até a pequena faixa de areia para investigar", sente algo quente e molhado que cai sobre ele como uma chuva vinda do céu. "Olhei para cima e vi Bobby com o pau para fora no balcão, mijando em cima de mim. E aí todos começaram a mijar em mim. A coisa ficou ainda pior quando Bobby arrombou a adega do andar de baixo", que havia sido trancada pelos proprietários porque "tinham umas coisas finas lá dentro".

Nesse exato momento, os donos do apartamento, que viviam embaixo, retornam. "Eles olharam para o oceano", lembra Johns, "e lá estava metade dos móveis deles, flutuando rumo à África, e então eles acharam melhor dar uma olhada no lugar. É claro que logo perceberam que a porta da adega foi arrombada, e lá estava Bobby, desmaiado sobre uma pilha de garrafas de vinho quebradas, safras raras. Então nos pediram para ir embora. Não foi surpresa nenhuma. Tivemos que ir." Johns e Miller então se mudam para o histórico Hotel Negresco, na Promenade des Anglais, em Nice, para poderem continuar trabalhando no álbum.

Com o verão terminado, a maior parte dos turistas deixou o sul da França. O ritmo lento da vida diária em Nellcote é brutalmente estraçalhado quando nove guitarras, além do conjunto de saxofones pretos entalhados de Bobby Keys, um barítono, um alto e um soprano, são roubados da casa enquanto os seguranças dormem nos dormitórios dos motoristas, acima da garagem. Segundo Bill Wyman, Keith está em casa no momento, vendo televisão, mas não ouve nada. "O espólio", escreveria Wyman, "incluía a Gibson Flying Arrow de Albert King (que Keith usou no Hyde Park), o meu baixo Fender Mustang e o sax barítono de Bobby."

Como contaria Anita a John Perry, "Aquilo foi detestável, pareceu ter sido planejado por alguém de dentro, sabe?" Dominic Lamblin, executivo francês da indústria fonográfica, confirma esse fato ao recordar: "Quando Keith teve problemas com os traficantes locais, eles lhe confiscaram todas as guitarras. Eu sei que nos enviaram uma lista de todas as que haviam sido roubadas. Jamais encontramos nenhuma delas. Eles nos mandaram a lista para que a fizéssemos circular em todas as grandes lojas de instrumentos".

Não há dúvida de que foram os caubóis que fizeram o saque e depois venderam o espólio, pois além de terem acesso à casa, talvez tivessem dinheiro a cobrar de Keith e Bobby Keys. Como as guitarras de Keith estavam asseguradas em cerca de 45 mil dólares, ele consegue substituir a maior parte delas em pouco tempo.

Muito mais significativo do que os objetos perdidos é o fato de que as muralhas de Nellcote finalmente foram vencidas. Embora a casa nunca tenha sido tão segura assim, agora já não pode ser defendida. Como previu Anita muito meses antes, os assaltantes de casas invadiram a mansão, e o que levaram não são apenas as ferramentas de trabalho de Keith — são também os objetos que ele mais venera em todo o mundo. Não é preciso muito esforço para concluir que, em um lugar onde os assaltantes se sentem livres para entrar, a polícia também pode surgir a qualquer momento.

A casa é então trancada por alguns dias após o roubo. Nas palavras de Anita, "Os portões enormes foram fechados e pusemos grandes refletores para iluminar a rua. Passamos a um estado de segurança máxima. Aquilo de repente se transformou em Auschwitz. Estávamos pensando em colocar macacos nas árvores de fruta-pão para aumentar a segurança... todo tipo de idéia maluca. Mas já era tarde, entende? Como sempre. Muita confiança e fé em tudo, até que afanam você. Deveríamos ter feito isso antes. Mas na época era assim, essa era a onda. Nós nos sentíamos como um rei num castelo, sabe? Nada poderia acontecer com a gente".

O fato de que a própria Anita tenha contribuído para o atual estado de cerco à casa jamais parece ter lhe passado pela cabeça. Porém, a esta altura, segundo Tony Espanhol, além de estar se picando três vezes por dia, Anita passa, pela primeira vez, a "incentivar as pessoas a usarem heroína". Assumindo uma posição de superioridade moral, Tony acrescenta: "Achei que ela foi longe demais quando convenceu a filha adolescente do *chef* de Nellcote a aceitar uma injeção de heroína. A agora ficou totalmente enojada e temi que ela fosse reclamar com o pai." De acordo com Tony, o *chef* logo fica sabendo da "dose" que a filha tomou e exige que Keith lhe dê 30 mil libras (72 mil dólares), caso contrário "contaria à polícia" que Keith tinha "segurado a menina enquanto Anita lhe enfiava a agulha à força no braço. 'Vai se foder', disse Keith. 'Você está despedido.'"

Como sempre acontece quando Tony relata o que alega ter visto e ouvido em Nellcote, não sabemos nem por onde começar. Ao longo do verão, muitos *chefs* trabalharam em Nellcote. Incapazes de agüentar muito tempo em uma casa que exigia alimentação em horários estranhos do dia ou da noite, os *chefs* iam e vinham com uma freqüência notável. O único do qual todos se lembram é Jacques, que Keith sempre chamou de "Jack Gordo". Com a aparência de quem acabou de sair de um filme de Eddie Constantine sobre o tráfico de drogas em Marselha, Jack Gordo usava uma faixa vermelha ao redor do pescoço e suava em bicas o tempo todo (ainda mais depois de tomar ácido, como relembra uma pessoa próxima aos Stones).

Sendo um camarada animado que não parava de rir, em outra vida Jacques poderia ter sido Falstaff, tagarelando e bravateando em uma taberna local enquanto esperava a chegada de seu amigo, o príncipe Hal. Nesta encarnação, era um dos caubóis, ao qual Keith ficou particularmente afeito. Todas as pessoas entrevistadas para este livro, inclusive as que faziam parte da equipe que trabalhou em Nellcote naquele verão, dizem que Jacques era jovem demais para já ter uma filha adolescente naquela época. Além disso, ninguém se lembra de ter visto uma menina daquela idade em Nellcote. O que não significa que uma pessoa que se encaixe nessa descrição, que pudesse ou não estar relacionada a Jacques de alguma maneira, não tenha passado pela casa em algum momento.

Embora Anita fosse perfeitamente capaz de realizar um ato como esse, Tony parece ter se equivocado ao menos em alguns dos detalhes dessa história. Ainda assim, agora que a semente negra da paranóia foi plantada nos corações de todos os que habitam Nellcote, ninguém mais está imune à doença. Quando, segundo Tony, os traficantes corsos voltam com meio quilo de heroína, além de informarem a Keith que o preço aumentou de uma hora para outra, chegando a 12 mil dólares, também "passam a tratar Keith com indiferença".

Temendo que os corsos decidam de repente raptar Marlon e cobrar uma recompensa por sua libertação, escreve Tony, Keith decide que chegou o momento de trazer cães de guarda e instalar câmeras de vídeo para proteger a casa. Tony diz a Keith que seria muito mais fácil simplesmente pagar 50 mil dólares aos corsos para que protejam o menino. Por algum tempo, Keith parece acreditar que esse é um ótimo plano. Depois decide que seria melhor se ele e Tony conseguissem licenças para portar armas. "Naturalmente," escreve Tony, "devido aos contratempos que tivemos em Beaulieu, as nossas licenças não foram expedidas." Como se Keith Richards algum dia tivesse precisado de uma licença para portar uma arma.

Enquanto Andy Johns e Jimmy Miller começam a esboçar as mixagens do maior número possível de faixas para que os poderosos da Atlantic Records saibam que ao menos algum trabalho está sendo feito no sul da França, o ambiente em Nellcote dá mais uma guinada em direção ao lado negro. Como escreveria Bill Wyman, "Porém, certa noite, houve um desastre, um incêndio na casa de Keith. A equipe dele foi rápida. O motorista disse ter arrombado a porta do quarto, encontrando Keith e Anita deitados na cama, nus, enquanto o colchão ardia ao redor deles. A princípio ele pensou que estivessem intoxicados pela fumaça, mas na verdade estavam completamente chapados". Com relação ao que está acontecendo no porão, Wyman acrescenta: "Keith estava se tornando ainda menos comunicativo. Ele, que sempre havia sido decidido e concentrado, estava inconstante e retraído. Mick tinha uma desculpa para não estar por perto, pois o bebê de Bianca iria nascer a qualquer momento."

Em 21 de outubro de 1971, em uma maternidade na Rue de Belvedere, em Paris, Bianca Jagger dá à luz uma menina de 3kg chamada Jade. O pai, orgulhoso, logo telefona para Keith, dizendo-lhe que não voltará a Nellcote por três semanas. Embora a chegada de uma criança, em qualquer circunstância, seja sempre um evento abençoado, o nascimento da filha de Mick Jagger nos leva a mais um dos segredos obscuros que repousam no cerne da produção de *Exile on Main St.*

15

Em algum momento do mês de setembro, Anita descobre que está grávida. Considerando-se o que ela e Keith sentem por Marlon (assim como o fato de que Anita ficou grávida pouco antes do início das filmagens de *Performance*, porém fez um aborto para poder atuar no filme), essa seria uma notícia fantástica para todos, um motivo de celebração. Ao contrário de Keith, que, inspirado pela notícia, compõe e grava "Happy", Anita não parece nem um pouco satisfeita. Ao contrário, está bastante chateada e transmite seus sentimentos, em alemão, a Elizabeth Hiemer, a criada de cuja companhia tanto gosta. Conversando com June Shelley, que está cuidando de todas as necessidades dos Stones no sul da França, Hiemer lhe pede que auxilie Anita, que, como contaria Shelley, "tinha um sentimento ambíguo em relação à criança, pois Keith queria muito ter o bebê mas Anita estava com medo".

Alguém que nunca tenha vivido em Nellcote poderia presumir que o medo de Anita pode estar ligado ao fato de estar se picando, o que poderia prejudicar o filho que traz na barriga. Mas logo se vê que o caso não é esse. Não muito tempo depois, Rose Taylor, que também se vê envolvida no caso, pede a Mick Taylor que empreste algum dinheiro a Anita, que literalmente não tem um tostão e não quer que Keith saiba de seus planos de fazer um aborto. Atuando como mensageira, June Shelley conta a Anita que Mick Taylor lhe dará o dinheiro.

Embora as duas não tenham uma relação muito íntima, Anita diz a Shelley que precisa abortar porque não se sente capaz de cuidar de um segundo filho. Ainda que Shelley tenha providenciado um médico que visita a casa todos os dias, sem dúvida para ministrar algum tipo de injeção, Anita não conta nada sobre as drogas a Shelley. Apenas lhe diz que não se sente apta a ter o bebê e pede a June que por favor lhe compre uma passagem para a Suíça.

Shelley se vê em uma situação complicada. Como está sendo paga pelos Rolling Stones, considera que Keith é seu chefe, por isso não lhe parece certo fazer qualquer coisa sem o conhecimento dele. Sempre que os Stones ou algum de seus companheiros viajam, Shelley é quem providencia tudo com uma agência italiana. Ao contrário de Anita, Shelley tem seu próprio cartão de crédito. Assim, pode marcar a viagem para Anita sem dizer nada a Keith. O que a preocupa é saber se Anita de fato conseguirá fazer tudo por conta própria. Shelley por fim decide conversar com Keith sobre a situação. "Anita quer que eu lhe compre uma passagem para Paris." Keith não lhe pergunta por quê, e assim Shelley imagina que os dois já devem ter discutido o assunto pessoalmente. "Vá em frente, June", diz Keith. "Pode comprar uma passagem só de ida para onde ela quiser."

Shelley pensa no assunto por mais alguns dias. Pergunta então a Rose se ela não poderia acompanhar Anita, mas Rose também tem uma filha pequena para cuidar. Shelley então se aproxima de Elizabeth Hiemer. "Você acha que, se eu comprar uma passagem para Anita, ela vai conseguir cuidar disso tudo por conta própria?" Fitando Shelley no fundo dos olhos, Hiemer responde: "Sim, madame June, acho que ela é capaz. Ajude-a. Você precisa ajudá-la." Em quatro ocasiões diferentes, June Shelley compra passagens para Anita, rumo a Paris, Londres e Suíça. Anita perde o vôo todas as vezes — sempre se atrasando por dormir demais ou arrumando alguma outra desculpa.

Embora esse possa parecer o comportamento típico de um viciado, Shelley percebe que Keith já sabia que Anita jamais juntaria forças para partir, portanto estava apenas escarnecendo dela ao aprovar a compra da passagem. É difícil dizer com exatidão o que mais Keith já sabe. Pois, no que diz respeito à gravidez, apenas a mãe pode ter certeza absoluta sobre quem é o pai da criança que está por vir. A verdadeira razão pela qual Anita quer abortar é por acreditar que está grávida de um filho de Mick Jagger.

Isso poderia ser realmente verdade? Ou seria só mais um mito? Como era de esperar, os principais envolvidos se abstêm de comentar o incidente. No entanto, temos uma boa quantidade de indícios a considerar. Embora Keith nunca tenha sido tão obcecado por sexo quanto Mick, isso não significa que ele não seja páreo para Mick nesse departamento. Durante a turnê norte-americana de 1972, os Stones se viram hospedados com Hugh Hefner na Mansão Playboy de Chicago. Uma sucessão interminável de *playmates*, coelhinhas e garotas que só queriam se divertir, todas encantadoras e vazias, entravam e saíam dos quartos de Mick e Keith tendo apenas uma coisa em mente — sexo com um Rolling Stone. Depois, descobriu-se que, além de darem notas para compará-los, as meninas também mantinham um diário de tudo o que havia acontecido. "As garotas me contaram que fizeram um gráfico", relembra uma pessoa próxima aos Stones na época. "E disseram que as trepadas com Keith eram as melhores. Sabe por quê? Porque depois de consumir heroína você não goza. Você consegue trepar por duas horas e meia." Como confessaria outra pessoa próxima aos Stones, "Aparentemente, Keith é muito bem-dotado, como um touro".

Marianne Faithfull, que mesmo antes de conhecer Keith já sentia o que descreveria mais tarde como "uma grande queda por ele", teve na época "uma maravilhosa noite de sexo" com Keith durante uma viagem de ácido em Courtfield Road, Londres. "A minha noite com Keith", escreveria mais tarde, "foi de fato a melhor da minha vida." Tendo sido sempre "um pouco apaixonada por Keith", ela agora estava "totalmente arrebatada". Na manhã seguinte, quando acordaram juntos na cama, ela se viu "rodopiando pelo quarto num estado de êxtase absoluto". Keith então lhe disse que ela deveria dar uma ligada para Mick, pois era ele quem estava realmente interessado nela. Keith acrescentou: "Ele não é tão ruim assim depois que você o conhece."

Marianne também escreveria: "É curioso que, mesmo depois de viver situações sexuais tão conturbadas com aquelas pessoas, Keith tenha ficado por lá. Ele sabia perfeitamente o que estava acontecendo. Aquilo se perpetuou na relação incestuosa entre mim, Keith, Anita e Mick. Isso deve ter sido muito problemático para ele. No final, ele não conseguia suportar a situação. ... E provavelmente foi esse o motivo pelo qual acabou usando tanta heroína. Para bloquear isso."

Keith parece nunca ter tido nenhuma espécie de ansiedade a respeito de sua performance — ficar doidão e fazer música sempre foram as coisas pelas quais mais se interessou. Porém, por motivos que um terapeuta sexual talvez seja capaz de explicar, naquele verão em Nellcote, ao menos em relação a Anita, Keith parecia preferir a estimulação manual a todas as outras formas de contato sexual. Uma pessoa hospedada na casa se lembra de ver Anita se queixando, de maneira bastante explícita e pública, que Keith não fazia sexo com ela. "Ela estava ficando de saco cheio porque ele não a comia", relembraria mais tarde essa pessoa. "E isso acontece muito com viciados. Quando você ainda é bastante jovem, até consegue transar, mas é quase impossível gozar."

"Eu não sabia o que tinha acontecido com Mick Jagger, até que Anita me contou que tivera um caso com Mick durante a filmagem de *Performance*", relembra outra pessoa próxima. "Todo mundo sabe disso agora. Mas esse caso continuou depois que eles se mudaram para Nellcote." E esse pode ser outro motivo pelo qual Bianca não suportava ficar em Nellcote, deixando o sul da França para viver em Paris. Ainda assim, até mesmo algumas das pessoas que estavam em Nellcote acreditam que essa situação seja muito improvável por ser fisicamente impossível. "Não sei como ela teria conseguido ficar com Mick", diz uma pessoa. "Bom, talvez quando Keith caía no sono."

"Chegou a ser discutido quem seria o verdadeiro pai da criança, mas nunca na minha frente", contaria Marshall Chess. "Ela achava que era de Jagger. Existiam muitos problemas entre Mick e Keith. Uma parede fria se ergueu entre os dois. Uma das fraquezas deles era o fato de nunca se sentarem para discutir essas coisas frente a frente. Eles não conseguem lidar com essas coisas. Nem um com o outro. Nem com ninguém mais. É uma coisa particularmente britânica, e ainda mais quando você vira um astro antes de virar homem. Porque eles estavam sempre cercados de puxa-sacos e secretárias antes mesmo de crescerem e aprenderem a cuidar das próprias vidas. Eles tinham outras pessoas para cuidar da sujeira. Nunca precisavam limpar as merdas que faziam."

Numa situação em que tinha tudo a perder e nada a ganhar, seria justo perguntarmos por que Mick Jagger, recém-casado e prestes a ser pai, arriscaria não só o trabalho no novo álbum como todo o futuro dos Rolling Stones mantendo esse caso com Anita em Nellcote. Ninguém parece acreditar que Mick estivesse apaixonado por ela. Em vez disso, como contaria mais tarde uma pessoa que estava plenamente inserida na situação, "Mick gosta de trepar. Ele gosta de ser sensual. Acho que Mick trepou com todo mundo ali. A única com a qual não dormiu foi a mulher do Charlie. Era como uma ficção científica. Tudo era diferente".

Vire a equação de cabeça para baixo por um momento e considere a situação. Como é que Keith agüentava tudo aquilo? Depois de ficar sabendo de tudo, como perdoar? Se Keith sabia o que estava acontecendo entre Mick e Anita, como era capaz de entrar no estúdio todas as noites e trabalhar ao lado dele? Não há droga no mundo que possa mitigar uma dor tão grande. Se é que Keith estava sentindo alguma dor. Como contaria outra das pessoas presentes, que sabia o que estava acontecendo na época, "Talvez Keith tenha apenas facilidade em evitar as coisas nas quais não quer pensar. A fidelidade física talvez não significasse muito para eles. Não sei se Keith sabia ou não. Porque, sendo Keith, nunca dá para saber. É impossível. Então não faço idéia se ele sabia o que estava se passando".

Para tornar a situação ainda um pouco mais bizarra, quando Anita afinal dá à luz, sua filha é batizada de "Dandelion" ("Dente-de-leão"), nome inspirado na música de *Their Satanic Majesties* na qual Mick canta: "dente-de-leão não conte mentiras, dente-de-leão te fará sábio, diga-me se ela ri ou chora, voe daqui, dente-de-leão."*

Como já não estivéssemos lidando com Mick, Keith e Anita, e sim com os criminosos originais do rock 'n' roll, os poetas simbolistas franceses Rimbaud e Verlaine, além de Mathilde, a jovem mulher de Verlaine, o nome da criança traz consigo um simbolismo elaborado — *Dandelion*, dente-de-leão, refere-se a Mick Jagger, cujo signo é Leão.

Amigos, ninguém é capaz de inventar esse tipo de coisa. E mesmo que alguém fosse, por que o faria? Com base em qualquer critério, nada disso faz muito sentido, mesmo na perspectiva atual. Porém, quando se trata de Mick, Keith e suas mulheres, quase nada faz sentido. Apenas para constar, vale lembrar que a menina é de fato filha de Keith. E, por motivos que podem não ter nenhuma relação com tudo isso, ela atualmente se chama Angela.

---

* "Dandelion don't tell no lies/ Dandelion will make you wise/ Tell me if she laughs or cries/ Blow away dandelion", The Rolling Stones, "Dandelion", *We Love You* (1967).

16 | Segundo Tony Espanhol, a polícia francesa chega a Nellcote em peso um dia depois que os corsos entregam o que acaba sendo seu último carregamento. Enquanto caminham por Nellcote fazendo perguntas e colhendo depoimentos, os gendarmes dizem que foram até lá porque os corsos foram vistos visitando a casa. Como seria impossível para qualquer um, ainda mais para a polícia, posicionar-se na estrada estreita em frente à casa sem ser notado, isso parece completamente improvável. Em vez disso, como quase sempre ocorre quando uma batida policial está prestes a acontecer, alguma pessoa foi até a polícia e se ofereceu para testemunhar contra os moradores de Nellcote, para quem acabou de vender drogas, ou com quem acabou de usá-las. Em outras palavras, alguém acabou de dedurar Keith e Anita.

"A gente sempre teve o 'treinamento'", contaria Anita a John Perry. "Por via das dúvidas. Treinamento contra duras. Do quarto, saíamos pela janela do segundo andar para o topo do caminhão de gravação, e dali para o jardim. Tínhamos ensaios regulares. Porque tinha um monte de drogas ali... e aqueles marginais de Marselha — aqueles caras estavam traficando a partir da nossa casa, foi isso que não percebemos, estavam traficando de dentro da propriedade. Foi por isso que nos pegaram com tudo aquilo."

Embora não houvesse nenhum motivo para que os corsos traficassem dentro de Nellcote, talvez estivessem vendendo drogas para os caubóis. Aparentemente se referindo a eles, Anita conta a Perry: "Quarenta e oito horas depois que despedimos aqueles caras, começaram os problemas. Foram correndo procurar as mamães, e as mamães os fizeram ir até a polícia e confessar, envolvendo todos os que estavam na casa. Eu mesma corri o risco de levar 40 anos na cabeça, eu e Bobby [Keys]. Fui acusada de tráfico. E depois todos os outros foram incriminados, mas acho que eu e Bobby Keys, por algum motivo, éramos os piores... porque... sei lá, eles provavelmente não gostaram da gente. Fui eu quem os despediu, então essa foi a vingança."

Como Jacques, o *chef* também chamado de Jack Gordo, era o único caubói empregado de maneira regular em Nellcote, ninguém mais poderia ter dedurado Keith e Anita. Essa teoria bate perfeitamente com o que relembra um outro freqüentador assíduo da casa, segundo o qual Jacques era a pessoa que trazia a heroína de Marselha. Se, como conta Tony Espanhol, Jacques algum dia tentasse chantagear Keith por qualquer motivo, Keith não teria dúvida em mandá-lo passear, acreditando que não precisava temer um homem que não poderia procurar a polícia sem se incriminar. Se Jacques foi de fato a pessoa que entregou Keith e Anita para se livrar de alguma complicação jurídica muito mais grave, a estratégia demonstrou ser completamente ineficaz.

René D'Amico, um roqueiro local que visitou Nellcote diversas vezes naquele verão (sem dizer com exatidão por que motivo) e que era amigo de Jacques (que, segundo René, também era amigo de Tommy Weber, apesar de Tommy só se lembrar dele como "um cozinheiro de merda, e jovem demais para ter uma filha"), contaria que o próprio Jacques ficou preso por algum tempo depois que Keith e Anita foram embora da casa. Como mais de uma pessoa parece ter falado com a polícia, Jacques talvez não tenha sido o maior suspeito ou o informante principal, mas alguém que se viu enredado em uma teia de acusações. O que se sabe, da mesma maneira em que no caso do roubo das guitarras de Keith, é que a história tem a ver com drogas e dinheiro.

Armados com os depoimentos de cinco pessoas que afirmam ter visto René D'Amico usando heroína em Nellcote, os gendarmes batem à porta da casa de D'Amico, em Marselha. Como, sob o código napoleônico francês, as pessoas que aguardam julgamento não têm direito à fiança, D'Amico é colocado na cadeia por seis meses. Ao lado dos demais acusados, apresenta-se então ao mesmo juiz para o qual Keith prestou depoimento após a briga com o turista italiano. Embora D'Amico seja posto em liberdade condicional, a essa altura o juiz não poderia ter uma disposição muito amigável com relação a Keith ou às coisas que se passavam em Nellcote.

Como conta Anita a John Perry, "também foram feitas outras acusações, tinha um tal de Oliver [*sic*], do Living Theatre, que apareceu por lá e aparentemente despejou um pouco de Mandrix no copo de uns jovenzinhos locais e tentou estuprá-los, ... então tinha acusações de corrupção de menores, era um problemão". Embora Olivier Boelen de fato levasse jovens bonitinhos ao seu quarto em Nellcote em busca de sexo, ele parecia ser uma pessoa muito mais inclinada à sedução do que ao estupro. Contudo, havia caixas e caixas de Mandrix, o nome comercial da metaqualona na Europa, em Nellcote naquele verão. Como lembra uma pessoa próxima aos Stones, "a gente dava aquelas pílulas às pessoas como se fossem balas".

Em virtude do estilo de vida que tinham, das drogas que usavam e das pessoas para as quais abriram as portas da casa, Keith e Anita conseguiram inflamar os moradores locais. Na Riviera Francesa, descrita por Somerset Maugham como "um local ensolarado para pessoas obscuras", onde todas as formas de comportamento aberrante sempre foram toleradas contanto que as contas fossem pagas em dia, esse não é um feito fácil de se alcançar. Agora que aconteceu, Keith e Anita terão que lidar com as conseqüências. Mais ou menos.

Ao contrário daqueles que não têm para onde ir, Keith e Anita não podem simplesmente ficar esperando até que a polícia os prenda. Quando isso acontecer, nenhuma espécie de advogado francês, por mais talentoso e caro que seja, poderá ajudá-los, pois eles se verão sentados na cadeia por um período indeterminado, até que sejam levados a julgamento. Além de ambos estarem injetando e de Anita já estar quase no fim do segundo mês de gestação, isso simplesmente não pode acontecer. Como dizem na França, *ce n'est pas possible*. Embora os Rolling Stones às vezes sejam presos por acusações diversas, nunca ficam na cadeia por muito tempo. Nesse ponto, como em tantos outros, são diferentes das outras pessoas.

Todos os envolvidos na hierarquia dos Stones estão preocupados com o que está acontecendo no sul da França, o que parece ser confirmado por um telefonema feito nessa época pelo príncipe Rupert Loewenstein para June Shelley. Depois de procurar saber o que Shelley ouviu falar sobre as festas regadas a drogas em Nellcote, Rupert lhe pergunta se ela poderia fazer uma investigação para saber com exatidão o que se passou lá dentro. Em dezembro de 1971, pouco após a dura em Nellcote, a polícia de Cap Ferrat prende "dez jovens e dois norte-americanos" e os acusa de levarem haxixe e 50g de heroína a Nellcote todas as semanas durante o verão.

Quase um ano depois, em 1º de novembro de 1972, Bill Wyman e Charlie Watts se reúnem em Vence com o advogado dos Stones, Paddy Grafton-Green, e dois advogados franceses. Watts e Wyman partem então para Nice, onde são interrogados em separado por um juiz ao longo de quase uma hora. "Foi mais fácil do que o esperado", escreveria Wyman mais tarde, acrescentando, "estávamos prontos para gravar na Jamaica, mas o espectro do problema de Keith com as drogas ainda estava muito presente em nossas cabeças. Não foi algo que afetou apenas Keith — interferiu em nossa capacidade de sair em turnê, em nosso estilo de vida".

Um mês depois os Stones estão em Kingston, na Jamaica, hospedados no Hotel Terra Nova, a antiga residência de Chris Blackwell, fundador da Island Records, gravando *Goat's Head Soup* no estúdio Dynamic Sounds, de Byron Lee. No dia 1º de dezembro, a banda se reúne com seus advogados. Nessa reunião, fica decidido que todos, exceto Keith, que poderá ser preso assim que botar os pés em solo francês, voltarão à França no dia seguinte para uma audiência com o juiz. Wyman, Watts e Mick Taylor viajam da Jamaica para Londres, onde embarcam em um jato executivo rumo a Paris e de lá vão para Nice. No dia seguinte, após se encontrar com advogados em Paris, Mick Jagger se junta a eles.

Só então o jornal *The Times of London* noticia que "A polícia informou que Mick Jagger e outros três integrantes dos Rolling Stones foram acusados por uso ilegal de heroína e outros narcóticos. As acusações foram feitas antes que eles partissem em turnê pelos Estados Unidos neste verão, porém foram mantidas em segredo. Três jovens franceses que, segundo a polícia, forneciam 50g de heroína por semana aos Stones e seus companheiros durante o verão do ano passado também foram presos e estarão presentes na audiência".

Na segunda-feira, 4 de dezembro, Mick Jagger, Mick Taylor, Bill Wyman e Charlie Watts se apresentam ao juiz em Nice. Todos parecem ansiosos, a não ser Bianca, que acompanha Mick e está convencida de que ele é inocente de todas as acusações. Enquanto os rapazes franceses que os acusaram são interrogados pelo magistrado na prefeitura, os Stones (menos Keith) esperam do lado de fora da sala de audiências, sentados em um banco de madeira, como garotos travessos mandados à sala do diretor de um colégio inglês. Mordendo o lábio e remexendo a bolsa, Bianca abre uma fresta na porta para escutar o que os rapazes estão dizendo na sala de audiências.

Quando um oficial se aproxima e lhe pede que se sente no banco com os outros, Bianca responde: "É do meu marido que estão falando dentro desta sala. Não tenho nenhuma intenção de sair daqui, e não me diga que não é da minha conta, pois tudo que diz respeito ao meu marido é da minha conta." Quando os Stones são chamados para o interrogatório, Bianca ri baixinho ao relatar aos outros o testemunho de Charlie Watts. "Perguntaram a Charlie se ele usa drogas. Charlie está dizendo que nunca, nem jamais pensou nisso, e que dificilmente deixa que um médico lhe dê uma injeção." Jagger, Taylor e Wyman entram então na sala para responder às perguntas e declarar inocência. Quando os rapazes franceses são interrogados de novo, Bianca relata que agora estão retirando tudo o que disseram sobre os Stones. Como escreveria Bill Wyman, "Tudo saiu muito melhor do que qualquer um de nós poderia esperar. As testemunhas da polícia negaram tudo e insistiram em que foram obrigados a assinar falsos testemunhos. Isso nos livrava, mas Keith ainda tinha um grande problema. Voltamos para a Jamaica enquanto o procurador público de Nice emitia mandados de prisão para Keith e Anita por tráfico de drogas. Corria um rumor que dizia que, caso se entregassem, conseguiriam reduzir a acusação para uso de drogas". Enquanto o restante da banda viaja de volta para a Jamaica, o publicitário dos Stones, Les Perrin, telefona para Keith em Kingston e lhe dá a notícia.

"Sei que eles têm um mandado para me interrogar", diz Keith, "e não sei se voltarei para que me interroguem. É tudo uma grande babaquice política... Tenho a sensação de que os franceses estão tentando mostrar aos norte-americanos que estão fazendo alguma coisa sobre o problema das drogas. Mas em vez de realmente fazerem algo a respeito, eles prendem um figurão. A única coisa que me deixa ressentido é tentarem arrastar a minha mulher para a história. Isso, para mim, é particularmente desagradável."

Parece improvável, mesmo avaliando hoje, pensar que Mick Jagger, Bill Wyman, Charlie Watts e Mick Taylor viajariam meio mundo para se apresentarem a um tribunal na França sem saberem de antemão qual seria a decisão judicial. Como lembra uma pessoa próxima aos Stones que estava por dentro da situação, "É possível que as pessoas que fizeram as acusações contra eles tenham sido compradas. Mas isso jamais chegou a ser discutido, pois tínhamos gente cuidando da situação. Tínhamos um advogado francês muito bom que disse: 'Podem voltar, já cuidamos de tudo.' Ninguém jamais coloca isso no papel. Se você dá uma propina para se livrar de uma multa de trânsito, não vai citar isso. Ninguém fala em dinheiro diretamente. Mas essas coisas não desaparecem a menos que você pague alguém. O único cara que sabe é o que faz a transação. O que entrega o dinheiro. Mas nunca os teríamos levado de volta à França se achássemos que havia algum perigo de que fossem presos".

Confirmando que as coisas ocorreram dessa maneira, outra pessoa próxima aos Stones afirmaria: "A banda perdeu todo o dinheiro que tinha economizado ao se mudar para a França, pois precisou desembolsá-lo quando pegaram Keith. Propinas imensas para o governo, honorários dos advogados e tudo o mais. Todos pagaram partes iguais, dá para imaginar? Isso parece incrível hoje."

Cerca de nove meses depois, na manhã de 15 de outubro de 1973, três dias antes do final da turnê européia dos Stones, o caso de Keith afinal é julgado no tribunal correcional de Nice. Das 12 pessoas acusadas no caso, cinco réus, entre eles Keith, Anita, Bobby Keys e Tommy Weber, não se apresentam ao tribunal. No entanto, um promotor chamado Georges Guyot traz um certificado médico declarando que Keith e sua companheira Anita passaram por um programa de desintoxicação e que, em abril de 1972, Anita deu à luz uma menininha em perfeito estado de saúde.

Enquanto os Stones tocam para 15 mil fãs no Palais de Sport, na Antuérpia, Keith e Anita são declarados culpados por uso, fornecimento e tráfico de cannabis. Ambos recebem sentenças de um ano em liberdade condicional e uma multa de 5 mil francos (mil dólares). Bobby Keys recebe uma sentença de quatro meses em liberdade condicional e uma multa de mil francos (duzentos dólares). Dois cidadãos norte-americanos, identificados como um estudante e um pintor de casas, recebem dois meses de prisão. "No final das contas," recorda Tommy Weber, "todos eles se livraram e eu fui quem levou a culpa por tudo aquilo. Ainda tenho um monte de acusações terríveis na França. Que não prescrevem. Eles não parecem conhecer esse conceito. Por isso nunca mais me arrisquei a voltar lá. E eu tenho uma casa na França."

Em 18 de dezembro de 1973, dia em que Keith faz 30 anos, a corte de apelação mantém sua condenação. Ele e Bobby Keys são proibidos de entrar em território francês por dois anos. E assim termina o processo legal oriundo da interminável festa de Villa Nellcote durante o verão de 1971. Antes que isso chegue a acontecer, Keith e Anita somem do mapa. Como Bonnie e Clyde, eles dão no pé. Atravessam o portão de Nellcote, aceleram pela Avenue de Louise Bourdes, viram à esquerda na Corniche e então seguem em frente o mais rápido que podem até o aeroporto de Nice, onde embarcam em um avião e voam em segurança. Assim como Elvis, Keith e Anita acabaram de deixar o edifício. Escafederam-se.

Em determinado momento, estão vivendo em Nellcote, temendo que, a qualquer instante, a porta da frente se abra e os gendarmes invadam a casa, arrastando-os para a prisão; no instante seguinte, foram embora como uma brisa passageira. "E a gente meio saiu correndo", conta Anita a John Perry. De Villa Nellcote, Keith decide sabiamente sair em disparada antes de ser obrigado a marchar em frente às câmeras de cabeça baixa, com as mãos algemadas nas costas. Como sempre, onde quer que Keith vá, o resto da banda vai atrás.

Da mesma maneira como fizeram ao embarcar em um helicóptero para escapar do caos de Altamont em 1969, os Rolling Stones vão em frente, deixando que outras pessoas cuidem daquilo que deixaram para trás. Em 29 de novembro de 1971, Mick Jagger, Keith Richards, Anita Pallenberg, Mick e Rose Taylor, Jimmy Miller e Andy Johns viajam para Los Angeles, onde se encontram com Charlie e Shirley Watts, Bill Wyman e Astrid Lundstrom. Keith e Anita deixam para trás a fabulosa Villa Nellcote. Nenhum deles voltará a ver a casa, jamais. Também abandonam a querida coleção de discos de Keith, a maior parte do grande guarda-roupas de Anita e os brinquedos de Marlon, sem falar no papagaio Boots, no cachorro Okee, na lancha de Keith e em seu Jaguar E-type.

Embora Villa Nellcote esteja vazia, Keith continua a pagar o aluguel durante mais um ano, para manter a ficção de que ainda reside na França. Tony Espanhol conta que esse ano de aluguel, somado às despesas legais a fim de evitar a extradição para ser julgado na França, custam a Keith quase 250 mil dólares. June Shelley visita Nellcote uma vez por semana durante esse período para inspecionar o trabalho de Elizabeth Hiemer, que nesse momento consiste em cuidar de uma casa na qual ninguém mora. Depois de oito meses tumultuosos, durante os quais o novo álbum não chega nem perto de ser concluído, o tempo de exílio dos Rolling Stones no sul da França está acabado. Assim como o nosso primeiro ato.

Charlie Watts, Mick Jagger e Keith Richards com um bolo na cozinha de Villa Nellcote.

17 Embora Los Angeles possa ser, como cantou Neil Young, uma cidade careta submersa em fumaça, é também uma cidade dos Stones. Desde 1964, na primeira turnê da banda pelos Estados Unidos, que começou com uma apresentação deslumbrante no Swing Auditorium, em San Bernardino, e piorou progressivamente até o último show no Carnegie Hall, em Nova York, a cidade dos anjos caídos sempre recebeu os Rolling Stones como se fossem seus filhos. A KMET e a KLOS, suas duas rádios FM de pop *underground*, tocavam muito as músicas dos Stones, transformando-as literalmente na trilha sonora da cidade. Portanto, pode-se dizer que esse é de fato um lugar ao qual os Stones pertencem.

Tecnicamente, no entanto, os rapazes ainda estão no exílio. Ainda que os nativos falem apenas uma aproximação grosseira do idioma inglês e que a cocaína, que logo se tornará a droga do momento quando começar o exaustivo processo de mixagem do álbum, seja muito mais fácil de ser conseguida no sul da Califórnia do que no sul da França, em Los Angeles os Stones não se sentem em casa. Mas também, como nasceram e cresceram na Inglaterra, não poderia ser diferente.

Rose Taylor, que nunca visitou os Estados Unidos, agora se vê vivendo com Mick T. e a filhinha deles, Chloe, em um pequeno sítio bastante próximo à residência temporária de Keith e Anita na badalada Stone Canyon Road, em Bel-Air. "Nós nos mudamos para aquela casa," relembra Rose Taylor, "tudo ali era branco, de plástico e falso. Tinha um tronco de concreto na lareira, era simplesmente horrível. Eu não suportava aquele lugar. O que salvou a minha vida naquele verão, ou primavera, ou janeiro, sei lá quando era, pois os Stones estavam tão esquisitos ali, foi a música 'Oh, Happy Day'. Todas as manhãs a gente acordava e dizia: 'Ah, não, ainda estamos aqui.' E voltávamos para debaixo dos lençóis."

A Stone Canyon Road dificilmente pode ser classificada como uma vizinhança normal, se é que existe algo assim em Los Angeles — ainda mais se considerarmos o incrivelmente grã-fino Hotel Bel-Air, com sua fachada de gesso cor-de-rosa, as casas de Lou Adler e Britt Ekland, famosos executivos da indústria fonográfica, e a mansão do antigo ídolo adolescente Ricky Nelson, que integrava a Stone Canyon Band. Tudo isso torna a vida diária naquele lugar ainda pior do que a loucura decadente que os Stones acabaram de deixar para trás no sul da França.

Não muito longe dali, Mick, Bianca e a pequena Jade se escondem em uma mansão de 30 cômodos que parece ter sido tirada do filme *Crepúsculo dos deuses*, de Billy Wilder. A casa, com sua cachoeira artificial há muito desativada, já pertenceu a Marion Davies, antiga amante de William Randolph Hearst, em quem Orson Welles se inspirou para criar o personagem principal de *Cidadão Kane*. Ônibus de turismo logo começam a parar regularmente na entrada da garagem de Mick e Bianca para que os turistas, atônitos, possam observar a casa.

"Ainda assim," observa Mick certo dia, pouco antes da data prevista para o lançamento do álbum, "o anonimato aqui é relativamente bom. Não é como na Inglaterra, onde tem tanta gente que precisamos comprar mil hectares para ter privacidade, onde as pessoas se juntam do lado de fora da sua casa para descobrir com quem você trepou na noite anterior. Eu detesto aquele lugar. ... Sério, aquilo às vezes se torna um vilarejo tão patético." Quando lhe pedem que descreva o tempo que passou no sul da França, ele apenas suspira e responde: "Você sabia que já não há mais salmões nos rios da França?

Mataram todos com a poluição. Existem muitos ladrões em Nice e em Cannes. Nunca mais vou morar lá."

De qualquer maneira, Los Angeles significa muito mais do que uma simples mudança de ares para os Stones. É ali que Mick e Keith, como dois pesos-pesados já sem fôlego ao fim de um combate ferrenho, recolhem-se para seus respectivos cantos no ringue e esperam a decisão dos juízes. Deixando as diferenças de lado, ao menos por ora, eles de certa forma unem forças para terminar o álbum, o que lhes permitirá começar a ganhar um bom dinheiro durante a turnê pelos Estados Unidos no próximo verão.

Em parte, a grande mudança na relação entre os dois tem menos a ver com o que sentem um pelo outro do que com a natureza do trabalho no qual estão envolvidos agora. A mixagem está para a gravação como a edição está para a escrita. E quando se trata dos Stones, isso pode ser um trabalho interminável. No passado, sempre que afinal chegava o momento em que Mick e Keith determinavam com precisão como queriam que um novo disco soasse, quais deveriam ser os volumes e qual deveria ser a ordem das canções para que fluíssem de uma para a outra como capítulos de um romance, os dois podiam atuar como duas grandes mós em fricção, o que resultava em uma montanha de pó extremamente fino. Mas não é assim que o trabalho se desenrola desta vez.

No sul da França, era sempre Mick quem esperava até que Keith bolasse uma música e então aprovasse o modo como tinha sido tocada para que a gravação pudesse prosseguir. Em Los Angeles, Mick se adianta e assume o comando. Agora que as faixas básicas estão terminadas e seus serviços não são mais necessários todas as noites, Charlie Watts e Bill Wyman vão e vêm como coadjuvantes, e não como integrantes da banda.

Enquanto Mick e Keith continuam a fazer o que Andy Johns chama de "um monte de *overdubs*, nada absolutamente vital, só embelezamento, vocais de fundo etc.", Johns começa a mixar o álbum, algo que jamais poderia ser feito no caminhão estacionado em frente a Nellcote. "Ainda era um pouco entediante", conta, "mas estávamos conseguindo avançar. Comecei a mixar sem muita pressa. Então chegou o Natal e eu estava levando um bom tempo para fazer as mixagens. Acho que tínhamos quatro ou cinco músicas e Mick achou que eu estava demorando demais. Fui para casa no Natal e não me chamaram de volta. Começaram a trabalhar com o protegido de Jimmy Miller, Joe Zagarino. Ele tentou mixar e acho que devem ter feito um ou dois *overdubs* pequenininhos com ele — mas o cara não conseguia fazer direito."

Não mais empregado pelos Rolling Stones, Johns volta a Los Angeles após as festas de fim de ano para iniciar outro projeto. "Eu estava trabalhando com Jim Price em um álbum solo", relembra, "e alguém tinha acabado de me dar um biscoito de haxixe que já estava começando a bater. De qualquer forma, não gosto desse tipo de coisa, é por isso que não faço mais. Então, eu estava sentado no meu quarto numa paranóia desgraçada, com a cadeira sob a maçaneta para que ninguém pudesse entrar e o telefone tocou. Era Jimmy [Price] falando que tinha alguém ao telefone querendo falar comigo. Era Jagger, que veio todo humilde, mas mantendo a pose. Eu falei: 'Já sei que você não ligou para me dar bom-dia. O que foi?'; 'Bom, sabe o que é, aquelas suas mixagens, a gente não está conseguindo fazer melhor.'" Como era de esperar, Mick acrescentou: "Pelo jeito, ninguém consegue mixar esse material porque você gravou tudo muito mal." De volta ao grupo, Johns passa um ou dois dias com Jagger no estúdio de Wally Heider. "Não estava funcionando", conta Johns. "A gente voltou ao Sunset Sound e Mick falou: 'Aqui estão as fitas. Acaba logo essa merda. Você tem dois dias.' E foi o que fiz."

Em uma maratona de 48 horas, Johns mixa 13 faixas. Jimmy Miller, que tinha sido "bastante prestativo" nas primeiras mixagens de Johns, já não participa das sessões. Miller até vai ao estúdio certa noite, quando Johns está perto de terminar sua tarefa colossal, mas cai no sono em cima do sofá, pois, como lembra Johns, "ele estava completamente esgotado com a coisa, por isso não o culpei".

Quando Bill Wyman volta a Los Angeles no fim de janeiro, descobre que "Marshall Chess achava que as faixas estavam soando bem mas que precisavam ser remixadas (uma idéia aterradora). Mick me falou que 13 faixas estavam acabadas e que todas soavam bem. Keith, que parecia estar muito melhor, não apareceu na reunião, mas me ligou para dizer que esperava terminar dentro de duas semanas." Wyman então volta apara a França. Ele e Charlie Watts não retornam a Los Angeles até o fim de fevereiro.

Para que não pareça que a banda trabalhou muito mais no álbum em Nellcote do que o que foi indicado aqui, é preciso ter em mente que "Sweet Virginia", "Sweet Black Angel", "Loving Cup", "Stop Breaking Down" e "Shine a Light" foram gravadas em sessões anteriores, de *Let it Bleed* e *Sticky Fingers*. Das 18 faixas do álbum, cerca de um terço é anterior ao tempo que os Stones passaram no sul da França.

Um álbum gravado sob a influência da heroína, com músicas que terminam em fades aparentemente intermináveis, como se ninguém suportasse a idéia de encurtar uma faixa para que a próxima possa começar, está sendo mixado por pessoas que cheiram cocaína da melhor qualidade, uma droga que tende a tornar todas as decisões muito mais difíceis. Ainda assim, fazer esse tipo de trabalho em Los Angeles tem suas vantagens. Como é a cidade do showbiz, os moradores locais estão sempre dispostos a fazer tudo o que podem para receber seus ídolos.

"A gente gravou 'All Down the Line' em Nellcote", conta Andy Johns. "Foi a primeira a ficar realmente pronta, e Mick falou: 'É um *single*. É um *single*!' Então pensei: 'Ele pirou. Isso não dá um *single*.' Saí e falei com ele: 'Você está errado. Essa música não dá um *single*.'

E ele falou: 'É mesmo? Você acha que não?' E essa foi a primeira vez que me dei conta que ele de fato me dava ouvidos."

Depois de tentar mixar a faixa em Los Angeles, Johns procura Jagger e diz: "'Caramba, não consigo imaginar isso aí no rádio.' E Mick perguntou: 'Você quer ouvir a música no rádio?' Então respondi: 'Claro. Mas como...' Ele me interrompeu e disse: 'Podemos arrumar isso. Stu, telefona para aquela rádio. Vai até lá com a fita. Vamos ligar para você da limusine. Fala para eles tocarem.'"

Johns logo se vê sentado no banco de trás de uma limusine com Keith, Mick e Charlie enquanto a música é tocada. "Eu estava andando de carro com os Rolling Stones para cima e para baixo na Sunset Boulevard, escutando uma mixagem no rádio. Não é surreal?", pergunta Johns. "Mick quis saber o que eu tinha achado, respondi que não sabia. Então ele falou: 'Vamos mandar Stu tocar de novo.'"

Por fim, fica decidido que "Tumbling Dice" será o primeiro *single*. "Acho que talvez tenhamos passado duas ou três semanas só para terminar aquela faixa", conta Johns. "Era só uma questão de desempenho. E eles às vezes tocavam muito mal. Na maior parte das vezes, eram muito ruins. É provável que a gente tenha dado uma melhorada nela durante aquela época, mas o que lembro é de simplesmente procurar uma performance melhor. Eu tinha uns 30, 40, 50 rolos de fita só dessa música." Como cada rolo dura cerca de uma hora, Johns está trabalhando com algo em torno de 15 a 25 horas de material gravado, só para essa única música.

Certa noite no estúdio Wally Heider, Mick Jagger entra na sala da técnica e diz: "Este aqui foi o estúdio dos Beach Boys? Já estive aqui antes. Todos os graves somem." O engenheiro de som da casa, que está ao lado de Jimmy Miller e Andy Johns, explica que o estúdio foi completamente reconstruído. "Será que o motivo para você não conseguir escutar os baixos não se deve ao fato de eles estarem alto demais?"

Sorrindo, Mick decide ficar. Após ouvirem o esboço de uma mixagem de "Tumbling Dice", Johns pergunta a Mick o que achou.

"Quero que a caixa da bateria saia rachando", diz Mick, fitando o isolamento acústico do teto. "E que as vozes flutuem. Não é fácil, eu sei. Às vezes você acha que conseguiu ajeitar e de repente a base parece..."

Enquanto Mick busca *le mot juste* para descrever exatamente o que deseja dizer, todos as pessoas presentes esperam pelo que sairá de sua famosa boca. "... tão... *ordinaire*", conclui. A fita é rebobinada diversas vezes. Johns mexe nos botões e o baixo cresce, a bateria se torna mais nítida e as guitarras se sobrepõem. Fazendo o melhor que pode para alegrar Mick, o que nunca é muito fácil em qualquer circunstância, especialmente depois que ele acabou de ouvir uma tomada que não lhe agradou, Johns comenta que achava que Mick gostasse dos pratos daquela maneira. "Soam como tampas de latas de lixo", diz Mick, emitindo seu julgamento. Johns faz uma careta, rebobina a fita e se põe a mexer nos botões mais uma vez.

Enquanto isso, Mick Taylor está passando por maus momentos em Los Angeles. Como escreveria Bill Wyman, "Anita e Keith não eram a única preocupação. Todos sabíamos que Mick T. vinha mexendo com coisas pesadas, mas não notamos que ele estava tão deprimido". Janie Villiers, que trabalha para Mick e Rose Taylor, diz ter encontrado "bilhetinhos atormentados" nos quais Mick Taylor escreve que não quer mais fazer parte dos Rolling Stones e que, como escreve Wyman, "sua própria vida poderia estar em risco".

Mick Taylor conversa de vez em quando com Villiers sobre seus medos e diz que se sente muito sozinho. "Nunca mais fiz novas amizades." A certa altura, Taylor chega a ponto de telefonar para Wyman sugerindo que, com Charlie Watts, gravem algumas músicas próprias. Wyman, que é totalmente leal, além de estar bastante ciente da situação das finanças da banda, diz-lhe que esqueça o assunto.

Seis semanas antes do lançamento do álbum, que está previsto para 7 de maio de 1972, Mick e Keith ainda estão escutando as diferentes mixagens. Em Mulholland Drive, na casa com piscina em que Marshall Chess vive agora, logo ao lado de Jack Nicholson e Warren Beatty, todos se reúnem para tentar mais uma vez. Entrando pela porta com vários discos nas mãos e acompanhado de Andy Johns, Jimmy Miller diz: "Tira essa porcaria e toca alguma coisa que preste. A gente refez cinco músicas."

Marshall Chess pega o telefone e dá início aos preparativos de sua viagem para Nova York na segunda-feira, levando as fitas master para entregá-las pessoalmente à Atlantic Records. No sofá, Mick e Keith se sentam apoiados um no outro, ouvindo mais uma vez as músicas que, a esta altura, literalmente já ouviram mais de mil vezes. Agora que o Sol está se pondo atrás das montanhas e a luz começa a esmaecer, tudo o que se pode ver na escuridão crescente são seus rostos pálidos e os cabelos esvoaçantes. Mais do que nunca, parecem irmãos.

Quando os últimos acordes de "Tumbling Dice" param de soar, Mick fecha os olhos e diz: "As duas são boas, saca, Jimmy?" "Talvez a mais antiga...", murmura Keith. Olhando ao redor como se esperasse que alguém viesse em socorro, Miller comenta: "Acho que a última é mais comercial."

Na verdade, as duas mixagens são tão parecidas que nem mesmo Mick consegue diferenciá-las. Todos discutem isso por algum tempo, como se o destino do planeta dependesse dessa decisão. A velha ou a nova? Qual das duas soará melhor em mono? A velha. "Tudo bem," aceita Miller, "a velha. Vamos voltar e tocar por cima dela."

"É", concorda Johns. "Só mais um pedacinho. Ainda está um pouco sem graça."

Do outro lado da sala, Marshall Chess conversa baixinho consigo mesmo. Considerando-se todo o tempo que os Stones gastaram nesse álbum, é um milagre que ele tenha sido capaz de se manter confiante por tanto tempo. Como confessaria anos depois, "Não vou negar que, no começo, não tenha passado pela minha cabeça que eles não tinham a menor idéia do que estavam fazendo. Nas noites em que Keith caía no sono, ou então naquelas em que nem aparecia... Mas percebi, ainda durante *Sticky Fingers*, que a coisa acabaria se acertando. Eles simplesmente se encaixariam. Esse era o segredo deles. Era uma habilidade mágica, a alquimia de elementos que se combinavam, formando o aço a partir de ferro e carbono. Às vezes não se viam por sete meses e depois de dois dias estavam tocando como se fossem uma só pessoa".

Enquanto Jimmy Miller e Andy Johns juntam as mixagens para saírem dali e trabalhar mais um pouco nelas, Mick Jagger pega um pedaço de papel e se põe a desenhar exatamente como ele quer que seja a capa do álbum. "Obsessivos", diz Marshall Chess para si mesmo, rindo baixo. "Obsessivos."

Finalmente o novo álbum dos Rolling Stones está pronto para ser lançado. Como sempre ocorre quando estamos falando dos Stones, ainda resta um probleminha. Keith Richards, o homem sem o qual a banda jamais poderia sair em turnê para promover *Exile on Main St.*, não está em condições de fazer muita coisa, que dirá subir em um palco para tocar por quase duas horas por noite ao longo de seis semanas. Além disso, temos Anita. Tendo chegado ao sétimo mês de gestação, as pessoas que andam com os Stones dizem que ela "não está bem". O novo álbum pode ter sido concluído. Porém, até que os dois estejam de pé, os Rolling Stones não irão a nenhum lugar para promovê-lo.

18

Quando um repórter da revista *Rolling Stone* vai visitar Keith Richards em sua casa na Stone Canyon Road, no dia em que as novas mixagens serão tocadas para Marshall Chess, Keith está deitado no teto de um antigo Chevrolet bicolor fazendo caretas para Marlon pelo pára-brisa. "Já ficou sabendo?", pergunta

Keith descendo do teto. "Eles recomeçaram tudo. Decidiram remixar o álbum inteiro. Ficaram acordados por 31 horas, pelo que ouvi." Rindo de tudo aquilo, acrescenta: "É sempre assim. Quanto mais você mixa, melhor fica."

Dentro da casa reina o caos; Keith e Anita estão fazendo as malas para viajar para a Suíça às quatro da tarde do dia seguinte. Keith está conversando com o repórter na cozinha quando Anita entra com sua imensa barriga. "Achamos que Marlon estava se sentindo sozinho", explica Keith, lacônico. "Por isso deixamos que acontecesse." Quando o repórter pergunta se Anita está grávida de gêmeos, ela responde seca: "Não, é o vestido." Ela se põe então a jogar coisas dentro daquela que será a primeira de suas 19 malas. O repórter então pergunta a Keith se esta turnê dos Stones será a última. Ele responde: "Duvido, precisamos do dinheiro."

Embora todos os preparativos para tirá-los do país já estejam em andamento, nem Keith nem Anita dão a menor indicação de que há algo de errado com eles. Ao ligar para June Shelley na França, Marshall Chess a instrui a viajar até Genebra para se encontrar com Keith e Anita depois que ele os colocar em um avião que partirá de Los Angeles no dia seguinte. Chess não diz a Shelley por que os dois estão viajando para lá. Diz apenas que ela deve encontrá-los e que já reservou quartos para ela e para o casal em um hotel em Nyon, um vilarejo próximo a Genebra. Chess também pede a Shelley que peça a Dave Powell para dirigir o Jaguar de Keith até Genebra, e avisa que Keith ligará para Powell dando-lhe uma lista com brinquedos, discos e livros que ele deverá levar de Nellcote no carro.

Chegando a Genebra em 26 de março, um domingo, Shelley aluga um carro no aeroporto e vai visitar alguns amigos, com os quais pega mil francos suíços (500 dólares) emprestados. Hospeda-se no hotel e telefona para *maître* Nicolai. Segundo Shelley, Nicolai é "um figurão da advocacia suíça" que representou Bernie Cornfeld, fundador da IOS, quando este ficou preso na Suíça durante um ano. Ao telefone, Shelley é informada de que Nicolai e seu assistente também irão ao aeroporto receber Keith, Anita e uma menina californiana de 16 anos "que era uma espécie de *groupie*" mas que agora trabalha como babá de Marlon. Só então Shelley fica sabendo que Keith e Anita estão viajando para a Suíça com o objetivo de se internarem em uma clínica "para se livrarem do vício em heroína" — uma notícia atordoante para ela.

Shelley também é informada de que Nicolai encontrou uma clínica que aceitará Keith e Anita. A clínica fica logo em frente ao hotel no qual deverão passar aquela noite. Embora Nicolai esteja a caminho da Argentina, diz a Shelley que seu assistente estará ali no dia seguinte para cuidar de todos os detalhes.

Quando Shelley lhe pergunta por que Keith e Anita estão fazendo aquilo, Nicolai lhe diz que ele e outras pessoas na hierarquia dos Stones tiveram a idéia de uma cura voluntária para o problema das drogas. Se Keith e Anita conseguirem um papel da clínica com a declaração de que passaram pelo programa de desintoxicação, poderão usá-lo para provar que, embora tenham usado drogas em Nellcote, agora estão limpos. E isso poderá reduzir a sentença deles, ou talvez até convença o juiz a liberá-los sem muito mais do que um aviso e uma multa. Como o que está realmente em jogo aqui é a capacidade dos Rolling Stones de continuar gerando somas vultosas de dinheiro viajando pelo mundo sem que lhes seja negada a entrada em nenhum país por causa da dura que levaram na Riviera Francesa, Keith e Anita não parecem ter muita escolha além de seguir em frente com o plano.

Shelley está degustando um almoço requintado no aeroporto quando Marshall Chess telefona de Los Angeles para dizer que Keith e Anita perderam o vôo. Eles não chegarão hoje por terem ido à clínica da Universidade da Califórnia, onde obtiveram metadona em quantidade suficiente para não terem uma crise de abstinência durante o vôo. Embora Anita se dê bem com a metadona, Chess conta a Shelley que Keith ficou enjoado no aeroporto e por isso não embarcou. Como só existe um vôo direto por dia de Los Angeles para Genebra, a idéia é que tentem de novo amanhã.

Shelley retorna ao aeroporto no dia seguinte. Keith e Anita desembarcam acompanhados de Marlon e de sua nova babá. Anita, como sempre, está vestida de maneira espalhafatosa. Sua barriga está enorme e ela parece muito bem. Não se pode dizer o mesmo de Keith. O casal trouxe tanta bagagem que Shelley precisa contratar um caminhão para levar as malas até o hotel. Jogando três ou quatro malas no carro alugado, Shelley leva todos para o hotel, onde almoçam em uma adorável salinha de jantar com vista para o lago. Anita, que parece animada, não pára de repetir: "O ar daqui é tão bom. Deve ser ótimo para as crianças." Por três ou quatro vezes, Anita pergunta a Shelley se ela não acha que a Suíça seria um lugar maravilhoso para se criar um filho. Como observaria Shelley mais tarde, Anita parece muito agitada e não demonstra nenhum sinal de abstinência.

Quando a comida chega, Keith, que esteve o tempo todo sentado com a cabeça baixa, olha para o prato, fica verde, pede licença e se retira para o quarto. Anita conta a Shelley que Keith não come nada há muito tempo e que está preocupada com ele, pois não está se dando muito bem com a metadona. Pede-lhe então que providencie um prato de sopa para ser entregue no quarto deles. Depois de tomar outro comprimido de metadona, Keith se recupera. Às três ou quatro da tarde ele parece melhor. Enquanto Marlon fica com a babá, que o leva para brincar com os cisnes à beira do lago, Shelley põe Keith e Anita no carro e os leva até a clínica, onde deverão ser entrevistados e internados.

A princípio os médicos parecem arrogantes, dizendo a Shelley, em francês, que Keith e Anita devem entrar imediatamente e que não poderão receber visitas enquanto estiverem internados. Um dos motivos pelos quais esta clínica foi escolhida é por não parecer um hospital. Com seus bangalôs espalhados entre colinas verdes, parece mais uma casa de repouso. Pelo que foi informado, Keith acredita que ficará morando ali com Anita, Marlon e a babá. Em francês, o médico diz a Shelley que isso não será possível. Aqui na Suíça, eles não fazem esse tipo de coisa. Marlon e a babá não poderão fazer parte do processo. Ainda que Shelley minta descaradamente ao traduzir as palavras do médico para evitar que Keith vá embora dali, ele entende perfeitamente a mensagem.

Uma hora e meia após voltarem para o hotel, Anita liga para Shelley e pede que ela vá até o quarto deles. Keith está começando a suar, mas de resto está tudo bem. Anita diz a Shelley que não se internarão naquela clínica e que ela precisa encontrar outro lugar. Conversando com um amigo médico que trabalha para a Organização Mundial da Saúde na Suíça, Shelley fica sabendo de um certo dr. Denber, um norte-americano que administra a Clinic De Nantes, em Vevey. Shelley telefona para o médico e diz: "Estou aqui com um dos Rolling Stones. Ele e a esposa estão viciados. Vieram até aqui em busca de uma cura para o problema das drogas. Tínhamos pensado em ir à Clinic de Prangins mas as a coisas não saíram como imaginamos."

"Posso cuidar disso", responde Denber. "Traga-os à Clinique de Cery, em Lausanne, ao meio-dia e meia ou à uma da tarde de amanhã e eu os verei."

No dia seguinte, Keith sente-se muito enjoado. Depois de vomitar a metadona, está fraco e nauseado. Com a pele esverdeada, encontra-se em plena crise de abstinência. Shelley telefona para o dr. Denber na clínica de Lausanne: "Não posso levá-los até aí. Estão doentes demais." Quando Denber lhe diz que não faz consultas em domicílio, ela começa a lhe implorar. Sentindo o desespero em sua voz, o médico concorda em vê-los em Nyon. Quando Shelley volta para seu quarto, Anita lhe telefona: "Keith precisa de uma injeção."

Shelley está tão por fora da situação com que está lidando que pergunta: "Uma injeção, como assim?" Anita responde: "Você sabe, uma injeção de reforço." Shelley não faz idéia de como conseguir heroína, até que Anita lhe sugere que volte a encontrar os médicos da clínica que visitaram no dia anterior. Embora Keith e Anita não tenham nenhuma intenção de se internarem ali, os médicos ainda não sabem disso, portanto Anita acredita que eles poderão ajudar.

Shelley consegue convencer o mais arrogante dos dois médicos da clínica de que, se ele não for aplicar uma injeção em Keith, ela não conseguirá levar o casal para se tratar ali. Enquanto sobe as escadas até o quarto de Keith e Anita, o médico diz a Shelley: "É melhor você começar a preparar as malas deles." Ele então aplica a injeção em Keith, que começa a se sentir melhor quase no mesmo instante.

Quando o dr. Denber chega, Keith já não está tremendo nem suando. Sua pele não está mais esverdeada. Denber entra no quarto de Keith e Anita e os encontra deitados na cama, inteiramente vestidos. Denber puxa uma cadeira para o lado da cama e pergunta: "Muito bem, o que está havendo?" Keith responde: "Adquirimos um hábito que custa 100 dólares por dia para cada um." Naquela época, em Los Angeles, um grama de heroína branca chinesa, muito pura e forte, podia ser comprada nas ruas por 100 dólares. Para usar esta quantidade em um período de 24 horas, Keith e Anita precisariam se picar a cada três ou quatro horas, ou seja, cerca de cinco vezes ao dia.

Denber pergunta qual dos dois está pior. Anita diz que está numa boa. Denber explica que, conforme a lei suíça, não pode permitir que o filho os acompanhe na clínica, mas que Keith já pode se internar nesta mesma noite e começar o tratamento. Como a lei suíça também afirma que ninguém pode ser internado em um hospital a menos que more naquele mesmo distrito, todos terão que se mudar para um hotel no outro lado do lago. Keith ficará na clínica durante nove ou dez dias. Quando voltar, trocará de lugar com Anita. "Duas curas separadas", diz Denber. "O que acham?" Keith concorda e Denber diz a Shelley que espera vê-lo no hospital naquela noite e cobra-lhe então 500 francos (250 dólares) pela consulta.

Às seis e meia da tarde, quando os efeitos da injeção começam a se dissipar, Shelley se dá conta de que Keith não tem condições de descer a escada, muito menos de entrar em um carro para viajar até a outra margem do lago. Aproximando-se da recepção do hotel, ela pergunta: "*Monsieur* Richards está bastante enfermo, precisamos levá-lo ao hospital no outro lado do lago. Este hotel tem serviço de ambulância?"

Como a ambulância está ocupada, só poderão partir dentro de uma hora. Neste momento, Anita, Marlon e a babá estão comendo no restaurante do hotel, enquanto Keith permanece no quarto. Infelizmente, o restaurante fica de frente para a escada que desce do quarto. Preocupada com a idéia de que Marlon e todos os demais hóspedes do hotel vejam Keith Richards, dos Rolling Stones, sendo carregado pela escada em uma maca, Anita pede a Shelley que vá até a recepção e solicite que as portas do restaurante sejam fechadas. "Não queremos que o filho dele fique com medo ao ver o pai doente", diz Shelley à gerência do hotel, que atende ao pedido.

Quando a ambulância afinal chega, Shelley fecha as portas do restaurante e pergunta aos atendentes se não haveria alguma maneira de trazer Keith sem ter que colocá-lo na maca. Os atendentes põem Keith em uma cadeira, o prendem com algum material e o carregam pela escada, com os braços ao redor dos pescoços deles. Apesar de parecer um sultão sendo transportado pelos degraus de um palácio imperial, Keith está semiconsciente, verde, frio e pálido. Enquanto os atendentes se esforçam para descê-lo pela escadaria em espiral, a cabeça de Keith pende para os lados.

Quando chegam à ambulância, colocam-no em uma maca. Shelley, que jamais botou os pés em uma ambulância, entra com Keith pelos fundos. O assistente do *maître* Nicolai, *maître* Hariri, os segue em seu carro. Segurando a mão de Keith, ela não pára de repetir: "Você vai ficar bem. Vou estar do seu lado."

Embora a idéia pareça infantil até mesmo para ela, Shelley não consegue deixar de pensar que, se Keith morrer, toda a culpa cairá sobre ela. Ela terá sido a pessoa que perdeu um Rolling Stone. Na frente, os atendentes — que não são paramédicos, apenas motoristas de ambulância — conversam alegres e cantarolam a música que toca no rádio.

Acelerando a 140km e atravessando sinais vermelhos em interseções movimentadas, o que força os demais carros a sair para o acostamento para deixá-los passar, o motorista consegue reduzir pela metade o que normalmente seria uma viagem de uma hora e meia. Assim que chegam à clínica, Shelley corre para dentro mas é confrontada por uma enfermeira detestável que lhe informa que o dr. Denber já foi embora e não voltará naquela noite. Shelley lhe diz que trouxe um paciente do dr. Denber que precisa ser internado. Contudo, quando a enfermeira pergunta quem é a pessoa e onde vive, Shelley se confunde e informa o endereço do hotel em Nyon.

A enfermeira lhe diz que, pela lei suíça, aquele paciente não pode ser internado ali. Felizmente, Shelley já telefonou para o Hotel de Trois Couronnes, em Vevey, e reservou uma grande suíte com dois quartos conjugados. "Era lá que *estávamos* hospedados. Agora nos mudamos para o Hotel de Trois Couronnes, em Vevey. Pode ligar para eles. Estão com a nossa reserva."

Enervada, a enfermeira exige saber: "Pois bem, onde está esse tal de sr. Keith? Está no hotel em Nyon ou no Hotel de Trois Couronnes?"

"Ele não está aqui?", pergunta Shelley. "Os motoristas da ambulância não o trouxeram?"

Mudando de figura, forma e personalidade na frente dos olhos de Shelley, a enfermeira se transforma de súbito em Florence Nightingale. "Ele ainda está na ambulância?", pergunta.

A enfermeira corre para a rua e encontra Keith deitado na maca. Trazendo-o para dentro, aplica-lhe uma injeção de vitaminas e liga para o dr. Denber. Quando o médico chega, diz a Shelley que Keith deverá receber Lucidril, um neuroenergizante estimulador da memória e das membranas, por vezes utilizado para mitigar os efeitos da intoxicação por barbitúricos. A droga também pode ser usada para auxiliar pessoas que não reagem bem à metadona durante a abstinência de heroína. Denber diz a Shelley que ela poderá visitar Keith uma vez por dia durante 15 minutos, mas que não poderá trazer Anita, pois isso poderá ser extremamente angustiante.

Voltando para a ambulância, Shelley senta-se sozinha na parte de trás enquanto os atendentes dirigem de volta a Nyon. Ao chegar ao hotel, Anita está aguardando por ela. Shelley lhe diz que Keith está bem. Enquanto estava fora, Dave Powell entregou o Jaguar de Keith, apinhado com cerca de 100 discos, roupas de Keith e Anita, um aparelho de som e brinquedos. Depois de entregar as chaves do carro a Shelley, Powell se despede e volta à França para encontrar a namorada.

Como estão todos muito felizes com a notícia de que Keith conseguiu chegar até a clínica, Anita decide dar uma volta pela cidade. Os funcionários do hotel ficam aturdidos com a idéia de que alguém possa sair à noite com uma criança tão pequena, mas Shelley e Anita entram no carro e dirigem até Genebra pela beira do lago. Sentindo-se meio aéreas com aquela onda de adrenalina, gritam para celebrar. Por fim, param para tomar sorvete. Depois voltam ao hotel e vão dormir.

Contra todas as probabilidades, Keith conseguiu sair de sua casa em Stone Canyon Road, em Los Angeles, e chegar a uma clínica em Vevey, na Suíça. Sabe-se lá de que maneira, conseguiu sobreviver a mais uma crise causada pelo uso de heroína, que começou em Nellcote e se tornou muito pior em Los Angeles. Qualquer pessoa feita de um material mais frágil já teria ficado pelo caminho. Mas não Keith. A boa notícia é que Keith Richards ainda está vivo. A má é que, quando acordar na clínica na manhã seguinte, irá começar seu programa de desintoxicação.

19

Após levar Anita, Marlon e a babá para o novo hotel na manhã seguinte, June Shelley vai visitar Keith na clínica. Leva chocolates, laranjas e um bilhete de Anita, além de um desenho e uma cartinha de Marlon, que, ao entregar os presentes a Shelley, pergunta: "Você está indo ver meu pai?" Ao chegar à clínica, Shelley encontra Keith, que está recebendo glicose e vitaminas líquidas por soro e dorme profundamente. Bill Wyman telefona oferecendo qualquer tipo de ajuda que esteja ao seu alcance, até mesmo visitar Keith na Suíça, mas Shelley lhe diz que não se preocupe, pois até agora ninguém se deu conta de que "o sr. Keith" é de fato um Rolling Stone. Se alguém visse Bill na Suíça, isso poderia chamar a atenção da mídia para o verdadeiro drama no qual Keith se meteu.

Keith começa a retomar as forças com o passar dos dias. Embora o dr. Denber tenha pedido a Shelley que não permita que Keith fume no quarto, é exatamente isso o que ele quer fazer assim que começa a se sentir melhor. Um dia, fora de si, Keith acende um cigarro mas o deixa cair na cama. Ele e Shelley apagam as chamas com as próprias mãos. Deste momento em diante, Keith precisa ir até o saguão para fumar, como todos os demais pacientes. Em outro dia, sentando-se ao lado de um paciente catatônico, Keith põe um cigarro na boca e o acende. A seguir, como se estivesse representando o papel de Randle Patrick McMurphy em *Um estranho no ninho*, de Ken Kesey, Keith põe um cigarro na boca do paciente catatônico, acende-o e diz a Shelley: "Este cara fuma dois maços por dia."

O senso de humor de Keith parece ter voltado, mas ele ainda está tão fraco que, quando Shelley lhe traz cerca de mil dólares em cheques de viagem para que ele os assine, pois Anita está ficando sem dinheiro, Keith cai no sono antes mesmo que ela consiga lhe dar a caneta. Shelley segura a mão dele para ajudá-lo e Keith assina os cheques com o que ela descreveria como "a versão em sânscrito" da assinatura dele.

No quinto dia na clínica, Keith já está forte o suficiente para passear um pouco pelo jardim. Ele pede a Shelley que lhe traga um de seus violões. Depois de tocá-lo um pouco deitado na cama, sai para fumar no saguão, onde é reconhecido por um adolescente de 16 ou 17 anos de idade. "*Keith!*", diz o garoto, maravilhado. "Cadê Mick?"

"Ah, ele não está aqui, rapaz", responde Keith. "Estou tentando preparar o meu show. Estou tentando ajeitar esse negócio." O garoto diz a Keith que também toca violão e corre para buscar seu instrumento. Pouco depois, os dois estão tocando juntos; Keith faz o melhor que pode para ensinar ao garoto uma música dos Stones.

Caso alguém ainda não tenha entendido a gravidade da situação de Keith, o que parece bastante improvável, convém notar que Paddy Grafton-Green, o advogado dos Stones, viaja de Londres para a Suíça com o objetivo de ajudar June Shelley a estabelecer uma linha de crédito na Suíça. Ao visitar a clínica, Grafton-Green diz a Keith, que agora tem 29 anos de idade, que seria uma boa hora para ele escrever seu testamento. Grafton-Green anota enquanto Keith nomeia Anita como testamenteira, incluindo seu filho e sua mãe Doris como herdeiros. Quando Grafton-Green menciona a criança que Anita traz no ventre, Keith responde: "Bom, vamos ver o que acontece. A gente tem tempo para isso." Grafton-Green então datilografa o testamento e Keith assina.

Em algum momento durante a estada na clínica, Keith escreve uma carta a Bill Wyman, agradecendo a oferta de ajuda e dizendo-lhe o quanto acha que Astrid é boa para ele. Keith também diz que os dois deveriam escrever juntos com mais freqüência. E então acrescenta: "P.S.: tudo isto foi escrito sob forte sedação, como você pode ver pela letra instável."

Seguindo a recomendação do dr. Denber, June Shelley marca uma consulta para Anita com o dr. Merz, o médico que ajudou a atriz Sophia Loren dar à luz uma criança saudável em Lausanne após sofrer dois abortos. Merz tem um consultório muito parecido com uma sala de estar de uma mansão vitoriana. Quando ele entra para ver Anita, fala com ela em um inglês carregado de sotaque alemão.

Vestida como uma menina de rua, Anita usa meias listradas e uma saia bem curta. Ela perdeu um dente e está com o cabelo desgrenhado. Contudo, ainda está atraente. Possivelmente em virtude de sua aparência, o dr. Merz lhe pergunta: "Desculpe falar nisso, mas por acaso há algum problema com relação a dinheiro? Pergunto isso porque meus serviços são bastante caros." Shelley lhe informa que não há nenhum problema e o médico, que está acostumado com pessoas excêntricas, acredita nela e passa então aos assuntos mais urgentes.

"Antes de entrarmos nos detalhes, tenho algumas perguntas a lhe fazer. Você fuma?"

"Às vezes", diz Anita.

"Você bebe?"

"Um pouco."

Vendo que o médico não faz a menor idéia da pessoa com quem está lidando, Shelley apenas espera que Anita comece a lhe dizer a verdade. "Bebe muito café?", pergunta o médico. E assim seguem as perguntas, até que Merz pergunta: "Está tomando algum medicamento?"

"É um pouco mais complicado do que isso", responde Anita, com uma voz infantil. "Olha só, estou viciada em heroína."

Merz fica boquiaberto e literalmente deixa cair a caneta. "He-he-he-heroína?", gagueja ele. "Você tem que parar com isso. Pare de tomar heroína agora. Você tem que parar. Quando você começou a usar?"

"Desde que o bebê tem três meses de idade", conta-lhe Anita. (Na verdade, ela já usava antes mesmo de a criança ser concebida.)

"Bem", diz Merz, "precisamos lhe examinar."

Enquanto Merz leva Anita para a outra sala, Shelley diz: "Vocês podem esquecer de mim e falar em alemão. É a língua de vocês." Os dois se entreolham e Merz passa imediatamente a falar em alemão. Quando retorna, comenta: "O bebê é pequeno mas parece estar muito bem. Estou preocupado." O médico também diz que Anita tem uma infecção vaginal e pede a Shelley que informe esse fato ao dr. Denber, para que, caso ela tenha infectado Keith, ele não a transmita de volta a Anita. Merz avisa que vai sair de férias e volta em duas semanas. Isso não deveria ser um problema, pois ele tem um médico para substituí-lo. Além disso, voltará bem antes da data prevista para o parto.

Quando Keith está prestes a sair da clínica para que Anita possa entrar, Shelley lhe diz que precisa fazer uma viagem inadiável para Nova York. Como ele e Anita pretendem viver na Suíça por algum tempo depois que o bebê nascer, Keith pede a Shelley que contrate alguém para ajudá-los enquanto ela não estiver. Shelley encontra uma moça suíça muito simpática que tem um pouco menos de 30 anos de idade e fala inglês. Ela então encontra Anita no hotel. As duas acertam o salário e Shelley lhe entrega todos os números de telefone de que precisará quando ela partir.

Anita sente-se muito feliz no hotel. Marlon está radiante, entrando e saindo do hotel em seu velocípede e dando voltas ao redor das mesas da sala de jantar, como uma versão masculina de Eloise no Plaza; mesmo assim, a nova funcionária começa a procurar uma casa que possam alugar. Shelley viaja para Nova York, onde encontra Jo Bergman e Alan Dunn. Dois dias depois, ao passar pelo escritório dos Stones em frente ao Madison Square Garden, alguém lhe transmite a notícia de que Anita acabou de dar à luz.

Shelley fica sabendo que, assim que Keith teve alta da clínica, Anita foi internada e em seguida passou a receber Lucidril. Um dia e meio depois, entrou em trabalho de parto. O dr. Denber não fazia um parto havia 30 anos, e Merz ainda estava de férias. Como era muito tarde para levar Anita até Lausanne, Denber telefonou para a clínica-geral de Vevey e disse: "Preparem-se. Estou levando uma mulher em trabalho de parto que provavelmente irá ter um bebê viciado."

"Ei, não sei muito sobre como lidar com isso", responde o médico da clínica.

"Mas sabe mais do que eu", diz Denber.

Segundo a maior parte da literatura médica sobre o assunto, os filhos de viciados em opiáceos entram em abstinência assim que são separados de suas mães. Eles tremem, ficam agitados, transpiram e se contorcem. Vomitam e choram sem parar. Alguns têm problemas para comer. Nos casos graves, podem ter convulsões. O tratamento tradicional para reduzir esses sintomas consiste em administrar tintura de ópio, uma forma diluída de morfina, para que o recém-nascido possa se acostumar lentamente a viver sem a droga.

Por algum milagre que ninguém consegue explicar, em 17 de abril de 1972, dois dias após o lançamento de "Tumbling Dice", o primeiro *single* do novo álbum dos Rolling Stones, Anita Pallenberg dá à luz uma menina que não está viciada e que por isso não precisa sofrer a agonia da síndrome de abstinência neonatal. No entanto, por ser tão pequena, a criança é colocada imediatamente em uma incubadora. Embora o plano fosse internar Anita para que ela passasse pelo tratamento, essa idéia foi impossibilitada.

Em vez de viajar de volta a Nice, Shelley muda sua passagem e vai para Genebra. Enquanto espera em frente ao hotel em Vevey, conversando com a moça que contratou para cuidar de Keith e Anita, uma grande limusine se aproxima. Com uma aparência fantástica, Keith sai do carro. "É a *única* maneira de se viajar", afirma. Depois do almoço, Keith leva Shelley ao hospital, onde encontram Anita e o bebê. Anita ainda está usando medicamentos intravenosos para se curar da infecção, mas parece perfeitamente bem. Cheia de energia, diz que precisa dar um jeito no dente quebrado e fala entusiasmada sobre diversos planos que lhe ocorreram.

"Vamos ver o bebê", diz Keith.

Keith e Shelley caminham pelo corredor e então chegam a uma enfermaria na qual só há três ou quatro bebês. O que está bem à frente deles é o de Keith e Anita. "Qual vai ser o nome dela?", pergunta Shelley. Keith responde que vai se chamar Dandelion. Naquele momento, o bebê mais perfeito que Shelley já viu abre os olhos. Todos reagem, Keith diz: "É a primeira vez que a vejo de olhos abertos." Assim como a mãe, a criança tem olhos muito escuros, quase pretos. "Ela tem os olhos de Anita", diz Shelley. Pelo que ela pode perceber, Keith está apaixonado.

Ao que tudo indica, este seria o melhor momento para terminarmos o segundo ato. Keith, o nosso herói, tão venerável quanto o bravo Ulisses, conseguiu, sabe-se lá como, sobreviver à sua jornada pessoal pelo inferno. O novo álbum duplo dos Rolling Stones está prestes a ser lançado no mundo todo. Uma turnê arrasadora pelos Estados Unidos virá a seguir. Keith tem uma adorável filha recém-nascida para alegrá-lo. Tendo recebido o direito de recomeçar do zero, nenhuma força neste mundo poderia arrastá-lo de volta para onde ele estava havia umas poucas semanas, não muito longe da morte em uma ambulância que acelerava ao redor de um lago suíço.

Quem dera a situação fosse mesmo essa. Se isto ao menos fosse uma peça, um romance ou um filme que pudesse ter o final manipulado para que todos nos sentíssemos melhor não só em relação a nós mesmos, mas à própria condição humana. Em vez disso, acompanhado de uma música sombria e imponente que soa ao fundo, aí vem Tony Espanhol. Como sempre, desempenha um papel duplo — por um lado, é o arauto de péssimas notícias; por outro, é o gêmeo perverso de Keith, o irmão sombrio que desperta em Keith tudo o que ele já deveria ter aprendido a deixar para trás.

Segundo Tony, Keith lhe telefona em Londres para falar do nascimento de sua filha. Antes que Tony consiga felicitá-lo, Keith comenta: "Olha só, a Anita sai do hospital amanhã, ela vai estar histérica. Quero que você voe até aqui com tudo o que conseguir arrumar." Em um diálogo fabuloso que apenas Tony conseguiria criar, ele responde que, ainda que Keith seja seu melhor amigo no mundo inteiro, por quem faria praticamente qualquer coisa, Keith sabe que Tony nunca venderia drogas e jamais as transportaria — dois serviços que Tony certamente já realizou para Keith, e mais de uma vez. "Enfurecido", Keith pede a Tony que arrume então outra pessoa para a tarefa.

Tony consegue 15g de heroína, 15 de cocaína e promete pagar 900 dólares a um amigo se ele carregar os produtos enquanto os dois viajam até Montreux, onde, como escreve Tony, Keith e Anita estão morando, no Hotel Metropole. Como não há nenhum Hotel Metropole em Montreux, essa informação não pode estar correta. Há um Hotel Metropole em Genebra, mas é quase certo que Keith e Anita estavam hospedados no Hotel de Trois Couronnes, em Vevey, próximo a Genebra, que não fica tão longe assim de Montreux.

Embora Tony possa ter confundido esses vilarejos suíços, ele de fato afirma que Keith o pegou no aeroporto na mesma limusine enorme descrita por June Shelley. As fotografias que Tony tira de Keith, Anita e Marlon na Suíça, publicadas em seu livro, confirmam que ele esteve por lá naquela época. E assim, embora não gostemos particularmente desta guinada em nossa história, não temos escolha além de acompanhá-la e ver o que acontece.

Depois de chegar ao hotel de Keith e Anita, Tony espera até que seu amigo termine de dar entrada na recepção. Tony segue então para seu quarto, coleta a mercadoria e a leva à suíte de Keith e Anita, onde "os dois dão fungadas profundas e satisfeitas, dizem que eu salvei as vidas deles e desmaiam". Na manhã seguinte, depois que "a euforia deles já tinha passado", nem Keith nem Anita estão dispostos a desembolsar o dinheiro que Tony havia prometido ao amigo pelos serviços. Keith diz a Tony que tem apenas 500 dólares. "Ele vai ter que pegar ou largar", afirma. Como compensação adicional pelo serviço, Tony dá a seu amigo mais 150 dólares do próprio bolso.

Em cinco dias, segundo Tony, Keith e Anita usam toda a cocaína e toda a heroína que ele lhes trouxe e pedem mais. Keith promete a Tony que pagará ao seu amigo 900 dólares pelo serviço, além dos 400 que lhe devia pelo suprimento anterior. Aceitando a comissão, o amigo pega um avião e retorna com "um pouco mais de heroína e uma bolsinha de maconha". Keith e Anita as "devoram avidamente" e combinam com o amigo de Tony de ele "buscar drogas a cada dez dias". Tornando-se introspectiva e reclusa, Anita logo passa a se recusar a sair da suíte. "Keith e eu levávamos as crianças para caminhar", escreve Tony, "enquanto Anita padecia num solitário esplendor, fumando baseados, enfiando agulhas na bunda e refletindo."

Sempre que as camareiras do hotel vêm limpar o quarto, Anita as manda embora sem nem mesmo abrir a porta. Após três semanas, "o lugar fedia a meias sujas e tinha um ranço terrível de cigarro. Havia garrafas vazias por toda parte, queimaduras de cigarro na maior parte da mobília estilo Luís XIV, e os lençóis tinham um tom acinzentado nada acolhedor". Declarando que não podiam mais viver "neste chiqueiro", Keith pede para ser transferido para outro andar. Antes de limparem a suíte abandonada, as camareiras pedem que seja dedetizada, ao menos é o que escreve Tony.

E agora, uma pergunta que só alguém que jamais tenha passado por essa experiência se arriscaria a fazer: por que uma pessoa passaria pela agonia de um programa de desintoxicação e então recomeçaria logo depois a usar a droga? Para começo de conversa, há a dor física. "Ela não pára depois de dois ou três dias", conta Andy Johns. "Você fica desesperado para consumir heroína por um longo tempo. Pelo menos seis semanas. Não é como ficar enjoado e vomitar. É impossível descrever quão mal você se sente. É uma sensação de absoluto desconforto o tempo todo, e é intensa. Nunca tive nenhuma doença que chegasse perto daquilo. Esse negócio vai até o âmago do seu ser e o seu corpo suplica o tempo inteiro por mais droga, sem parar, não há um segundo de alívio. E você sabe que tudo o que tem que fazer é pegar o telefone, pois assim irá se recuperar e se sentir melhor do que o normal. Por isso é tão difícil."

Por melhor que uma pessoa se sinta enquanto está sob seus efeitos, a sensação de desconforto é muito mais intensa durante a abstinência. "Suponha que você usou durante três anos e agora quer parar", diz Johns. "E já teve algumas vezes que você não conseguiu arrumar por quatro ou cinco dias e quis se matar. Agora a coisa prossegue por dois meses. Mas o que acontece é que toda a dor mental e física que você evitou nesses três anos retorna, só que comprimida num espaço de tempo muito mais curto. Toda a dor nas costas, qualquer topadinha que tenha dado com o pé, todas as coisas das quais fugiu e a merda mental que evitou, tudo isso está ali, só que comprimido nesse período de dois meses, em vez de três anos. É a única maneira que encontro para descrever a sensação."

Marshall Chess, que também teve problemas com heroína durante o tempo em que trabalhou com os Rolling Stones, acrescenta: "A heroína é o mais forte dos remédios para automedicação. Não sou psiquiatra, mas havia ao menos uma parte daquilo que fazia Keith se sentir melhor. Por que você acha que as pessoas dos guetos ficam viciadas? Porque a vida delas é horrível, não têm esperanças e se sentem muito mal, sem nem saberem disso. Leva anos para conseguir parar de usar e para que ela seja realmente eliminada do seu organismo. É por isso que tantos viciados depois se tornam alcoólatras. Eles precisam matar aquela ânsia, aquele tormento."

Na verdade, apenas o viciado sabe por que usa a droga, por que continua a usá-la e por que um dia pára de usá-la. "No final", conta Andy Johns, "você fica sem dinheiro. Isso ajuda. E depois, se você não estiver cercado de pessoas que usam, você fica bem." É evidente que nenhuma dessas condições se aplicam a Keith e Anita. Embora os Rolling Stones não tenham resolvido seu longo processo judicial contra Allen Klein, Keith e Anita ainda possuem recursos financeiros ilimitados. Além disso, andam com pessoas que usam e/ou estão dispostas a fornecer-lhes heroína. Marianne Faithfull escreveria anos depois que tentar evitar que alguém se torne viciado é algo inútil.

20 No dia 5 de maio, uma sexta-feira, Mick Jagger telefona para Bill Wyman e lhe transmite os detalhes das negociações legais com Allen Klein. Embora Klein talvez deva aos Rolling Stones uma soma que pode chegar aos 17 milhões de dólares, Mick diz a Wyman que se a banda mantiver o processo contra ele, o dinheiro poderá continuar bloqueado por mais dois anos. Os advogados dos Stones em Nova York dizem que, para se livrar de Klein, a banda deveria aceitar um acordo de 2 milhões de dólares — 1 milhão para Mick e Keith, compositores das músicas, e 1 milhão para ser dividido igualmente entre os quatro Stones originais e os herdeiros de Brian Jones.

Dividindo as despesas legais entre cinco, Bill Wyman e Charlie Watts receberão apenas 160 mil dólares. Wyman conversa com Watts sobre isso e então telefona para o príncipe Rupert com outra proposta. Para manter a paz dentro da banda, Mick e Keith oferecem, cada um, outros 50 mil dólares para Charlie e Bill. Sentindo-se "um pouco mais satisfeito", Wyman aceita a oferta.

Em troca da permissão para lançar um álbum que contém músicas escritas e gravadas enquanto o contrato da banda com Allen Klein ainda valia, os Rolling Stones permitem que ele administre os direitos de todo o material gravado anteriormente. A soma total que aceitam em troca é, mesmo nos termos do rock 'n' roll daquela época, uma mixaria. Para continuarem a desfrutar de seus caríssimos estilos de vida, os Stones terão que gravar novos discos e fazer novas turnês. Seu acervo anterior só lhes renderá o dinheiro que já ganhavam quando assinaram o primeiro contrato com Klein. Cinco dias depois, quando o acordo é anunciado em um comunicado para a imprensa, Allen Klein afirma: "Os processos judiciais são como as guerras, ninguém sai ganhando."

Em 12 de maio, outra sexta-feira, Bill Wyman viaja, acompanhado por Astrid, para Genebra, onde se encontram com Ian Stewart e June Shelley. Ao se hospedarem no hotel em Montreux, onde, no Cinema Rialto, ocorrerão os ensaios para a próxima turnê, Wyman e Astrid dão de cara com Marshall Chess e, como escreve Wyman, "com um Keith Richards que parecia muito melhor. Foi um grande alívio".

Na quarta-feira, 24 de maio, os Rolling Stones voltam a se encontrar como banda na embaixada dos Estados Unidos, situada na badalada Grosvenor Square, em Londres, onde Mick Jagger recebera sua cota de violência policial ao protestar contra a Guerra do Vietnã. Depois de, como escreveria Wyman, "agüentarem, como garotinhos de escola, um sermão de uma idosa norte-americana", os Rolling Stones recebem os vistos de trabalho que lhes permitirão sair em turnê pelos Estados Unidos.

A esta altura, seria razoável perguntarmos como é possível que, numa era em que o presidente Richard Nixon está ocupado fechando as fronteiras dos Estados Unidos para as drogas, ao mesmo tempo que faz tudo o que pode para destruir os últimos vestígios dos movimentos políticos radicais e subversivos, os Stones recebam a permissão de entrar no país. Ironicamente, o que deveria fazer soar os sinais de alerta na embaixada não é o vício de Keith, e sim a ficha policial de Mick.

Em 19 de dezembro de 1969, nove meses depois de levar uma dura do sargento-detetive Robin Constable em seu apartamento em Cheyne Walk, Mick se declarou culpado por posse de cannabis. Além de ser obrigado a pagar uma multa de 200 libras, e mais 52 libras em despesas judiciais, ele teve sua entrada nos Estados Unidos proibida por 18 meses, o que impossibilitou que os Stones saíssem em turnê ou gravassem lá durante esse período. Apenas quatro meses após o término da proibição, Mick estava de volta a Los Angeles para trabalhar em *Exile*.

Ainda hoje, é impressionante que ninguém na embaixada norte-americana tenha demonstrado preocupação quanto a permitir que Mick Jagger entrasse de novo nos Estados Unidos para realizar o que, naquele momento, seria a turnê mais lucrativa da história do rock 'n' roll. (E ninguém pede a Keith que faça um exame de sangue para demonstrar que está limpo.) Tudo isso poderia ser apenas um golpe de sorte dos Rolling Stones? Uma virada favorável no destino de uma banda que, apesar dos reveses, merece a chance de divulgar mais uma vez o evangelho do rock 'n' roll nos Estados Unidos? Ou será que, como tantas vezes aconteceu, alguns de seus amigos muito bem relacionados intercederam a favor deles?

Além de ser o fundador da Atlantic Records, Ahmet Ertegun também é filho do embaixador turco nos Estados Unidos. Por causa, em grande parte, de seus modos encantadores, de seu carisma pessoal e de sua enorme fortuna, há pouquíssimas pessoas que Ahmet não conheça. Para se assegurar de que os Rolling Stones receberão a permissão de viajar pelos Estados Unidos, Ahmet lhes ofereceu um favor pessoal.

Muito antes que os Stones se encontrem na embaixada, Ahmed fala bem deles para o senador Jacob Javits, de Nova York. Javits, que tem 68 anos, é um republicano bastante progressista e também é o líder do Comitê de Relações Exteriores do Senado. O contato entre Ahmet e o senador parece ocorrer por intermédio da esposa de Ahmet, Marian, uma mulher consideravelmente mais jovem, amiga do romancista polonês Jerzy Kosinski e freqüentadora assídua do *back room*, comandado por Andy Warhol na boate Max's Kansas City.

Seguindo as regras que governam o comportamento na classe social a que pertencem Jacob Javits e Ahmet Ertegun, o senador se mostra mais do que satisfeito em fazer o que pode para facilitar a entrada dos Stones no país. Como relembra uma pessoa próxima aos Stones, "A coisa foi feita da forma correta, mas naquele mundo tudo depende de detalhes. Não acho que tenham permitido a entrada dos Stones por causa do dinheiro que iriam ganhar nos Estados Unidos, que seria bom para todo mundo. Era bom para a venda de discos. Porque *Exile on Main St.* estava prestes a ser lançado. Foi tudo facilitado por meio de favores pessoais. Pois é assim que o sistema funciona, não é?"

E não é uma simples coincidência que os funcionários da embaixada não pareçam saber de nada sobre as acusações pendentes contra os Rolling Stones em virtude das prisões feitas cinco meses antes no sul da França. Uma vez que essas acusações ainda não foram reveladas ao público, eles não tinham como saber. Isso também não é por acaso. Em virtude das extensas ligações políticas e financeiras que as pessoas da alta hierarquia dos Stones possuem na França, assim como as relações com um conhecido visconde e também com os Rothschild, a maior família de banqueiros e mercadores de vinhos finos da França desde os tempos de Napoleão, elas se asseguram de que o processo não seja divulgado, executando todos os procedimentos necessários. É por isso que as acusações permanecem secretas por mais seis meses, emergindo de súbito somente após a turnê norte-americana da banda.

Ao receberem a permissão oficial para entrar no país, os Stones ficam sabendo que *Exile on Main St.*, lançado nos Estados Unidos apenas dois dias antes, já recebeu tantos pedidos de compra adiantados que a banda já ganhou um disco de ouro pelo álbum. Na quinta-feira, 25 de maio, todos viajam para Los Angeles para dar prosseguimento aos ensaios da turnê, que começará em 3 de junho em Vancouver, no Canadá, e terminará seis semanas depois no Madison Square Garden, em 26 de julho, no aniversário de 29 anos de Mick Jagger.

Antes do início da turnê, a banda decide que, com exceção de Bill Wyman, que se recusa terminantemente a aceitar tais regras, nenhum deles levará companheiras enquanto estiverem na estrada, o que permitirá que se concentrem no rock 'n' roll noite após noite dentro de estádios de hóquei esfumaçados e cheios de gente. Embora Bianca apareça no Madison Square Garden, entrando no palco ao fim do último show para presentear Mick com um panda gigante de pelúcia e um beijo de aniversário, Anita não dá as caras. Sem condições de viajar, ela permanece em seu exílio na Suíça com a filha recém-nascida.

Para os que quiserem saber a respeito da viagem dos Rolling Stones pelos Estados Unidos no verão de 1972, menos de um ano depois de se reunirem em Villa Nellcote para gravar o único álbum duplo da banda, existe um livro sobre essa turnê. E não se parece nem um pouco com este. Isso se deve em parte ao fato de ter sido escrito há 33 anos, na época em que os Rolling Stones e todos os que os cercavam ainda eram relativamente jovens. Naquele momento, ninguém poderia acreditar que tantas daquelas pessoas, nas palavras imortais de Pete Townshend, morreriam antes de envelhecer.

Keith, Bianca, Mick e Anita refletidos
em um espelho. Villa Nellcote, julho de 1971.

21 E o que dizer do álbum em si? Considerando-se o número de vidas perdidas enquanto *Exile on Main St.* estava sendo gravado, seria encantador relatarmos que o resultado final é uma obra de arte sensacional, que fez com que todo o sofrimento valesse a pena. Quem dera a vida e a arte, ao menos no que diz respeito aos Rolling Stones, pudessem ser assim tão simples.

(Nota ao leitor: se você busca uma análise de *Exile on Main St.* faixa a faixa, com detalhes de como cada música foi gravada, como foram feitos os *overdubs* e a mixagem, com uma lista completa de todos os músicos envolvidos, aconselho-o a consultar os trabalhos mencionados ao fim deste livro, pois esse tipo de labuta sempre esteve na jurisdição dos críticos de rock, e não dos escritores do rock, se é que ainda resta algum destes vivo.)

Feita essa ressalva, dissipemos agora o mito de que *Exile on Main St.* veio ao mundo como uma grande decepção, tombando aos pés de um público que ainda não estava pronto para compreender o que os Rolling Stones tinham acabado de fazer. Observe a seguinte postagem anônima na Wikipédia a respeito do álbum: "Recebido inicialmente com comentários mornos, o LP duplo tem sido reavaliado e hoje é considerado um dos melhores discos de todo o catálogo dos Rolling Stones. ... Embora seus primeiros críticos considerassem que *Exile on Main St.* era um álbum de qualidade variável, a mística do álbum cresceu ao longo do tempo e agora ele é considerado por muitos como o melhor momento dos Rolling Stones."

Em outras palavras, como algum Bordeaux lendário que cheirava a vinagre quando foi engarrafado, as músicas de *Exile on Main St.* se tornaram mais suaves e maduras com a idade, transformando-se em um elixir tão poderoso que só é recomendável prová-lo em ocasiões memoráveis. Como ocorre com tantas coisas que costumam ser consideradas verdadeiras sobre os Rolling Stones e sua obra, há controvérsias.

Em um artigo do *Melody Maker* intitulado "Stones: simplesmente os melhores", publicado logo após o lançamento do álbum, Richard Williams escreveu: "*Exile on Main St.* certamente entrará para a história. Na minha opinião, é o melhor álbum da banda, o que é um feito notável por se tratar de um álbum duplo e porque a consistência nunca foi o forte dos Stones. ... Este álbum responde, de uma vez por todas, a quaisquer perguntas sobre suas habilidades como roqueiros."

Na edição de 4 de junho de 1972 do *Record Mirror*, Norm Jopling escreveu que "*Exile on Main St.* é um grande álbum, cheio de energia, entusiasmo e repetição. ... Possui muitos estilos e influências mas, ao contrário do imaculado álbum branco dos Beatles, funciona muito mais no nível físico. ... Muitas das faixas são absolutamente brilhantes. ... Os Stones continuam produzindo sempre o mesmo tipo de música, e certamente atingiram o ápice neste momento".

No mesmo dia, Don Heckman escreveu no *New York Times*: "As gravações do disco constituem o melhor cruzamento já feito entre os elementos únicos que formam a música dos Stones. ... *Exile on Main St.* tem bastante rock, das mais variadas cores e estilos, para alegrar a todos. ... Os Stones estão se voltando para dentro, e se puderem ajudar as pessoas a entenderem algo sobre si mesmas, esse talvez seja o mais revolucionário de todos os atos deles."

Embora nenhuma dessas críticas possa ser classificada como morna, algumas pessoas de fato tiveram suas dúvidas sobre *Exile*. Na edição de 6 de julho de 1972 da *Rolling Stone*, Lenny Kaye, que mais tarde teria uma carreira bastante razoável como guitarrista solo do Patti Smith Group, escreveu: "Algumas músicas são boas, outras, ruins. Algumas se transformarão em nossas preferidas, outras provavelmente farão com que levantemos a agulha quando estiverem para começar." (Vejam bem, crianças, naquela época, as pessoas ouviam música em vitrolas com... ah, deixa para lá.)

Kaye também observou que o álbum "passa seus quatro lados brincando com os matizes de uma mesma música. E se por um lado demonstram a constância e a atração eternas do grupo, por outro podem fazer com que você acabe de ouvir o álbum e ainda se sinta vagamente insatisfeito, sem ter sido levado às alturas — o prêmio especial que os Stones sempre nos reservaram nos discos anteriores".

Exile, acrescentou Kaye, apresenta "os Rolling Stones em seu estado mais denso e impenetrável. Na tradição de Phil Spector, construíram uma onda sonora na qual emolduram suas músicas. Porém, enquanto Spector sempre tentou criar uma clima espacial, os Stones reúnem tudo numa massa sólida unificada, gerando uma selva emaranhada que você deve atravessar para chegar ao miolo do material".

Dois anos depois, Paul Williams, que fundou a revista *Crawdaddy* e que carrega a terrível responsabilidade de ter sido o primeiro a pensar com seriedade no trabalho de criticar discos de rock, expressou uma opinião bastante similar (ainda que bem mais pessoal) ao escrever que "o álbum, um disco duplo que traz uma capa artística e pretensões de blues, simplesmente não conseguiu me cativar, a música parece confusa e não me seduz, não se comunica com a minha realidade secreta. Desta vez, não há sequer músicas perfeitas, apenas momentos perfeitos dentro das músicas, e isso não é o suficiente".

Tenha em mente que, quando *Exile* foi lançado, ninguém fazia idéia do caos que as drogas tinham causado em Nellcote naquele verão. Enquanto *Beggars Banquet*, *Let it Bleed* e *Sticky Fingers* espelhavam as vidas das pessoas que adoravam a banda, o mesmo não acontecia em *Exile*. Para a maior parte dos fãs dos Stones na época, a heroína não era a droga preferida. Eles tampouco tinham passado um verão vivendo no sul da França. O estado de exílio metafísico sobre o qual os Stones estavam escrevendo e cantando ainda não havia chegado às ruas.

Como um gigantesco monstro de duas cabeças que ninguém conseguia compreender ou controlar, *Exile on Main St.* simplesmente confundiu muitos dos que sempre tentaram encontrar nos Stones a trilha sonora de suas vidas. Estava óbvio que aquilo ali era rock 'n' roll misturado com blues e country, mas no conjunto da obra, do que aquilo se tratava? Uma bagunça ou uma obra-prima? Naquela época, ninguém sabia ao certo.

Quando os Stones viajaram pelos Estados Unidos em 1972, pouco após o lançamento de *Exile*, a banda tocou regularmente seis das músicas do álbum (de um total de 18). Na ordem em que foram tocadas, tivemos "Rocks Off", "Happy", "Tumbling Dice", "Sweet Virginia", "All Down the Line" e "Rip This Joint". "Sweet Black Angel" também acabou entrando no repertório em ao menos uma ocasião, mas "Loving Cup", "Torn and Frayed" e "Ventilator Blues" só foram tocadas durante o longo e desordenado show de abertura no Pacific Coliseum, em Vancouver, sendo então retiradas do *setlist* e jamais recolocadas.

Os Stones decidiram, sabiamente, dar aos fãs norte-americanos, que não os viam desde 1969, um resumo abrangente de todo o repertório deles, abrindo o show com "Brown Sugar" e "Bitch", de *Sticky Fingers*, seguidas por "Gimme Shelter", "Love in Vain" (de Robert Johnson), "You Can't Always Get What You Want" e "Midnight Rambler", de *Let it Bleed*, antes de concluírem com "Jumpin' Jack Flash". O bis começava com "Street Fighting Man", de *Beggars Banquet*, seguido de "Satisfaction", de *Out of Our Heads*, lançado em 1965. "Satisfaction" às vezes era substituída por "Honky Tonk Women", que foi lançada num *single* antes de *Let it Bleed*, mas que no álbum aparece como "Country Honk".

Uma noite após a outra durante a turnê, a melhor entre todas as músicas de *Exile* tocadas pelos Stones foi "Sweet Virginia", que Mick cantava em um foco de luz azul, com Keith e Mick Taylor tocando violões sentados ao seu lado em bancos de madeira. "Happy" era sempre tocante, ao menos porque Keith ainda cantava com uma voz que não tinha sido estilhaçada a ponto de se tornar irreconhecível. Possivelmente em virtude do trabalho que tiveram com esta faixa no estúdio, além da infinidade de mixagens que vieram a seguir, "Tumbling Dice" sempre parecia bastante morta quando tocada ao vivo. Ainda que "Rocks Off", "All Down the Line" e "Rip This Joint" soassem fortes no palco, serviam principalmente como enchimento, permitindo que a multidão recuperasse o fôlego antes que os Stones tocassem mais uma de suas obras-primas. Ao menos é o que parecia na época.

Nove anos mais tarde, o crítico Robert Christgau, do jornal *Village Voice*, escreveu sobre *Exile*: "Acima de tudo, esta exaustiva obra-prima é difícil — de que outra forma descrever um tipo de música que levamos semanas para compreender? Cansativa e complicada, quase afogando-se no trabalho árduo que a gerou, tem como resultado um rock de força e concentração redobradas. Mais indecifrável do que nunca, com a voz de Mick submergindo em camadas obscuras geradas no estúdio, ela empilha todos os velhos temas — sexo como poder, sexo como amor, sexo como prazer, distância, loucura, liberação — a respeito da obsessão pelo tempo, mais apropriada para pessoas que passaram dos 30 comprometidas com o que um dia foi considerado música de jovens. Passeando pelo country da doce Virgínia e balançando os quadris com Slim Harpo enquanto cantam seus louvores ambíguos a Angela Davis, Jesus Cristo e a Butter Queen, não passam de filhos da guerra tocando um blues de boca-de-sino." Christgau deu nota dez ao álbum.

Em 1977, uma equipe de 50 DJs e críticos de rock ingleses e norte-americanos reunidos por Paul Gambaccini, um escritor de rock e

DJ da BBC, escolheu *Exile* como o sétimo melhor álbum de rock de todos os tempos. Dez anos depois, desceu para o 11º lugar da lista. (O que serve apenas para mostrar o que uma década é capaz de fazer.)

A crítica mais citada de *Exile* foi feita em 1995 por Mick Jagger (que deve saber do que está falando). Mick disse a Jann Wenner, da *Rolling Stone*, que o álbum "É um pouco supervalorizado, para ser sincero. Não contém tantas músicas excepcionais como os discos anteriores. O instrumental é bastante bom. Tem uma qualidade crua, mas não creio que, no geral, seja tão bom assim. ... Não acho que seja o nosso melhor trabalho. Também não tem letras boas. A gente extrapolou completamente". Vinte e três anos antes, quando o álbum foi lançado, Mick Taylor havia corroborado essa afirmação dizendo achar "que *Exile on Main St.* é mais contundente do que *Sticky Fingers*, porém não tão imaginativo ou aventureiro. Esta é uma opinião inteiramente pessoal".

À medida que surgiam relatos sobre a produção de *Exile* ao longo dos anos, a idéia de que o álbum era uma obra-prima se tornou um cânone da crítica do rock. Como escreveu Barney Hoskyns no *The Observer* em junho de 2004, "Todos os discos de rock deveriam ser compostos em porões úmidos de velhos fortes nazistas na Côte d'Azur, tendo contatos confiáveis em Marselha para o suprimento de heroína e com Gram Parsons perambulando pelos corredores. Dessa forma, talvez atingissem metade da qualidade de *Exile on Main St.*".

Não é de surpreender que as pessoas que de fato estavam presentes naquele momento também tenham visões muito diferentes de *Exile*. "Foi um parto tão difícil, não é mesmo?", diz Rose Taylor. "Era um péssimo lugar para se gravar um disco. Simplesmente horroroso. Eu nunca escuto aquelas músicas. Não ouço o *Exile* há 30 anos. Nem sei que músicas tem. 'Sweet Virginia'? Ah, é. Para mim, aquele cover foi grotesco, e o Mick Taylor sempre se queixava de ter sido cortado da música durante a mixagem, ou de ter feito um solo maravilhoso que foi retirado da versão final. Qual é a base que as pessoas usam para dizer que é a obra-prima deles? Não concordo nem um pouco, eu diria que *Let it Bleed* é fantástico."

"Acho que *Exile* é, de longe, um dos melhores álbuns nos quais já trabalhei ao lado deles", diz Marshall Chess, que esteve com a banda em *Sticky Fingers, Exile on Main St.*, *It's Only Rock 'n' roll* e *Black and Blue*. "Para mim, *Exile* é melhor do que *Sticky Fingers*, pois é mais espontâneo. Houve um tipo de criatividade espontânea realmente única. Foi um lance meio sem regras. Você acordava às três da manhã, podia tomar o que quisesse. Era viver o álbum."

"Até hoje, Mick jamais reconheceu a importância descomunal daquele trabalho", diz Tommy Weber. "Foi seminal. Já tínhamos entrado nos anos 1970. Isso é absolutamente crucial para que se entenda o momento e a disposição de todos os que estavam ali e para a atitude presente em *Exile*, que é uma gênese da segunda metade do século e da escuridão que se aproximava. Todos nós fomos privilegiados por estarmos ali como instigadores disso tudo."

É claro que nenhuma discussão sobre *Exile on Main St.* estaria completa sem mencionar Liz Phair, que, em 1993, ajudou a chamar a atenção de uma geração inteiramente nova para o trabalho original ao lançar *Exile in Guyville*, que muitos críticos de rock consideram o álbum número um daquele ano. Descrito por Barney Hoskyns, em uma edição de 1994 da revista *Mojo*, como "uma resposta faixa por faixa a um 'texto' elementar do rock — a obra-prima *Exile on Main St.*, dos Rolling Stones", *Guyville* na verdade não é nada disso.

Como observou o crítico Eamonn McCusker, do site *CD Times*, "Phair fez com que *Exile in Guyville* parecesse ser mais do que é, descrevendo-o como uma resposta música por música a *Exile on Main St*. Por mais que a imprensa musical tenha adorado a idéia, ela simplesmente não se sustenta, desde sua primeira faixa, '6'1' — uma música do tipo 'estou melhor agora que me livrei de você', que tem pouca ligação com 'Rocks Off', uma crônica da vida abastada — até o fim. Para ser sincero, qualquer pessoa que busque uma reformulação *indie* de *Exile on Main St.* ficaria mais satisfeita caso se desse ao trabalho de pesquisar uma versão do clássico dos Stones feita por Pussy Galore e lançada só em fita cassete; mas Phair merece todo o crédito por promover seu disco de estréia com uma afirmação astuta, capaz de atiçar o interesse dos jornalistas musicais, que relembram com pesar o dia em que compareceram a Altamont".

Segundo o artigo da Wikipédia sobre o álbum original, *Exile* "recebeu até o momento três discos de platina nos Estados Unidos. Em 1998, os leitores da revista *Q* colocaram no ranking *Exile on Main St.* como o 42º melhor álbum de todos os tempos; já em 2002, foi listado como o número 7 da lista da revista *Rolling Stone* com os "500 melhores álbuns de todos os tempos". Em 2003, o canal de TV VH1 o colocou no 12º lugar de sua votação dos maiores álbuns, e a publicação online Pitchfork Media o classificou como o número 11 de seus "100 maiores álbuns dos anos 1970".

Para os que não lêem com atenção as revistas *Billboard* e *Cashbox* todos os dias, o fato de *Exile on Main St.* ter ganhado três discos de platina nos Estados Unidos significa que foram vendidos mais de 3 milhões de cópias do álbum apenas nos Estados Unidos. Em comparação, *Exile in Guyville* vendeu apenas 200 mil cópias nos Estados Unidos. Neste caso em particular, a original vendeu 15 vezes mais do que a "resposta". Em um mercado no qual o número de unidades vendidas sempre serviu como medida de sucesso, o original se saiu bem melhor.

Como sempre, Keith é quem dá a palavra final sobre o álbum. Quando Barney Hoskyns lhe perguntou, em entrevista para a *Mojo* em novembro de 1997, se ele se lembrava de ter se sentido "incomodado por algumas das críticas negativas que surgiram após o lançamento de *Exile*", Keith respondeu: "Vejo aquelas críticas como um grande conjunto de equívocos. Para qualquer cara que tenha me entrevistado e escrito uma daquelas, eu diria: 'Ah, você sabe *tudo*, né?' Mas era bastante compreensível, pois muitas coisas pesam contra os álbuns duplos. Sempre vai ter uma certa confusão. Mesmo assim, o que o *Exile* fez foi continuar crescendo, e acabou deixando sua marca após certo tempo. Foi se infiltrando aos poucos."

Ao longo dos últimos 35 anos, *Exile on Main St.* se emaranhou em nossa cultura. Embora o álbum atualmente tenha mais idade do que tinham Mick e Keith na época em que o fizeram, as pessoas ainda parecem fascinadas com a origem dele. Poderia haver prova maior de sua longevidade invejável do que a profusão de livros escritos sobre *Exile on Main St.*? E assim, sem grande alvoroço, chega ao fim nossa seção de crítica de rock.

22 Entre todos os grandes artistas do rock do início dos anos 1960, apenas Bob Dylan (principalmente por meio de suas *Back Pages*) e os Stones continuam a atualizar e aumentar o mito em torno deles. Os anúncios de página inteira pagos pela Fidelity Investments, patrocinadora da última turnê de Paul McCartney, que o glorificam como um "Quarryman, Beatle, Wing, Poeta, Pintor, Pai, Líder, Produtor, Magnata" e então concluem dizendo que "O segredo é nunca deixar de fazer o que você gosta", podem provocar certa náusea naqueles que se lembram do rapaz atrevido, porém adorável, que se vangloriava de ter ficado doidão no banheiro do Palácio de Buckingham antes de cumprimentar a rainha; o fato é que, hoje em dia, ele se parece muito pouco com a pessoa que já foi um dia. Mesmo que se libere ao tocar alguns velhos sucessos no intervalo do Super Bowl, a verdade é que Paul perdeu sua banda há anos e agora precisa trilhar sozinho essa estrada longa e tortuosa.

O mesmo não acontece com os Rolling Stones. Ainda que Mick tenha recebido o título de cavaleiro por motivos que ninguém, especialmente Keith, consegue entender, a saga dos Stones é uma infindável história de rock. E como ainda são Mick, Keith e Charlie tocando ali no palco para pessoas dispostas a pagar preços exorbitantes para vê-los, o tempo parece ter parado para todos eles. Não há exemplo melhor disso do que a história contada por Marshall Chess, que, durante a turnê *Bridges to Babylon* em 1998, decidiu que havia chegado a hora de restabelecer contato com a banda, 21 anos depois de ter se afastado deles para salvar a própria vida.

Sem saber muito bem como seria recebido pelos Stones, Chess chegou ao Madison Square Garden um bom tempo antes do início do show e descobriu que todas as credenciais de que precisava para entrar no refúgio sagrado onde a banda se abrigava já estavam esperando por ele. Depois que um segurança o escoltou até os bastidores, Chess se viu em uma sala ao lado de Steven Tyler, do Aerosmith, e Ahmet Ertegun (que esteve presente ao bar mitzvah de Chess), além de diversas outras estrelas da mídia. Deparando com Chess ao entrar na sala, Charlie Watts o abraçou e disse: "Marshall! Marshall! Caramba, é muito bom encontrar você. Chega mais. Keith quer ver você."

Charlie fez então com que Chess cruzasse outra barreira de segurança até um enorme camarim, que tinha uma lareira, duas poltronas, uma gigantesca mesa de maquiagem e um banheiro com espelhos e muitas lâmpadas. Embora não houvesse nenhuma droga à vista, Keith e Ronnie Wood, que havia bastante tempo já tinha substituído Mick Taylor na banda, bebiam grandes goles de vodca direto da garrafa. Encantados ao verem Chess, Keith e Ronnie o abraçam. Em seguida, apresentam-no a suas novas esposas — Patti Hansen, uma modelo nascida em Staten Island que se casou com Keith em 1983, e Jo Howard, que saiu de um convento em Essex, na Inglaterra, e também trabalhou como modelo, casando-se com Ronnie Wood em 1980.

Os seguranças vinham toda hora dizer a Keith que as pessoas reunidas em frente à sala estavam esperando para vê-lo. "Bom, eles que esperem. Não podem entrar", disse Keith. Passando direto ao assunto que o levara até ali, Chess se dirigiu a Keith: "Cara, eu precisava vir, entende? Durante todos esses anos, senti como se a situação não tivesse ficado bem resolvida depois da minha saída. E isso tem me incomodado. Achei que seria uma boa vir até aqui e passar as coisas a limpo."

Keith olhou para Chess como se ele estivesse falando em outra língua. "Marshall, do que você está falando, porra? Você estava lá. Agora está aqui." Pelo menos para Keith, não fazia 26 anos desde que Chess viajara de Los Angeles para Nova York para entregar as fitas masters de *Exile on Main St.* — era como se tivesse sido ontem. Agora que os dois estavam reunidos em mais um camarim antes de mais um show durante mais uma parada no meio da estrada, tudo continuava a ser como sempre. O que, em essência, é como o mundo sempre foi para Keith Richards.

"Vamos entrar daqui a uma hora", anunciou alguém de repente.

Keith ordenou que todos saíssem da sala, exceto Chess. Ficou então apenas de cueca para vestir a roupa que usaria no palco. "Marshall," disse Keith, enquanto se vestia, "você precisa ver isto aqui! Você vai adorar!"

"Adorar o quê?", perguntou Chess.

"A gente sempre quis ganhar algum dinheiro com esses puxa-sacos de estrelas, e agora conseguimos! Você tem que ver!"

"Como assim?", perguntou Chess, ainda sem entender.

"A primeira parte", explicou Keith, "é aquela outra sala nos bastidores. Aquelas pessoas pagam milhares de dólares para entrar ali. E a gente só precisa aparecer e circular entre elas durante dois minutos."

Foi então que Chess se deu conta de que, ao contrário dele (e, sem dúvida, de Ahmet e Steven Tyler), as celebridades menores no outro camarim tinham comprado suas credenciais.

Aproximando-se de Keith, um segurança disse:

"Chegou a hora do boa-noite-como-vai."

"Keith", perguntou Chess, "o que é esse boa-noite-como-vai?"

"Você vai ver", respondeu Keith. "E vai adorar."

Marchando pelo corredor, encontraram-se com Charlie e Darryl Jones, o baixista virtuoso que substituíra Bill Wyman na banda mas que certamente não era um Rolling Stone. De repente, Mick apareceu. "Quando Mick me viu," lembra Chess, "ficou tenso. Eu o abracei e ele ficou petrificado. Mas quer saber? Eu sei que antes de entrar no palco ele fica apavorado. Fica todo esquisito. Eu sabia disso. Além disso, ele não via a minha cara havia 20 anos. Ele ficou aturdido. Eu sei que Keith deve ter adorado fazer isso com ele.

O grupo se pôs então a caminhar por um corredor de concreto, chegando a uma grande tenda de lona. Alguém abriu a cortina e eles entraram. "Fui o último a entrar", lembra Chess. "Havia uma mesa com duas garrafonas de Chianti, queijo e frutas exóticas." A tenda estava repleta de executivos de uma companhia telefônica. Por um breve momento, os Stones posaram ao lado dos executivos. Um fotógrafo tirou duas fotos e a banda saiu dali.

"Ha-ha! Acabamos de ganhar 250 mil dólares!", disse Keith a Chess enquanto saíam.

Em troca do privilégio de posar para fotos ao lado dos Rolling Stones, a Sprint (empresa do ramo da telefonia) pagou à banda mais do que eles tinham conseguido juntar em qualquer um dos shows da turnê de 1972. "Aquilo mostrava como a coisa toda mudou" relembra Chess. "Antes, a gente sempre ria dessas pessoas. A começar por Truman Capote na turnê de 1972. Agora eles tinham encontrado um jeito de ganhar dinheiro com eles."

Façamos agora uma breve passagem por 2005, quando os Stones anunciaram que, além de estarem prestes a iniciar uma nova turnê pelos Estados Unidos, também lançariam *A Bigger Bang*, seu primeiro álbum com músicas inéditas desde 1997. Mick parecia ter aprendido ao menos uma lição depois de tudo o que ocorrera em Nellcote 35 anos antes. Quando David Fricke, da *Rolling Stone*, pediu-lhe que descrevesse o conceito por trás do novo álbum, Mick respondeu: "Concentre-se no que está fazendo. Nada de ficar coçando o saco ou fazendo *jams* durante dias. Eu pensei: 'Não podemos fazer este álbum do modo como fizemos os anteriores, passando meses num estúdio com centenas de pessoas. É difícil, caro e não é muito divertido.'"

Exceto pela parte da diversão, o mesmo poderia ser dito sobre a vida de Mick desde os tempos de Nellcote. Depois que ele e Bianca se envolveram em uma série de casos extraconjugais muito noticiados pela imprensa, os dois se separaram em 1977. O divórcio foi concluído em 5 de novembro de 1980, no que aparentemente foi um dos maiores acordos financeiros da história até então.

Depois disso, Bianca foi freqüentadora assídua do Studio 54, em Nova York, sendo vista em festas, restaurantes e discotecas acompanhada de Liza Minelli, Calvin Klein e Andy Warhol, seu amigo íntimo, que a chamou uma vez de "a maior estrela do cinema que nunca fez um filme". Afastando-se dos ricos e famosos, engajou-se na defesa dos direitos humanos, trabalhando com a Anistia Internacional, a Human Rights Watch e o Washington Office for Latin America. Em 1994, recebeu da Organização das Nações Unidas o Earth Day Award. Três anos depois, a Rain Forest Alliance lhe concedeu o Green Globe Award em virtude do trabalho que ela fez para salvar florestas tropicais e proteger povos indígenas. Opondo-se firmemente à pena de morte, também foi declarada "Abolicionista do Ano" pela National Coalition to Abolish the Death Penalty.

Em 22 de novembro de 2005, enquanto Mick tocava em frente a um auditório lotado no Delta Center, em Salt Lake City, Utah, Bianca e o reverendo Jessie Jackson visitaram Stanley "Tooke" Williams, fundador da Crips, no corredor da morte em San Quentin. Apesar do emocionado apelo público feito por Bianca, pedindo ao governador da Califórnia, Arnold Schwarzenegger, que concedesse clemência a Williams, ele foi condenado à morte em 13 de dezembro de 2005 por assassinato.

A filha de Mick e Bianca, Jade Sheena Jezebel Jagger, nascida em Paris enquanto *Exile on Main St.* era gravado no sul da França, cresceu em Manhattan, ficando muitas vezes sob os cuidados de Andy Warhol em seu estúdio, o Factory. Aos 16 anos de idade, Jade fugiu de um internato só para meninas na Inglaterra para ir morar com o namorado, Josh Astor, filho de um lorde. Enquanto freqüentava a faculdade de artes, conheceu Piers Jackson, com quem teve duas filhas, Assisi, nascida em 1992, e Amber, nascida em 1995. Viveu então por muitos anos em Ibiza, onde desenhou jóias para a Asprey de Londres. Recentemente, Jade mudou sua base de operações para Nova York, onde cedeu seu nome e suas habilidades como designer para a JADE, uma construtora de "descontraídos edifícios de luxo", situada na 19th Street, em Manhattan.

Com mechas louras pintadas no cabelo e uma aparência adorável, com um vestido branco, sapatos de salto alto da mesma cor e um colar elegante, provavelmente criado por ela mesma, Jade pôde ser vista deitada em uma cama de cor laranja, fitando a câmera em um anúncio de revista feito para atrair possíveis compradores de apartamentos com preços que variam de 550 mil a 1.425.000 dólares. Como observa a propaganda, o edifício "tem fácil acesso aos locais mais badalados de Mantattan". O que é mais do que se poderia dizer de Nellcote.

Antes de se separar de Bianca em 1977, Mick já havia iniciado um caso com Jerry Hall, eternamente descrita na imprensa como "uma supermodelo loura com pernas longas e nascida em Mesquite, no Texas". Ela foi apresentada a ele por Bryan Ferry, o vocalista do Roxy Music, namorado de Jerry na época. Depois de terem uma filha, Elizabeth, e um filho, James, eles se casaram em 1990, numa cerimônia hinduísta em Bali. Nove anos depois, após ter mais dois filhos com Mick, Georgia e Gabriel, Hall pediu o divórcio, acusando Mick de adultério e pedindo um acordo de 50 milhões de dólares. Embora os advogados de Mick tenham alegado que o casamento em Bali era apenas cerimonial, portanto sem validade jurídica, o caso foi resolvido na Justiça. Os dois ainda são amigos.

Agora, aos 65 anos de idade, as persistentes e bem noticiadas aventuras sexuais de Mick fizeram com que ele deixasse de ser o arrojado Casanova que tanto parecia ser em Nellcote e se transformasse em um Lotário envelhecido. Nos últimos anos ele tem andado na companhia de L'Wren Scott, uma ex-modelo e estilista de 1,93m de altura. Ela tem uns 40 anos de idade e seu nome de nascença é Luann Bambrough, tendo nascido em Roy, Utah, onde cresceu com uma família que a adotou. Além de desenhar o figurino de Mick para a turnê norte-americana de *A Bigger Bang*, conta-se que Scott esteve tentando fazer com que Keith e Ronnie Wood deixassem de fumar (boa sorte, querida), além de insistir que a banda deveria renovar seu visual. Alguém chegou até mesmo a chamá-la de "Yoko Ono dos Stones". Como se alguma mulher, por mais alta, bonita ou talentosa que seja, pudesse algum dia se colocar entre Mick e Keith, que continuarão a ser os Glimmer Twins até o dia em que morrerem.

Ainda que Mick nunca tenha sido o tipo de pessoa que vive no passado, sendo muito provável que jamais pense, sequer por um momento, em todas as pessoas com quem esteve em Nellcote, precisamos, mesmo que seja para dar um encerramento a todo este *sturm und drang*, dar uma última olhada em todos aqueles que tiveram papéis coadjuvantes na peça encenada naquele verão na casa de Keith e Anita no sul da França.

Bill Wyman deixou a banda em 1993, dois anos depois de se divorciar de Mandy Smith, a quem começou a namorar quando ela tinha 13 anos e ele 47; ele tem agora 72 anos de idade. Durante o período em que foram casados, o filho de Bill, Stephen, que na época tinha 33 anos, ficou noivo da mãe de Mandy, Patsy. Caso os dois tivessem se casado, Bill teria se tornado o pai do marido de sua própria sogra, o que seria uma situação difícil para todos os envolvidos.

Casado com Suzanne Accosta pelos últimos 15 anos, Bill tem três filhas pequenas. É dono de um restaurante em Londres cujo nome é Sticky Fingers, escreveu dois livros sobre os Stones e outro sobre o artista Marc Chagall, que foi seu amigo, e continua a tocar baixo com seu grupo de R&B, os Rhythm Kings. Como ele detestava o caos gerado pelas drogas em Nellcote, os eventos daquele verão parecem ter tido pouca ou nenhuma influência em sua vida. Para outros, Nellcote foi o lugar onde foram apresentados a um estilo de vida que, com o tempo, provou-se insustentável.

Mick Taylor deixou os Rolling Stones em dezembro de 1974, tornando-se membro da Jack Bruce Band, que gravou um único álbum antes de acabar. Desde então, tem viajado em turnê ao lado de Alvin Lee, antigo líder da banda Ten Years After — uma versão reformulada de John Mayall and The Bluesbreakers —, e Bob Dylan. Embora não esteja muito bem de saúde ultimamente, ainda toca blues, mas para platéias menores do que as que o viram se apresentar com os Stones. Ainda não se sabe ao certo se ele foi compensado adequadamente pelo trabalho que fez com os Stones naquela época.

"Mick Jagger prometeu incluí-lo nos créditos de 'Moonlight Mile' e de umas outras, mas nunca o fez", relembra uma pessoa próxima aos Stones. "Ele se encontrou com Keith há poucos anos, que ficou choramingando e dizendo: 'Ei, a gente realmente está em dívida com você, cara.' Mas a situação não mudou em nada. Acho que Ronnie Wood falou: 'Bom, Mick Taylor nunca foi de fato um Rolling Stone.' E ele estava certo. Não era. Acho que o Mick T. sempre sentiu que tinha vendido a alma para o rock 'n' roll. E não chegou nem perto de ser recompensado. Mas ninguém nunca é, não é mesmo?"

Rose Taylor, que passou por um martírio pessoal depois que Mick Taylor a deixou em 1977, casou-se de novo e atualmente se considera uma cristã renascida. A filha Chloe, que era um bebê de colo em Nellcote, agora tem 37 anos. Relembrando os tempos em Nellcote, Rose Taylor diz: "O acesso ilimitado não é bom para ninguém. Tenho certeza de que, naquela época, as pessoas não sabiam no que estavam se metendo. E havia essa arrogância horrível de acharmos que éramos imortais. Acho que isso tem a ver com a juventude. E com o fato de que éramos protegidos, muito privilegiados e não estávamos nas ruas."

Em 1987, Stash Klossowski, grande amigo de Keith, produziu o primeiro álbum dos Dirty Strangers, uma banda com Keith e Ronnie Wood. Cinco anos depois, Stash escreveu, dirigiu e produziu um filme chamado *Shining Blood*, baseado parcialmente na lenda do Rei Artur. Também é autor de dois livros, *Alchemy: The Secret Art* e *The Golden Game: Alchemical Engravings of the Seventeenth Century*. Envolvido com a indústria cinematográfica, vive em Malibu com o filho.

Depois da participação em *Exile*, Andy Johns produziu trabalhos de Joe Satriani, Van Halen, Ozzy Ozbourne, Eddie Money, Jack Bruce, Free, Television, Derek & The Dominos, Eric Clapton, Ginger Baker, Delaney & Bonnie, Traffic, Blind Faith e Jethro Tull. Um de seus últimos projetos, *IV*, da banda Godsmack, foi o álbum mais vendido nos Estados Unidos em maio de 2006. Feliz em seu casamento e pai de dois filhos, vive muito bem em Los Angeles.

Infelizmente, não se pode dizer o mesmo do respeitável Ian Stewart, cujas drogas preferidas sempre foram o uísque e a carne. Em 12 de dezembro de 1985, Stu teve um ataque cardíaco fulminante aos 47 anos de idade, sentado na sala de espera de uma clínica em Londres. Supõe-se que Olivier Boelen esteja morto, assim como Tony Espanhol e René D'Amico, que aparentemente era um dos caubóis. Ninguém parece fazer a menor idéia do que aconteceu com Jacques, o cozinheiro.

Depois de sair da França com os filhos, Tommy Weber conheceu em Marbella uma mulher chamada Joanna Harcourt-Smith. Juntos, viajaram para a Suíça, onde passaram algum tempo com Keith e Anita, e a seguir foram morar não muito longe de Timothy Leary, que estava foragido da justiça, tendo acabado de escapar de uma prisão nos Estados Unidos. Quando Tommy foi a Amsterdã para comprar um barco no qual seria lançada uma rádio pirata ao estilo Radio Caroline, Leary e Harcourt-Smith iniciaram um relacionamento que duraria bastante tempo. No dia de Natal, Tommy os esperava no Cairo, próximo às pirâmides, quando Leary e Harcourt-Smith foram presos em Kabul e enviados em custódia para os Estados Unidos. Tommy passou então um ano na Dinamarca para que os filhos pudessem aprender seu idioma natal. Voltando à Inglaterra, onde ainda vive, matriculou Jake e Charlie em Summerhill, uma escola progressista fundada em 1921 por A.S. Neill. Charlie Weber, que tem um filho chamado Beau, trabalha como músico e editor de vídeo.

Jake Weber, formado na Julliard School of Drama, em Nova York, tem um currículo extenso como ator de teatro e cinema, representando atualmente o papel do marido de Patricia Arquette na série *Medium*, do canal de televisão NBC. Trinta e três anos depois de sair de Nellcote, Jake se encontrou com Mick Jagger, que estava jantando no sempre badalado terraço do hotel Chateau Marmont, em Los Angeles. Aproximando-se de Mick, que sempre fora extremamente amável com ele no sul da França, apresentou-se como "Jakey, de Nellcote".

Como sempre ocorre com Mick quando confrontado com alguém do passado, ele disse: "Ah, certo... Isso foi há bastante tempo, não é mesmo?" Depois de uma pausa, Mick perguntou a Jake se havia visto o livro de Dominique Tarlé. Jake respondeu que sim, que as fotos eram muito bonitas. "Está se divertindo esta noite?", perguntou Mick. Ao perceber que estava sendo dispensado, Jake pediu licença e voltou para sua mesa. Mais tarde, naquela mesma noite, Mick e seu grupo se encaminharam para o jardim. Apesar de se sentar ao lado de Jake, os dois não trocaram mais nenhuma palavra, nem mesmo quando uma pessoa que estava com Mick se pôs a conversar com Jake. Cerca de uma hora depois, Mick foi embora sem falar com Jake.

Keith jamais teria reagido dessa maneira, como observou Bill Wyman há pouco tempo. "Keith costumava dizer que Mick é um punhado de pessoas. ... Eu posso entrar num lugar e ele vai dizer, 'E aí, Bill, que bom ver você, cara!', abraçar-me e tudo o mais. Depois, se eu entrar num outro lugar três dias mais tarde e tiver algumas celebridades ali, ele nem se aproxima para conversar, pois não-sei-quem está ali. É bizarro."

O que nos leva mais uma vez à eterna dicotomia entre Mick, o rapaz de classe média que adotou uma postura grossa e inescrupulosa, e Keith, um filhote da rude classe trabalhadora que preferiu assumir uma posição respeitável na liga dos cavalheiros. Como conta Tommy Weber, "O cara é um verdadeiro gentleman. O que ele entende por boas maneiras é o que nós chamaríamos de clemência. A compreensão que ele traz em toda sua conduta é absolutamente impressionante. Sério, os papas deveriam ser assim. A única coisa que Keith não agüenta são pessoas metidas que machucam as outras. Se você for verdadeiro, pode cometer quantos erros quiser, ele perdoará. Falo por mim. Mas se achar que você vai ferir alguém, vai partir para cima de você".

Com relação à dinâmica contínua entre Mick e Keith, nunca pareceu haver dúvidas quanto a quem estava no comando de tudo o que dizia respeito à turnê *A Bigger Bang*. Apenas Mick poderia aceitar a Ameriquest como patrocinadora da turnê. Estabelecida no condado de Orange, na Califórnia, a empresa se autodenomina a "orgulhosa patrocinadora do sonho norte-americano", sendo a maior fornecedora de crédito imobiliário para pessoas com dificuldades financeiras. No mesmo dia em que a Ameriquest revelou que pagaria 325 milhões de dólares em um acordo para encerrar uma investigação sobre queixas contra a companhia, que segundo o jornal *Los Angeles Times* consistiam em "sobretaxas, taxas ocultas, avaliações infladas e comprovantes de rendimentos hipertrofiados", o presidente George W. Bush indicou o presidente e único proprietário da Ameriquest, o bilionário Roland E. Arnall, para ser o embaixador norte-americano na Holanda.

Arnall e sua esposa, Dawn, já haviam arrecadado, até então, ao menos 200 mil dólares cada um para a campanha de reeleição de Bush, e os empregados da Ameriquest e a família Arnall tinham doado outros 242.500 dólares. Além disso, Dawn Arnall doara 5 milhões de dólares para o Progress for America Voter Fund, um grupo político independente que gastou 35 milhões de dólares em uma campanha midiática para atacar o candidato à presidência do partido Democrata, John Kerry. A família Arnall também presidiu o comitê inaugural do presidente Bush e contribuiu com mais de 1 milhão de dólares para ajudar a eleger Arnold Schwarzenegger para governador da Califórnia.

A Ameriquest deu ao "Governador do Futuro" uma fileira de cobiçadas cadeiras em frente ao palco e um camarote de luxo para o show inaugural dos Stones em Fenway Park, em Boston, para que ele as pudesse convidar os abastados contribuintes de sua campanha de reeleição. Em troca de uma doação de 10 mil dólares, os patrocinadores da campanha de Arnold ganharam o direito de se sentarem em frente ao palco e de participarem de uma recepção antes do show ao lado do ex-halterofilista transformado em astro de cinema que por sua vez se transformou em político. Por 100 mil dólares, os doadores ganhavam o direito de se sentarem ao lado de Arnold no camarote de luxo.

Depois, em um anúncio de TV repetido muitas e muitas vezes quando a turnê começou, via-se um senhor de meia-idade muito alinhado, de terno, e cercado por uma multidão em um show dos Stones. Enquanto Mick cantava no palco, esse porta-voz da Ameriquest explicava o quanto a empresa estava orgulhosa por patrocinar a turnê.

Pensando bem, fazia todo sentido. Os ingressos mais caros para o show dos Stones custavam cerca de 450 dólares, mas as pessoas que pudessem pagar 2.500 ganhavam o direito de assistir ao show pelas janelas de um gigantesco falso edifício de escritórios montado nas margens do palco, e a camiseta da turnê era vendida por 38 dólares (além do frete, se encomendada pela internet) — portanto, era de esperar que os fãs que seguiam a banda de cidade em cidade e se autodenominavam "Shidoobees" (uma referência ao refrão de "Shattered") provavelmente estivessem financiando suas casas com a Ameriquest, podendo assim bancar o preço de assistir a mais de um show dos Stones. Na turnê norte-americana de *A Bigger Bang*, os Stones fizeram 92 apresentações em 77 lugares diferentes, vendendo 1,2 milhão de ingressos a um preço médio de 133,98 dólares, o que totalizou um rendimento aproximado de 162 milhões de dólares.

Nada disso impediu Mick de gravar "Sweet Neo Con" no novo álbum, uma música em que pergunta onde foi parar o dinheiro do Pentágono e como é que seu querido neoconservador poderia estar tão errado. Se a secretária de Estado Condoleezza Rice substituiu Angela Davis em "Sweet Black Angel" como o inatingível objeto do desejo de Mick, e daí? Como disse o próprio Mick ao jornal *USA Today*, referindo-se ao colunista do *New York Times* que criticava incessantemente o governo Bush, "Maureen Dowd não está mais qualificado do que eu para emitir opiniões".

Quando se trata de fazer e comer o próprio bolo, nunca houve ninguém como Mick Jagger na história do rock. Ele é um mestre no que faz. Isso não é nenhuma novidade. É assim desde que nasceu, e foi assim em Nellcote. A única diferença agora é o número de zeros nos cheques que recebe.

Quando Eric Gillin, da revista *Maxim*, perguntou a Mick por que a turnê dos Stones, que no passado fora patrocinada pela Budweiser, estava sendo bancada pela Ameriquest, Mick respondeu: "Bom, eles foram os que ofereceram mais dinheiro, foi isso o que aconteceu. A verdadeira função dos patrocinadores é a propaganda e a visibilidade, você não fica com muito dinheiro para si mesmo. Está tudo bem, desde que sejam pessoas fáceis de lidar. Pode ser uma companhia telefônica, uma financeira ou uma fabricante de cerveja. Para mim, o rock 'n' roll não está mais ligado à cerveja do que a tampinhas de garrafas, não faz muita diferença para mim." Gillin pediu então a Mick que citasse a maior das conquistas dos Stones: "Sobreviver com a maior parte dos dedos intacta."

Nenhuma outra banda teria permitido que "Streets of Love", o último videoclipe de *A Bigger Bang*, fosse lançado na novela *Days of Our Lives*, da NBC, sendo então usado como música de fundo durante quatro semanas para "celebrar o 40º aniversário da série e a chegada dos Stones à casa do 60". Randy Miller, vice-presidente executivo de marketing da Virgin Records, observou que a novela era "o veículo perfeito para a promoção dos Rolling Stones e seu último *single*".

Quem mais, além dos Stones, teria concordado em trabalhar mais uma vez para seus velhos amigos da companhia telefônica, aceitando tocar durante o show do intervalo do 40º Super Bowl, em Detroit, patrocinado pela Sprint? Como anunciou com orgulho a empresa no site oficial do Super Bowl, o show do ano anterior, que trazia ninguém menos do que Paul McCartney, tivera 133 milhões de espectadores nos Estados Unidos, o que fez dele o "programa de TV com a maior audiência do ano no país". Quando surgiram, os Stones sempre foram acusados de imitar os Beatles. Aonde quer que Paul McCartney fosse, os Stones estariam dispostos a segui-lo. Em troca de uma quantia astronômica, é claro.

Levando tudo isso em consideração, a National Football League (NFL) anunciou então que, em virtude do desgaste físico provocado por ficar em pé em meio à multidão, nenhuma pessoa com mais de 45 anos poderia estar entre os dois mil fãs que desceriam ao campo para assistir ao show de perto. Como publicou o *New York Times* em 9 de janeiro de 2006, "Porém, ao ser informada que muitos fãs com mais de 45 queriam comparecer, a NFL aumentou o limite de idade".

Ainda bem que o fizeram. Do contrário, Mick, Keith, Ronnie Wood e Charlie Watts não poderiam participar do show como espectadores. A liga decidiu então que a platéia poderia esperar no túnel durante boa parte do primeiro tempo, devendo então entrar e sair rapidamente do campo.

Três dias antes do jogo, Charlie, resplandecente em uma jaqueta de camurça e com um cachecol da mesma cor, Woodie, muito parecido com um magnata britânico com seu blazer de botões de bronze, Mick, descontraído e elegante, de camisa branca e jaqueta escura, e Keith, claramente dando a última palavra em moda com sua faixa preta na cabeça e uma indescritível peça justa de tafetá preta que tinha uma gola pontuda e era fechada com um zíper na frente (e que ele também usaria no dia do jogo), subiram a um palco para responder às perguntas de 700 repórteres. Com microfones nas mãos, fizeram o melhor possível para entreter a horda reunida sem ter a ajuda do acompanhamento musical.

No dia seguinte, Joe Lapointe escreveu no *New York Times* que, quando foi lançado em 1967, o Super Bowl trazia "bandas de metais, cabelos raspados à moda militar e cerveja gelada". Observando que os Rolling Stones "representavam um outro tipo de música, outro corte de cabelo e outros tipos de bebidas", Lapointe perguntou: "Então, o que será que a interseção entre esses dois gigantes do entretenimento tem a dizer sobre a cultura popular norte-americana? Será que os Stones se aproximaram do *mainstream*, ou será que o *mainstream* se aproximou dos valores dos Stones?"

Foi uma pergunta muito boa, à qual Mick respondeu na coletiva de imprensa dizendo o seguinte: "Acho que os dois, para ser sincero. Os Estados Unidos evidentemente mudaram desde a primeira vez que viemos aqui. Estão quase irreconhecíveis, e é muito difícil imaginar como era o país havia 40 anos. Nós certamente crescemos com as mudanças culturais do país." Porém, como também escreveu Lapointe em relação à entrevista, "Para o público de uma certa idade, foi mais ou menos como assistir a um desses velhos shows do Rat Pack, com Jagger no papel de Frank Sinatra e Richards como Dean Martin."

Depois que Janet Jackson abalou o mundo, apenas dois anos antes, ao expor o seio direito no fim de um dueto não tão memorável com Justin Timberlake durante o show do intervalo do Super Bowl, parecia muito natural que as pessoas se perguntassem como é que os Rolling Stones fariam para estragar os planos de todos quando subissem ao palco do estádio Ford Field no domingo. Na coletiva de imprensa, Mick garantiu que a rede de televisão ABC não teria nenhum motivo para se inquietar com relação ao que os Stones cantariam no dia do jogo. "Eles não precisam se preocupar com isso", disse Mick. "Fiquem calmos e aceitem a vida como ela é." Sendo Mick, ele então "sublinhou o comentário com uma obscenidade ostensiva, para causar um efeito cômico". Mick também brincou, dizendo que Aretha Franklin iria tirar a roupa enquanto cantava o hino nacional, deixando assim os executivos do canal "um pouco em crise".

Além de provocar um frenesi midiático, a coletiva de imprensa foi uma boa diversão à moda clássica dos Rolling Stones. Para os que se interessam pelo assunto, também entrou na mistura um típico caso do mundo pop. Em 5 de janeiro de 1967, o dia em que o primeiro Super Bowl (que era então chamado de final do campeonato mundial) foi jogado em Los Angeles, os Stones se apresentaram no *Ed Sullivan Show*, na rede CBS, para cantar seu sucesso da época, "Let's Spend the Night Together" ("Vamos passar a noite juntos"). Sullivan, famoso por seus modos impecáveis (sua presença na telinha era tão rígida que algumas pessoas acreditavam que ele havia morrido anos antes de apresentar a banda), insistiu em que eles mudassem a letra para "Lets's spend some *time* together" ("Vamos passar algum *tempo* juntos"). Naquele que se tornou um dos momentos definidores de sua carreira, Mick cumpriu seu lado do acordo, mas também "revirou os olhos enquanto cantava", indicando assim a todos os jovens com menos de 20 anos que assistiam ao programa ao lado dos pais o que ele achava de Ed Sullivan e de tudo o que o apresentador representava. Quarenta anos depois, a história aparentemente não se repetiria no Super Bowl. Ou será que sim?

A enorme coletiva de imprensa realizada no meio da semana serviu para provar, sem deixar dúvidas, que os Stones tinham chegado a um nível de fama e notoriedade tão lendário que até mesmo os comentaristas esportivos — tradicionalmente os tipos mais enfastiados da mídia quando se trata de demonstrar algum respeito legítimo, que dirá veneração, pelas personalidades fazem cobertura regularmente — poderiam ficar estremecidos ao se verem a poucos metros da banda. Eufórico como uma garotinha escolar inglesa ao assistir a seu primeiro show dos Arctic Monkeys, um correspondente da televisão (que aparentava ser um homem adulto) levou um bloco inteiro para transmitir, ofegante, a notícia de que tinha conseguido fazer apenas uma pergunta a seu ídolo Mick Jagger na coletiva de imprensa da qual participaram outros 699 jornalistas credenciados no Super Bowl.

A pergunta que ele fez a Mick foi: "Qual é o seu time preferido de futebol americano?" Mick, que sempre adorou esportes, recordou que, enquanto vivia em Nova York nos anos 1970 e 80, às vezes assistia a jogos dos Steelers de Pittsburgh, que, coincidentemente, jogariam este Super Bowl. Mick se lembrou de Lynn Swann, um talentoso receptor do time que entrou para o Hall da Fama, notório por "levitar" ao saltar para receber a bola. Ao ser informado sobre isso, Swann, que acabava de abandonar sua lucrativa carreira como personalidade televisiva para se tornar o candidato do partido Republicano ao governo da Pensilvânia (isso só acontece nos Estados Unidos), confessou com um sorriso tímido que ficava muito feliz em saber que tinha fãs que jamais conhecera pessoalmente, ainda mais com uma profissão tão distinta da dele.

E assim prosseguiu aquela semana que parecia interminável, com todo o alvoroço midiático causado pelo maior evento corporativo do esporte, uma mistura de merchandising e materialismo crasso. Embora os trabalhos de resgate ainda estivessem a pleno vapor em Nova Orleans, devastada pelo furacão Katrina no fim de agosto (em um gesto louvável, os Stones doaram um milhão de dólares para auxiliar as vítimas), e a contagem de corpos no Iraque crescesse em um ritmo alarmante, a maior parte dos norte-americanos parecia estar muito mais interessada no show do intervalo do Super Bowl, que seria feito pelos super-Rolling Stones no superdomingo. Ainda que tudo aquilo pudesse ter sido um conto narrado por um idiota, cheio de ruído e fúria mas sem nenhum significado, a comoção da mídia parecia demonstrar claramente o estado atual da cultura, sem dar nenhuma dica sobre a direção para a qual irá seguir.

E então, tivemos o show em si. No intervalo, enquanto os Steelers ganhavam dos Seahawks de Seattle por um placar de 7 a 3, em um jogo não muito memorável, Mick, de fraque preto com cauda e tudo (e com um jeitão de pregador) que retirou em seguida, revelando uma camiseta preta sem mangas colada ao corpo e cortada logo acima do umbigo, desfilou pelo palco, montado ao redor de uma enorme língua vermelha — transformada agora na maior das logomarcas corporativas do rock. A língua foi então removida, revelando uma multidão exultante, um conceito copiado diretamente da área em forma de coração ao redor da qual o U2 costuma tocar.

Embora tenha havido muitas discussões entre os fãs dos Stones sobre quais seriam as três músicas tocadas pela banda, a ordem escolhida foi completamente previsível — "Start Me Up", seguida por "Rough Justice" e "Satisfaction", que Mick apresentou dizendo: "A gente poderia ter tocado esta no primeiro Super Bowl. Quem esperam sempre alcançam."

A estarrecedora concordância usada por Mick ("quem esperam", em vez de "quem espera") tornou-se então o tema de um longo discurso feito por William Safire em sua coluna "Nossa língua", publicada na *New York Times Magazine*, na qual ninguém menos que Jacques Barzun, historiador cultural e professor emérito da Universidade de Columbia, com 98 anos de idade e que "já galgava os píncaros do bom uso da língua e da etimologia acurada desde os tempos da carochinha", emitiu a influente opinião de que, para ele, a gramática de Mick estava perfeitamente satisfatória (e não "estavam perfeitamente satisfatórias", diga-se de passagem). Basta dizer que, 40 anos depois, as declarações públicas de Mick, no palco e fora dele, ainda estavam sendo desconstruídas tanto na forma como no conteúdo.

Mas Mick não se preocupou em acrescentar que Keith tivera a idéia da música tarde da noite em uma cama de hotel de beira de estrada, cantarolando-a no gravador portátil que sempre levava consigo, tendo caído no sono logo em seguida, sem se dar conta de que acabava de compor "uma feroz seqüência de dez notas" que, segundo a revista *Blender*, era "o *riff* de guitarra mais famoso da história". Considerando-se o quanto haviam evoluído desde então os minigravadores, não faria mesmo muito sentido.

Como tantas vezes ocorre quando uma banda toca ao vivo em um estádio enorme (havia mais de 65 mil pessoas no Ford Field naquele dia), a música que se ouvia na televisão estava terrível. Os instrumentos de Charlie Watts, Ron Wood e do baixista Darryl Jones não pareciam ter nenhuma amplificação, e o vocal de Mick estava no mínimo confuso. Como sempre, quando se trata dos Rolling Stones, o que se tornou tema de debate nacional não foi a qualidade daquilo que cantaram, e sim as partes da letra que ninguém conseguiu ouvir.

Como escreveu no dia seguinte o crítico Jon Pareles, do *New York Times*, "Ontem à noite os Rolling Stones cantaram três músicas para o show do Super Bowl XL, e foram censurados em duas delas — uma média respeitável para uma banda de sexagenários que ainda mantêm a reputação de provocadores". A saber, a palavra "cum" ("gozar") não pôde ser ouvida em "Start Me Up", e a palavra "cocks" ("paus") não foi ouvida em "Rough Justice". Embora Mick tenha de fato cantado as letras completas no palco, não puderam ser ouvidas nem no estádio nem na transmissão. No dia seguinte, o porta-voz da NFL, Brian McCarthy, afirmou: "Conforme planejado e acordado com os Stones, abaixamos o volume do microfone de Mick durante dois segundos específicos. Para os Stones está tudo bem. Eles não têm problema com isso. Mick já sabia do nosso plano."

Os Stones logo emitiram um comunicado próprio, no qual declararam que a censura de suas letras era "ridícula e completamente desnecessária". A porta-voz da banda, Fran Curtis, publicitária da Rogers & Cowan, disse que, ainda que os membros da banda soubessem do plano da NFL (que certamente tinha a intenção de preservar os ouvidos virginais dos mais de 141 milhões de espectadores que jamais haviam escutado aquelas letras em particular, apesar de todos os discos vendidos pela banda), isso não significava que aprovassem o que foi feito. Ela acrescentou que "A banda tocou as músicas previstas e cantou a letra inteira. Houve muitas, muitas negociações e a banda estava claramente insatisfeita com isso".

Quarenta anos depois, o show de Ed Sullivan se repetia. Como um personagem dos *Contos de Hoffman*, Michael Philip Jagger parecia condenado a repetir a própria história. Apesar de sua fama e de sua fortuna, Mick ainda queria agir como um garotinho travesso em rede nacional, demonstrando que nem ele nem sua banda de rapazes londrinos da classe baixa, rudes porém eficazes, iriam se curvar perante as onerosas exigências daquele homem (seja lá quem fosse aquele homem). Aos 62 anos de idade, era uma posição difícil de ser mantida, devendo porventura ser tratada com algumas sessões de psicoterapia. No entanto, por se tratar de Mick, ele também sabia que a publicidade poderia ser boa para os Stones.

Desta vez, contudo, tanto os Stones como a cultura estavam bastante diferentes do que havia 40 anos. Os Stones estavam inegavelmente velhos e também mais ricos e famosos, tendo superado até seus sonhos mais insanos. O superalvoroço causado por seu supershow no intervalo do Super Bowl, além da batalha televisiva que se seguiu a respeito da letra censurada, serviu para expor a banda a críticas severas por parte de um segmento inteiramente novo da mídia e que se encontra em ampla ascensão — o establishment esportivo norte-americano.

E foi assim que um comentarista esportivo escreveu que a única observação de suas filhas ao voltar para casa após o Super Bowl XL havia sido: "Qual é dessa pele molenga que está sobrando debaixo dos braços do Mick Jagger?" Em *Pardon the Interruption*, um programa diário de entrevistas transmitido pela ESPN e apresentado por Tony Kornheiser e Michael Wilbon, dois ágeis comentaristas esportivos do jornal *Washington Post*, Wilbon comentou, referindo-se a Mick: "Quantos anos ele tem, 162?" Wilbon, que disse que o baixista dos Stones, Darryl Jones, era um de seus camaradas de Chicago, sugeriu então que no show seguinte a banda usasse Depends, uma marca de fraldas geriátricas.

Alguns meses depois, falando das exigências feitas pelo vice-presidente Dick Cheney sempre que viajava, Jon Stewart, apresentador do programa *Daily Show*, do canal Comedy Central, observou que os pedidos de Cheney eram muito semelhantes aos de um astro do rock, mas com "menos camisinhas e mais desfibriladores". Com um sorriso maroto, Stewart acrescentou: "Já os dos Rolling Stones..." Na época em que os Stones surgiram, a imprensa os ridicularizava por serem cabeludos, sujos e toscos. Agora, as pessoas riam deles por serem velhos, ricos e famosos.

Como sempre, nada disso parecia incomodá-los. Doze dias depois do Super Bowl, a banda subiu de novo ao palco para fazer um show grátis (que não foi o primeiro deles desde Altamont) na praia de Copacabana, durante o Carnaval do Rio de Janeiro, para a maior platéia de sua carreira — mais de 1,2 milhão de pessoas. O evento de cinco horas, que também contou com duas famosas bandas brasileiras e foi transmitido ao vivo por rádio e televisão para todo o país e via satélite e internet para o resto do mundo, custou por volta de 4,5 milhões de dólares e foi patrocinado por duas grandes empresas de telecomunicações e pela cidade do Rio. Dizem que os Stones receberam 750 mil dólares para tocar.

"Pela qualidade da apresentação", escreveu Larry Rohter no dia seguinte no *New York Times*, "talvez seja lançado um DVD ainda este ano". Considerando-se que o show foi filmado por mais de 50 câmeras, "incluindo algumas montadas em helicópteros ou em barcos ancorados em frente à praia, onde muitos iates organizaram festas para os fãs", parecia bastante razoável presumir que algum registro do evento logo seria lançado.

Uma das pessoas que assistiu aos Stones de uma área VIP montada ao lado do palco foi a ex-modelo e apresentadora de televisão Luciana Gimenez, que processou Mick e ganhou uma pensão de 35 mil dólares por mês para seu filho Lucas, que na época tinha seis anos de idade, fruto de um breve relacionamento extraconjugal após o primeiro show da banda no Brasil. Mick, sempre um pai dedicado, "incitou um tumulto entre os paparazzi e os fãs ao tentar buscar" o garoto na escola antes do show.

Durante o espetáculo em si, muitas meninas na gigantesca platéia vestiam uma camiseta que dizia: "MICK JAGGER — FAÇA UM FILHO EM MIM", como noticiado por Diego Perri na revista *Rolling Stone*. Considerando-se o vulto da pensão paga por Mick para a mãe da criança, esse pedido traria evidentes benefícios financeiros de longo prazo.

Quando o show terminou, Mick não viajou em seguida com os Stones para Buenos Aires, onde fariam uma apresentação no estádio do River Plate, seguido por shows na Cidade do México e Monterrey, preferindo "ficar mais dois dias por ali para passar algum tempo com o filho".

Em março, a edição da primavera de 2006 da revista *Men's Fashions of the Times* trouxe uma foto de página inteira de Mick tirada no sul da França no verão de 1971, com os braços cruzados sobre uma camisa aberta. A matéria o identificava como um "Byron pop" que, durante os anos 1960, era "sujo" e "emanava uma espécie de ameaça sobrenatural". "À medida que ele envelhece," continuava a matéria, "seu físico também reflete sua perversidade. Aos 62, é ao mesmo tempo Dorian Gray e o retrato no sótão, o rosto marcado de um sátiro pervertido inscrito em um corpo que se mantém tão ágil e esguio quanto os modelos infantilizados de hoje, assustadoramente magrelos." Posto de outra forma, numa idade em que a maior parte dos homens se pergunta se seu cheque da Previdência Social chegará a tempo, Mick ainda é um ícone da moda.

Como sempre, os Stones continuam na estrada, ocupados demais para se preocuparem com o que qualquer pessoa tenha escrito sobre eles. No dia 8 de abril de 2006, fizeram sua estréia na China, no relativamente pequeno (ao menos para eles) Grande Palco de Xangai, com capacidade para 8 mil pessoas, para uma platéia composta, em grande parte, de "expatriados, que estavam mais dispostos a pagar até 375 dólares para assistir à banda", nas palavras de Kathleen E. McLaughlin, correspondente do jornal *San Francisco Chronicle*. McLaughlin observou então que, ao contrário de Madonna, U2 e Gwen Stefani, o show dos Stones não tinha o "status de presença obrigatória" entre a população local, mas que suas "ações talvez crescessem após o show", quando a Central Televisiva Chinesa, o canal estatal, começasse a transmitir a gravação em cadeia nacional no ano seguinte.

Os Stones tinham, a princípio, marcado shows em Xangai e Pequim em 2003, mas foram forçados a cancelá-los devido ao surto de Sars, a síndrome respiratória aguda grave. Na época, o governo chinês ordenara à banda que não tocasse "Brown Sugar", "Honky Tonk Women", "Beast of Burden" e "Let's Spend the Night Together" — "presume-se", informou a Associated Press, "que a proibição se dê em virtude do conteúdo picante das músicas". Apesar de ter permitido que os Stones tocassem as primeiras duas dessas músicas nos shows que fizeram em Hong Kong em 2003, o Ministério da Cultura, que tem um "processo regimental de aprovação de artistas que desejam tocar na China", além de manter a proibição desta vez, também acrescentou "Rough Justice" à lista.

"Felizmente", disse Mick aos repórteres em uma coletiva de imprensa na noite anterior ao show de Xangai, "temos outras 400 músicas que podemos tocar, portanto isso não chega a ser um problema." A seguir acrescentou, com o que a Associated Press chamou de seu "sarcasmo característico": "Estou satisfeito em saber que o Ministério da Cultura está protegendo a moral dos banqueiros expatriados que comparecerão ao show com suas namoradas." Como observou Howard W. French no *New York Times*, o preço de um único ingresso era mais alto do que o salário mensal da maior parte dos chineses. Um chinês de 23 anos que não compareceu ao show foi citado por French: "Pensando bem, é realmente trágico. Um evento estrangeiro em solo chinês, mas ao qual os chineses não podem assistir por causa do preço ou de outras questões", disse o rapaz.

Na noite em questão, Mick fez o melhor que pôde para estabelecer uma ligação com os poucos chineses presentes, saudando a platéia em chinês e incentivando-os a cantar o refrão de suas músicas preferidas, gritando "*Zai yiqi*!", ou "Todos juntos!". Quando os Stones tocaram "Wild Horses", a música que Keith escreveu para Anita há muito tempo, eles convidaram o cantor e compositor Cui Jian para subir ao palco. Jian, que é considerado por alguns como "o pai do rock chinês", juntou-se à banda tocando guitarra. Em 1989, sua música "Nada em meu nome" foi considerada um hino dos estudantes envolvidos no enorme protesto na Praça da Paz Celestial, que resultou na morte de cerca de 5 mil pessoas. "Este é o 20º aniversário do rock 'n' roll chinês", disse Jian à multidão ao fim da música. "Está combinado. Em breve eles estarão de volta, e vamos arrebentar de novo em Pequim."

Após o show na China, os Stones fizeram quatro apresentações na Austrália e na Nova Zelândia. Em 27 de abril de 2006, nove dias depois de deixar a Nova Zelândia, Keith Richards literalmente quebrou a cabeça. A façanha foi conseguida durante as férias que tirou com a mulher Patti e o parceiro de banda Ronnie Wood, no exclusivíssimo Wakaya Club, em Fiji, situado em uma ilha privativa que não passa de um pontinho minúsculo no meio do Pacífico Sul, onde a diária do quarto mais barato custa 1.900 dólares e as acomodações de mais alto nível saem por meros 7.600 dólares. (Aviso aos possíveis interessados: recomenda-se uma estada mínima de cinco dias.)

Keith confessou que tomou alguns drinques tropicais (contendo sabe-se lá quanto rum 151) com Ronnie (que, seis semanas depois, seria internado em uma clínica de reabilitação contra alcoolismo em Londres) e que a seguir os dois decidiram escalar um coqueiro para apanhar alguns cocos, caindo então, pelo que se conta, de uma altura de quase cinco metros. Embora Keith tenha sofrido o que a princípio foi descrito como uma "contusão leve", parece que depois ele se acidentou de jet ski. No final das contas, foi uma tarde com diversões um tanto rudes. Em determinado momento, ficou claro que Keith tinha uma lesão craniana considerável, sendo então levado de avião para o Ascot Hospital de Auckland, na Nova Zelândia, onde fãs locais iniciaram uma vigília na porta do hospital.

Em 9 de maio de 2006, Keith foi submetido a uma cirurgia que, segundo o jornal *New Zealand Herald*, tinha o objetivo de "remover um coágulo no cérebro, uma operação na qual normalmente é necessário fazer um buraco no crânio para drenar o coágulo". Como Keith precisaria de algumas semanas para se recuperar, as primeiras 15 apresentações da fase européia da turnê A *Bigger Band*, entre elas os shows de 3 de junho e 2 de julho no Stade de France, em Paris, foram canceladas.

Para o conturbado histórico médico de Keith, foi apenas mais um entre inúmeros reveses, iniciados em 1971, quando ele bateu seu Bentley, com Michael Cooper no banco de carona, na Inglaterra, e depois capotou seu kart enquanto corria contra Tommy Weber no sul da França. Durante uma turnê européia em 1990, ele furou um dedo com uma corda de guitarra. Como o dedo ficou infectado, os Stones tiveram que cancelar alguns shows. Em 1998, pouco antes do início da turnê européia *Bridges to Babylon*, Keith quebrou três costelas e perfurou um pulmão ao cair de uma escada enquanto tentava apanhar um livro na biblioteca de sua casa em Connecticut.

Desta vez, porém, Keith tinha 62 anos e não foi apenas um dedo, mas a cabeça. Embora seja ridículo sugerir que o mundo inteiro estava esperando boquiaberto para saber se ele se recuperaria, aquilo certamente era uma indicação da mortalidade do roqueiro mais enrugado do mundo. As piadas não tardaram ("Keith sofreu lesões cerebrais? Como é possível saber?"), mas a verdade inegável é que todos os que já amaram os Stones algum dia tiveram de refletir, por um breve momento, sobre como o mundo ficaria pior sem Keith Richards tocando sua guitarra.

Keith recebeu alta do hospital em 11 de maio, mas precisou ficar na Nova Zelândia em tratamento ambulatorial. Em uma fotografia tirada no dia em que recebeu alta, ele parece pequeno, velho e frágil. Usando óculos escuros, com a cabeça ferida coberta por um gorro de lã sobre o qual colocou um boné semelhante ao que Mao Tsé-tung usava, Keith ergue a mão esquerda na altura da testa e acena abatido. Pela primeira vez ele parece mortal. É um Drácula desdentado, o Super-Homem sem capa, o Cavaleiro Solitário sem sua máscara.

Doze dias depois, Keith estava de volta a sua casa em Connecticut, "sentindo-se ótimo". Em 3 de junho, anunciou-se que a turnê européia dos Stones começaria em 11 de julho, no estádio San Siro, em Milão. A turnê remarcada incluía shows em 21 estádios de 11 países.

Em uma declaração que apenas ele poderia ter dado, Keith afirmou: "Tudo bem, caí do meu galho! Desculpem estragar os planos de todo mundo mas agora É BOLA PARA A FRENTE!" Em certo momento do show de abertura em Milão, Mick Jagger parabenizou a Itália pela vitória na Copa do Mundo e então convidou os heróis do futebol italiano Alessandro Del Piero e Marco Materazzi para o palco. Referindo-se à cabeçada que Materazzi levou do francês Zinedine Zidane na final da Copa, Mick disse em Italiano: "Materazzi e Richards têm algo em comum hoje: os dois tiveram problemas que têm a ver com a cabeça." Mas afinal, se você não pode rir do seu melhor amigo após uma cirurgia cerebral, de *quem* você pode rir? Em setembro, em uma apresentação no estádio Gillette, nos arredores de Boston, os Stones começaram a segunda rodada norte-americana daquela que, na previsão da revista *Billboard*, seria a turnê de rock mais lucrativa da história.

Como Mick e Keith havia muito tempo já tinham dinheiro mais do que suficiente para viver luxuosamente pelo resto de suas vidas (estima-se que Mick tenha uma fortuna de cerca de meio bilhão de dólares), podemos ficar tentados a perguntar por que a banda manteria um ritmo tão desgastante. Tocar ao vivo no palco não é apenas a profissão dos Stones, é o que eles fazem de melhor. Mas o verdadeiro motivo pelo qual continuam tocando é mais elementar.

Como observou Marshall Chess, "Há tantas camadas agora, que a única coisa que ainda lhes dá um barato é subir ao palco. É como uma droga. E a única forma de consegui-la é sair em turnê. Os caras do blues trabalhavam a vida inteira porque precisavam de dinheiro, e vou lhe dizer, é a mesma coisa. Os caras do blues não precisavam só de dinheiro, precisavam do aplauso de 50 pessoas, mesmo que fosse em um barzinho. Os Stones adoram isso aí. Porque a sensação experimentada no palco é como estar no colo da mãe. É o poder. É por isso que esses caras ainda tocam. Eles só se sentem vivos quando estão no palco".

Com relação à direção na qual Mick — um homem de negócios brilhante que, se tivesse nascido em qualquer outra época, jamais teria largado a London School of Economics — colocou os Stones e todos os que os adoravam, aconteceu exatamente o que a banda Jefferson Airplane cantou um dia. Uma geração envelheceu, e uma geração se vendeu. Apenas agora as duas se tornaram uma só. Quando chegamos à essência da coisa, além de ser capaz de fazer o bolo e comê-lo, Michael Philip Jagger foi o maior gênio do rock. (Para que não pareça exagero, sequer mencionaremos a série transmitida nas terças-feiras à noite na rede de televisão ABC, "The Knights of Prosperity" ["Os cavaleiros da prosperidade"], inicialmente chamada de "Let's Rob Mick Jagger" ["Vamos roubar Mick Jagger"], trazendo, sim, você adivinhou, o próprio Mick.)

Ferimentos à parte, o que dizer do nosso amigo Keith? Embora o Palácio de Buckingham ainda tenha que emitir uma declaração oficial sobre o assunto, não parece provável que a rainha algum dia lhe ofereça o título de cavaleiro. E só Keith confessaria, como escreveu Nigel Williamson no jornal *The Guardian* de 5 de dezembro de 2003, ter ficado "puto" ao ouvir a notícia de que "Mick Jagger tinha aceitado o título de cavaleiro na véspera de seu aniversário de 60 anos, no ano passado — uma honra oferecida pelos 'mesmos poderes que fizeram o máximo possível para nos prender e matar'".

Na época, Keith chegou a dizer a Mick: "É um título insignificante, você não deveria aceitar nada menor do que um título de lorde, cara." Concordo. Mas não há dúvidas de que, para si próprio, Keith tinha em mente algo um pouco mais grandioso. Lorde Richards das Redlands, como sugeriu Williamson, jamais serviria. Barão de Cawdor, talvez. Melhor seria duque de Earl.

Keith e Anita se separaram em 1979; ainda assim, Anita conseguiu sobreviver. Hoje ela vive em Londres, onde é amiga íntima e confidente da modelo Kate Moss. Anita às vezes pode ser vista pedalando sua bicicleta pela King's Road, em Chelsea. Ela trabalha atualmente como designer de moda e já representou o demônio em um episódio da série de comédia britânica *Absolutely Fabulous*, na qual Marianne Faithfull aparece como Deus.

Ao contrário de Mick, a situação doméstica de Keith hoje parece muito sólida e tranqüila. Ele e Patti Hansen estão casados há 22 anos. As filhas, Theodora e Alexandra, ambas vistas com freqüência no mundo da alta moda, foram descritas como "as irmãs anti-Hilton, por rejeitarem o estilo de vida festeiro". Porém, como disse o próprio Keith recentemente, "Eu às vezes pego um pouco de maconha das minhas filhas. Elas fumam um pouco, de vez em quando. 'Aqui, Pai.' Ou, o que é mais provável: 'Pai, você tem um pouco?'"

O filho Marlon, o anjinho louro que perambulava como uma alma contente em meio ao caos de Nellcote, hoje está com 40 anos de idade e se parece muito com uma versão mais jovem de seu pai. É casado com a modelo Lucie de la Falaise, filha do ícone da moda Yves St. Laurent e da designer Loulou de la Falaise, cujo segundo marido é Thadee Klossowski, filho do pintor Balthus e irmão mais novo de Stash, o grande amigo de Keith nos tempos de Nellcote. Uma matéria de algum tempo atrás no jornal *The Guardian* afirmou que Marlon tinha "uma inclinação artística (é diretor da badalada revista antimoda *Cheap Date* e tem apresentado trabalhos no Zolar the Magnificent de Londres) ...". Apesar do modo como foi criado, e talvez em virtude disso, Marlon é "hoje um tipo bastante centrado", nas palavras do *Guardian*.

Angela, a filha de Keith e Anita que já se chamou Dandelion e foi criada pela mãe de Keith, Doris, é uma mulher abstêmia casada com um carpinteiro e trabalha em um haras em Dartford. Apesar de nunca ter se casado com Anita, Keith ainda mantém uma relação amistosa com ela e, segundo a Wikipédia, "com freqüência afirma ter duas mulheres, no sentido tradicional da poligamia rastafári".

Subindo ao palco noite após noite com os Stones, Keith ainda se mata de tanto tocar. Fisicamente, não há ninguém no mundo que se pareça com ele. Ele tem dreads hassídicos no cabelo, um brinco na orelha esquerda, aquele anel de caveira no dedo anelar da mão direita, um bracelete de prata com algemas minúsculas entalhadas, ao qual usa para se lembrar de nunca mais ser preso, e observa o mundo com olhos pintados com lápis preto que lhe dão o aspecto de um guaxinim envelhecido porém vigilante. Nas fotos publicitárias para o *A Bigger Bang*, veste um chapéu que poderia muito bem ser usado em Crown Heights, no Brooklin, em uma sexta-feira à noite.

O rosto de Keith tem marcas, rugas e vincos tão profundos que ele parece ter sido preservado em formol, ou talvez mantido em conserva. Ele não parece apenas arruinado e consumido, mas meio louco, de um jeito que ele considera muito divertido. Como um Yoda com uma faixa na cabeça, ou então uma tartaruga ancestral deitada em uma pedra sob o sol, parece inteiramente feliz, tendo aceitado não só sua vida, mas seu papel na atual configuração dos Rolling Stones.

Se Michael Philip Jagger se tornou o Bing Crosby do rock (embora seja um pai muito melhor para seus sete filhos — Karis, do relacionamento com Marsha Hunt; Jade, do casamento com Bianca; Elizabeth, James, Georgia e Gabriel, do casamento com Jerry Hall; e Lucas, do breve caso com Luciana Gimenez), Keith se parece muito mais com o grande amigo de Bing, Phil Harris, que liderava a banda e viveu até os 91 anos, mantendo-se rouco e irreverente até o fim de seus dias: "Eu vou continuar por aqui até que a Comissão de Energia Atômica encontre um lugar seguro para enterrar o meu fígado."

Quando a revista *Spin* compilou uma lista das "mais incríveis partes do corpo" de astros do rock, na qual o umbigo da Madonna ganhou o primeiro lugar, o fígado de Keith veio em segundo, tendo demonstrado ser tão durável que, como escreveu Marc Spitz, "... quando Richards por fim falecer, vão revestir o exterior de um ônibus espacial com o tecido do fígado dele".

Ao contrário de Mick, Keith não se envergonha nem um pouco das coisas que fez, dos lugares onde esteve e de tudo o que viu. Não tenta esconder seus pecados. Ele simplesmente não é assim. Ele era daquele jeito em Nellcote e é desse jeito agora. No final das contas, Keith é o nosso herói. É também o nosso anti-herói. Mas se você conseguiu chegar até este ponto da história, já sabia disso.

Quando John H. Richardson, da revista *Esquire*, pediu-lhe que citasse algumas das coisas que aprendeu ao longo dos anos, Keith respondeu: "Para mim, a heroína é o grande lance. É uma droguinha muito, muito atrevida. Ela pega você de jeito quando você menos espera. Coloca todo mundo no mesmo lugar. Sou um megaastro, mas quando quero a parada, rapaz, fico no fundo do poço como todo mundo. Toda a sua vida se torna esperar pelo cara que vai trazer e falar com viciados sobre a qualidade da remessa — 'Não é tão boa quanto a do último lote, né? Então não vou pagar o cara.' E todo mundo querendo filar de você, 'Me dá um pouco do seu!' e tal. Você vira um caco. E é meio repulsivo, mas ao mesmo tempo, não posso dizer que me arrependo de ter entrado nessa."

Mick e Keith, Keith e Mick. Quarenta anos depois, ainda é a mais longa novela do rock. *But any old way you choose it, it's gotta be rock and roll music. If you wanna dance with me. If you wanna dance with me.**

---

*"Mas de qualquer jeito que você queira, tem que ser rock 'n' roll. Se você quiser dançar comigo. Se você quiser dançar comigo." Chuck Berry, "Rock and Roll Music", *One Dozen Berrys* (1958).

Keith, uma faca e
o fruto proibida.
Almoço em Nellcote,
julho de 1971.

agradecimentos

Acima de tudo, gostaria de agradecer a Ben Schafer, da editora Da Capo Press, por me dar este livro de presente. Sem seu incentivo, jamais teria embarcado em minha jornada pessoal pelo passado para repensar o que de fato aconteceu em Villa Nellcote há 35 anos. Também gostaria de agradecer a Will Nash, que me estimulou a seguir em frente com este projeto ao dizer que, enquanto os Stones continuarem a fazer shows, eu poderia continuar a escrever sobre eles.

Quero agradecer a Georgia Bergman, Bruce Byall, Marshall Chess, Elizabeth Hiemer, Andy Johns, Jerry Pompili, Rose Taylor e Tommy Weber por compartilharem suas memórias comigo. Ao longo do livro, usei a expressão "pessoa próxima aos Stones" para me referir a fontes que não quiseram ser identificadas nominalmente no texto. Agradeço também a cooperação dessas pessoas. Meus agradecimentos a Adam Cooper pelas informações sobre seus pais e pelas fotografias. Obrigado a Jake Weber pelo almoço no Chateau. Astrid Lundstrom e Peter Rudge também me ajudaram bastante. Minha gratidão a David Tillier, que realmente tentou. Obrigado também a Janet Saines, por fazer tudo o que pôde.

Meus agradecimentos a Sam McAbee, do fiveminutes-tolive.com, por me fornecer uma fita de vídeo de *Performance* e um DVD de *Donald Cammell: The Ultimate Performance*. Agradeço a Yoga Greg, o rei da manhã de domingo, por encontrar a citação final de Keith. Obrigado Rick Rosen por conseguir para mim aquele número. Agradeço também a Barney Hoskyns e Tony Keys pelo incrível arquivo de rock que criaram em rocksbackpages.com.

Para os que quiserem saber mais sobre a produção das músicas de *Exile on Main St.*, recomendo os livros *Exile on Main St.: The Rolling Stones*, de John Perry, e *The Rolling Stones — It's Only Rock And Roll: Song by Song*, de Steve Appleford, ambos publicados pela Schirmer Books. Também gostaria de agradecer a Donna, Sandy e Anna por me agüentarem enquanto eu mais uma vez passava meus dias em Villa Nellcote.

Embora às vezes seja fácil esquecermos os vivos, os mortos sempre nos acompanham. Gostaria de relembrar todos aqueles que estiveram em Nellcote naquele verão mas que já partiram para outros mundos. Acima de tudo, este livro pertence a eles. Que descansem em paz.

Entrevistas

Andy Johns, 5 de abril, 26 abr 2005.
Bruce Byall, 9 mai 2005.
Elizabeth Hiemer, 27 mai 2005.
Georgia Bergman, 10 fev 2005.
Jerry Pompili, 11 fev 2005.
Marshall Chess, 29 mar 2005.
Rose Taylor, 21 mar 2005.
Tommy Weber, 22 mar 2006.

Livros

Anderson, Christopher. *Jagger Unauthorized*. Nova York, Delacorte Press, 1993.

Appleford, Steve. *The Rolling Stones – It's Only Rock And Roll: Song by Song*. Nova York, Schirmer Books, 1997.

Blume, Mary. *Cote d'Azur: Inventing the French Riviera*. Nova York, Thames and Hudson, 1992.

Bockris, Victor. *Keith Richards: The Biography*. Nova York, Poseidon Press, 1992.

Booth, Stanley. *Keith: Standing in the Shadows*. Nova York, St. Martin's Press, 1995.

Bowie, Angela e Patrick Carr. *Backstage Passes*. Nova York, G.P. Putnam's Sons, 1993.

Brando, Marlon e Donald Cammell. *Fan Tan*. Publicado com posfácio de David Thomson, Nova York, Alfred A. Knopf, 2005.

Brown, Mick. *Mick Brown on Performance*. Bloomsbury Movie Guide No. 6, Nova York, Bloomsbury Press, 1999.

Cohen, Rich. *Machers and Rockers: Chess Records and the Business of Rock & Roll*. Nova York, Atlas Books, W.W. Norton & Company, 2004.

Cohodas, Nadine. *Spinning Blues Into Gold*. Nova York, St. Martin's Press, 2000.

Davis, Stephen. *Old Gods Almost Dead: The 40 Year Odyssey of the Rolling Stones*. Nova York, Broadway Books, 2001.

Faithfull, Marianne, com David Dalton. *Faithfull.* Boston, Little, Brown & Co., 1994.
Fong-Torres, Ben. *Hickory Wind: The Life and Times of Gram Parsons.* Nova York, St. Martin's Press, 1991.
Greenfield, Robert. *STP: A Journey Through America with the Rolling Stones.* Nova York, Saturday Review Press/E.P. Dutton & Co., Inc., 1974.
Hemingway, Ernest. A *Moveable Feast.* Nova York, Charles Scribner's Sons, 1964.
Hotchner, A.E. *Blown Away: The Rolling Stones and the Death of the Sixties.* Nova York, Simon & Schuster, 1990.
Janovitz, Bill. *Exile on Main St.* (33 V3), Nova York, Continuum Books, 2005.
Leitch, Donovan. *The Autobiography of Donovan: The Hurdy Gurdy Man.* Nova York, St. Martin's Press, 2005.
Leonard, Thomas, Cynthia Crippen e Marc Aronsen. *Day By Day: The Seventies, Volume One.* Nova York, Facts on File Publications, 1988.
Our American Century: Time of Transition – The 70s. Alexandria, Virginia, Time-Life Books, 1999.
Paytress, Mark. *The Rolling Stones: Off the Record.* Londres, Omnibus Press, 2003.
Perry, John. *Exile On Main St.: The Rolling Stones.* Nova York, Schirmer Books, 1999.
Phillips, John, com Jim Jerome. *Papa John.* Nova York, Doubleday & Company, Inc., 1986.
Salecwicz, Chris. *Mick and Keith.* Londres, Orion, 2002.
Sanchez, Tony. *Up and Down with the Rolling Stones.* Nova York, William Morrow and Company, Inc., 1979.
Schulman, Bruce J. *The Seventies: The Great Shift in American Culture, Society, and Politics.* Nova York, The Free Press, 2001.
Shelley, June. *Even When it Was Bad... It Was Good.* Xlibris Corporation, 2000.
Tarlé, Dominique. *Exile: The Making of Exile on Main St.* Londres, Genesis Publishing, Ltd., 2001 (edição limitada: 2 mil cópias).
Walker, Jason. *God's Own Singer: A Life of Gram Parsons.* Londres, Helter Skelter Publishing, 2002.
Wyman, Bill, com Ray Coleman. *Stone Alone.* Nova York, Viking Press, 1990.
Wyman, Bill, com Richard Havers. *Rolling With The Stones.* Nova York, DK Publishing, 2002.

Jornais e revistas

"ABC Cleans Up the Sexagenarian Stones' Lyric Malfunction", Jon Pareles, *New York Times*, 6 fev 2006.

"A Foundling of the Louvre: Balthus: 1909-2001", Robert Hughes, *Time*, 5 mar 2001.

"Ameriquest Prepares to Settle States' Probe", E. Scott Reckard e Xathy M. Kristof, *Los Angeles Times*, 29 jul 2005.

"Balthus, Painter Whose Suggestive Figures Cause a Stir, Is Dead at 92", John Russell, *New York Times*, 19 fev 2001.

"Bianca's Retribution", "Talk of the Town", *The New Yorker*, 16 ago 1993.

"Big Bang", Phillip Matier e Andrew Ross, *San Francisco Chronicle*, 24 ago 2005.

"China Debut for Stones", Lawrence Van Gelder, *New York Times*, 1º mar 2006.

"The Detective, the Star, and the White Powder", Thomas Vinciguerra, *New York Times*, 7 ago 2005.

"Gimme Tax Shelter", *New York Times Magazine*, "Men's Fashions of the Times", parte 2, primavera 2002, p. 33-45.

"Hot Tickets In 2005", Shelly Freierman, *New York Times*, 2 jan 2006.

"In a First, the Stones Rock China, but Hold the Brown Sugar", Howard W. French, *New York Times*, 9 abr 2006.

"It's Halftone and They Like It, They Like It, Yes They Do", Joe Lapointe, *New York Times*, 3 fev 2006.

"JADE", Real Estate, *New York Times*, 29 jun 2006.

"Jagger Shines In Stones' SBC Park Concert", Brad Kava, *San Jose Mercury News* (reimpresso no *Monterey County Herald)*, 15 nov 2005.

"Jagger's Edge", Horacio Silva e Zarah Crawford, *Men's Fashions of the Times*, primavera de 2006.

"Jagger Takes Censorship in Stride", Associated Press, *San Francisco Chronicle*, 8 abr 2006.

"Keepin Up With The Stones", Steven Kurutz, *New York Times*, 21 out 2006.

"Keith Richards: The Rolling Stone Interview", Robert Greenfield, *Rolling Stone* 89, 19 ago 1971.

"Keith Richards Back Home", Lawrence Van Gelder, *New York Times*, 24 mai 2006.
"Keith Richards Leaves Hospital", Lawrence Van Gelder, *New York Times*, 12 mai 2006.
"Keith Richards Turns Pirate", Lawrence Van Gelder, *New York Times*, 6 jul 2006.
"The Last Days of Jim Morrison/A rare look into the rock god's journals", Stephen Davis, *Rolling Stone*, 8 jul 2004.
"Le Proces de Keith Richard", *Extra*, dez 1973.
"Magazine's navel-gazing", Entertainment Report, *San Francisco Chronicle*, 24 ago 2005.
"Mick Jagger: Big Banger", David Fricke, *Rolling Stone*, 29 dez 2005.
"Mick Jagger Digs Deep Into His Vocals, and the Stones Find Another Way To Be The Greatest Rock 'n' roll Band", Joel Selvin, *San Francisco Chronicle*, 15 nov 2005.
"Mick Jagger: We Want Answers!", Eric Gillin, *Maxim*, out 2005.
"Muscling Up Stones' Tickets", Carol Beggy e Mark Shanahan, *Boston Globe*, 12 ago 2005.
"'No F#@*ing About'", David Fricke, *Rolling Stone*, 25 ago 2005.
"No Satisfaction", *New York Times*, 8 fev 2006.
"Not Only Rock 'n' roll: Mick Jagger Joins a New Sitcom", Bill Carter, *New York Times*, 26 abr 2006.
"Not Too Old to Rock", Ben Sisario, *New York Times*, 9 jan 2006.
"Paul McCartney Tour Ad", *New York Times*, 2 out 2005.
"Penalize the Super Bowl for Ugliness", Reggie Hayes, *The News-Sentinel* (Fort Wayne, Ind.), reimpresso no *Monterey County Herald*, 7 de fev 2006.
"Personality Parade", Walter Scott, *Parade*, 21 ago 2005.
"Pop Notes", Ben Sisario, *New York Times*, 17 jun 2006.
"Richards Back, Stones Roll", Ben Sisario, *New York Times*, 3 jun 2006.
"Rio Readies for the Stones", Lawrence Van Gelder, *New York Times*, 14 fev 2006.
"The Rolling Stones Enter Political Fray", Lawrence Van Gelder, *New York Times*, 11 ago 2005.

"The Rolling Stones – Part I: The 1960's and 70's", *Blender*, mar 2006.
"Rolling Stones Rock China with Censored Song List", Christopher Bodeen, Associated Press, *Monterey County Herald*, 9 abr 2006.
"Rolling Stones Try Topping Carnival in Rio", Larry Rohter, *New York Times*, 19 fev 2006.
"Standing Corrected", William Safire, *New York Times*, 19 mar 2006.
"The Stones Blast Through the Land", Thomas Thompson, *Life*, 14 jul 1972, p.30-36.
"Stones Call Super Bowl Censorship 'Absolutely Ridiculous'", David Bauder, *San Francisco Chronicle*, 8 fev 2006.
"Stones Don't Roll", Lawrence Van Gelder, *New York Times*, 25 mai 2006.
"Stones on Soap Opera", Entertainment Report, *San Francisco Chronicle*, 14 out 2005.
"Stones on the Beach in Rio", Lawrence Van Gelder, *New York Times*, 14 dez 2005.
"Stones Rock Rio", Diego Perri, *Rolling Stone*, 23 mar 2006.
"Stones Roll in Milan", Lawrence Van Gelder, *New York Times*, 13 jul 2006.
"Stones Roll Out Their Hits for Mainland China", Associated Press, *San Francisco Chronicle*, 10 abr 2006.
"Stones Speak Out", *Rolling Stone*, 8 set 2005.
"Stones, U2, McCartney Top Tours of 2005", Associated Press, 31 dez 2005.
"The Stones Will Play Shanghai, but China Hasn't Rolled Out the Red Carpet", Kathleen E. McLaughlin, *San Francisco Chronicle*, 6 abr 2006.
"Surgery for Keith Richards", Lawrence Van Gelder, *New York Times*, 9 mai 2006.
"To Stand Out in a Crowd: Don't Shout (Mick Excepted)", Cathy Horyn, *New York Times*, 15 set 2005.
"What I've Learned: Keith Richards", John H. Richardson, *Esquire*, nov 2005.
"Who's Your Daddy?", Robert Christgau, *Blender*, nov 2005.

Websites

a-ggroup.com
"Asprey Londres", A&G UK Ltd, 2005.

angelfire.com
"Lama Anagarika Govinda", com alguma edição, adaptado de: *The Western Quest for Secret Tibet*, de Harrow Oldmeadow.

bartleby.com
"Minnesinger", The Columbia Encyclopedia, Sexta Edição, 2001-05.
"Tannhauser", Ibid.

bbc.co.uk
"Jagger and Hall: Rock's golden couple", 19 jul 1999.
"Jerry Hall: Graduate role model", Chris Jones, 20 jun 2000.
"Keith Richards 'tree fall' injury", 29 abr 2006.

breitbart.com
"Rolling Stones Agreed to Censor Super Bowl Show: NFL", 6 fev 2006.

cdtimes.co.uk
"Jagger's Drug Bust Detective Regrets Arrest", 8 jul 2005.

divorceuk.com
"Case Studies/Jagger vs Hall"

eonline.com
"It's a Boy (Anybody Seen My Mick?)", Daniel Frankel, 8 dez 1997.
"Keith Richards Falls on His Coconut", Joal Ryan, 1° mai 2006.
"Richards Down, Stones Too", Daniel Frankel, 19 mai 1998.

en.wikipedia.org
"Bobbie Clarke", 24 mar 2006.
"Cui Jian", 15 abr 2006.
"Exile in Guyville", 18 fev 2006.
"Exile On Main Street", 20 fev 2006.
"Haileybury and Imperial Service College", 4 mar 2006.
"Loulou de la Falaise", 9 out 2005.
"Keith Richards", 10 jan 2006.
"Mary Celeste", 10 jul 2006.

"Tannhauser", 17 fev 2006.
"Tiananmen Square protests of 1989", 17 abr 2006.
"Vince Taylor", 31 mar 2006.

faithfull.marianne-the-lyrics.com
"Lady Madeleine", jan 1977.

guardian.co.uk
"Alive and Kicking", Nigel Williamson, 5 dez 2003.
"Father's Little Helper", John Robinson, 23 ago 2003.
"I made a complete mess of everything", Simon Hattenstone, 10 mar 2006.

imdb.com
"Biography for Bill Wyman", Richard Baker.
"Shining Blood, 1992"

iorr.org
"The Rolling Stones – A Bigger Bang, Spring 2006"
"The Rolling Stones – A Bigger Bang World Tour— European Tour 2006"

levity.com
"An Interview with Stanislas Klossowski de Rola", Joseph Caezza e Dan Kenney, 6 set 1998.

lintency.com
"Thomas Coryate (1577(?)-1617)', Katharine Craik, 20 out 2001.

logosjournal. com
"A Conversation with Bianca Jagger, Human Rights Advocate", Kurt Jacobsen, set 2003.

music.monstersandcritics.com
"L'Wren Scott reportedly causing problems within the Rolling Stones", 3 out 2005, Bang Media International.

mirror.co.uk
"Mick's Found a Loin Tamer", Barbara Davies, 26 jul 2003.

nyrock.com
"Sex, Drugs, and Slimeballs: Jerry Files For Divorce", Otto Luck, 16 jan 1999.

nzgirl.co.nz
"Next Big Thing: Alexandra Richards", 2004.

oceanstar.com
"Lenny Kaye", com contribuição de Jimmie Purvis e acréscimos de Bruce Hanson e Fiona W.

officialsolicitor.gov.uk
"Court of Protection Financial Cases – Official Solicitor"

people.aol.com
"Stones' Keith Richards Injured in Fiji", Stephen M. Silverman, 1º mai 2006.

phinnweb.com
"The Acid House", Rebekah Wood, *Neon*, mar 1998.

rocksbackpages. com
"An Outlaw At The Ritz: Keith Richards", Chris Welch, *Melody Maker*, 13 jan 1979.
"Gram Parsons: The Good Old Boy", Barney Hoskyns, *Mojo*, jul 1998
"Keith Richards: How Do You Stop?", Barney Hoskyns, *Mojo*, nov 1997.
"Keith Richards: The Pusher Behind the Stones", Barbara Charone, *Creem*, out 1976.
"Liz Phair: Fresh outta Guyville", Barney Hoskyns, *Mojo*, nov 1994.
"Out of the Cage: An Interview with Keith Richards", Ira Robbins, não publicado, 19 set 1988.
"The Rolling Stones: Exile On Main St.", Lenny Kaye, *Rolling Stone*, 6 jul 1972.
"The Rolling Stones: Sticky Fingers and Exile on Main St." Barney Hoskyns, *The Observer*, jun 2004.
"The Stones: It Wasn't Only Rock 'n' roll (And I Liked It)", Paul Williams, *Crawdaddy*, nov 1974.

salon.com
"Bringing Up Mick Jagger's Baby", Carina Chocano, 4 ago 2000.

smh.com.au
"Bianca's Plea for Tookie", AFP, 22 nov 2005.

superbowl.com
"The Rolling Stones to Perform During Sprint Super Bowl XL Halftime Show on ABC", 29 nov 2005

superseventies.com
"*Exile On Main St.* Bonus Reviews! – Robert Christgau, *Christgau's Record Guide*, 1981"

talkleft.com
"Mick Jagger Claimed Frame-Up in 1969 Drug Raid", *The Guardian*, 23 fev 2004.

telegraph.co.uk
"Mrs. Ronnie Wood: the rock chick with rock chic", Hilary Alexander, 8 mai 2005.

toru.com
"The Rolling Stones 1972 North American Tour"

travelinfo.gr
"Patmos Island"

vhl.com
"Keith Richards", Steve Huey, All Music Guide, 2005.

xs4all.nl
"Top 100, Paul Gambaccini 1978"
"Top 100, Paul Gambaccini 1987"

Filmes

Donald Cammell: The Ultimate Performance, IFC Films, dirigido por Chris Rodley e Kevin MacDonald.

Performance, dirigido por Nic Roeg e Donald Cammell.

Este livro foi composto em Electra e Gill Sans
e impresso pela Geográfica Editora em outubro de 2008.